中国清洁发展机制基金赠款项目资助（项目编号：1214073）

气候变化的国际背景与条约

朱守先　庄贵阳　编著

科学技术文献出版社
SCIENTIFIC AND TECHNICAL DOCUMENTATION PRESS
·北京·

图书在版编目（CIP）数据

气候变化的国际背景与条约 / 朱守先，庄贵阳编著. —北京：科学技术文献出版社，2015.4（2016.4重印）
ISBN 978-7-5189-0026-8

Ⅰ.①气…　Ⅱ.①朱…　②庄…　Ⅲ.①气候变化—国际公约—研究　Ⅳ.① D996.9

中国版本图书馆 CIP 数据核字（2015）第 090986 号

气候变化的国际背景与条约

策划编辑：孙江莉　责任编辑：孙江莉　宋红梅　责任校对：赵　瑷　责任出版：张志平

出 版 者　科学技术文献出版社
地　　址　北京市复兴路15号　邮编 100038
编 务 部　（010）58882938，58882087（传真）
发 行 部　（010）58882868，58882874（传真）
邮 购 部　（010）58882873
官方网址　www.stdp.com.cn
发 行 者　科学技术文献出版社发行　全国各地新华书店经销
印 刷 者　虎彩印艺股份有限公司
版　　次　2015 年 4 月第 1 版　2016 年 4 月第 2 次印刷
开　　本　710×1000　1/16
字　　数　300千
印　　张　16.25
书　　号　ISBN 978-7-5189-0026-8
定　　价　68.00元

丛书编委会

序 言

《联合国气候变化框架公约》自1992年通过，1994年生效，国际性的应对气候变化工作已走过20余年的历程。从德国柏林到秘鲁利马，气候变化国际谈判工作也进行了整整20届。20年来，全球应对气候变化工作尽管困难重重，进程暗流涌动，然而无论发展中国家还是发达国家，积极应对气候变化、寻求人类可持续发展的愿望始终没有动摇。《京都议定书》第六条所确立的联合履行、第十二条所确立的清洁发展机制和第十七条所确立的排放贸易，概括为三大机制，机制的确立与生效明确了在气候公约谈判进程中，发达国家以允许其采取灵活的政策和行动履约为其率先采取承担温室气体减限排义务的前提条件。客观存在于不同国家之间的减排成本差异成为一种推动力量，推动了高减排成本的国家强烈要求允许其到具有低减排成本的国家实施减排行动以获得低成本的减排效益。

本教材是国家可持续发展实验区应对气候变化能力建设培训教材系列丛书中的一部，读者对象为全国科技系统工作者。本教材主要介绍了气候变化的科学认知与背景知识、国际气候谈判进程与重要成果、公约框架外的国际多边合作机制、行业减排谈判的焦点问题（航空与航海减排）、国际气候谈判格局变化的博弈分析、国际气候谈判的焦点（减缓、适应、技术、资金）、温室气体排放趋势与碳预算管理，以及中国履行气候变化条约的政策与行动。其中《联合国气候变化框架公约》《京都议定书》《人类环境宣言》《保护臭氧层维也纳公约》《关于消耗臭氧层物质的蒙特利尔议定书》《中美气候变化联合声明》等里程碑式的文件原文作为附录，还列出应对气候变化相关数据信息供读者参考。

党的十八大以来，应对气候变化与生态文明建设进入新阶段，2010年中国开始进行应对气候变化低碳试点工作，2013年成为中国碳交易市场元年，2015年是贯彻落实“四个全面”战略布局的关键年份。通过对国际应对气候变化趋势及进展的掌握，有利于科技系统在气候友好技术应用、生态文明建设方面更好的发展行业优势与特色，为建设美丽中国做出积极贡献。

目 录

第一章　气候变化的科学认知与背景知识

一、温室气体与温室效应

温室气体包括二氧化碳（CO_2），甲烷（CH_4），氧化亚氮（N_2O），氢氟碳化物（HFC），全氟碳化物（PFC），六氟化硫（SF_6）等。燃烧化石燃料、农业和畜牧业、垃圾处理等等都会向大气中排放温室气体。因为地球红外线在向太空的辐射过程中被地球周围大气层中的某些气体或化合物吸收才最终导致全球温度普遍上升，所以这些气体的作用和温室玻璃相似，近而实现保温、升温作用，因此被称为温室气体。大气层中原来就有的水蒸气、二氧化碳、氮的各种氧化物，这些成分一直发挥着为地球保温的作用。本文重点关注的是，随着全球工业化的进程，人类活动排放的温室气体对全球气候变化产生的作用，以及对未来气候变化的影响。

（一）温室气体

大气中含量最高的气体是氮气（含量为78%）和氧气（含量为21%），它们没有温室效应。温室效应来自于那些更加复杂而且不太常见的分子。水汽是最重要的温室气体，其次是二氧化碳（CO_2）。甲烷、氧化亚氮、臭氧和少量存在于大气中的若干其他气体也具有温室效应。

工业时代大气中二氧化碳（CO_2）和其他温室气体的增加主要是由人类活动引起的。事实上，观测到的大气中 CO_2 浓度的增加并不反映人类排放的总量，自 1959 年起，它仅占人类活动所释放的 CO_2 的 55%。其余部分已被陆地上的植物和海洋吸收。在所有情况下，大气中温室气体的浓度及其增加是由源（来自人类活动和自然系统的气体排放）和汇（大气中的气体通过变换转化为不同的化合物）确定的。人类活动产生的 CO_2 排放量有 75% 以上是由化石燃料的燃烧（加上水泥生产的少部分影响）产生的，其余部分则是由土地利用变化（主要是毁林）引起的（IPCC AR4）。关于另一种重要的温室气体甲烷，在过去 25 年里由人类活动产生的排放已经超过了自然排放。而其中的氧化亚氮，几乎全部来自于人类活动产生的排放。大多数长生命期的含卤气体（如氟利昂等）是由人类工业活动产生的，工业化时代以前它们在大气中并不存在。平均而言，自前工业化时期以来，现在的对流层臭氧增加了38%，这种增加是由人类活动排放的短生命期污染物在大气中的反应产生的。2007年CO_2的浓度为384mg/m^3，甲烷的浓度大于1774×10^{-3}mg/m^3，二者很可能远远高于过去至少65万年间任何时候的浓度值（在这一期间，CO_2维持在180～300mg/m^3，甲烷维持在320～790×10^{-3}mg/m^3）。最近的变化率是惊人的和空前的，CO_2的增加在1000年中从未超过30mg/m^3，而在刚刚过去的17年里CO_2就上升了30mg/m^3。

（二）温室气体浓度的增加

1. 二氧化碳

燃烧化石燃料与生产水泥等工业过程产生的CO_2排放，占自前工业化时期以来大气中CO_2浓度增加的75%以上，其余部分的增加来自森林砍伐（和相关的生物质燃烧）占主导的土地利用变化，以及改变农业规范的影响。所有这些增加都是由人类活动引起的。如果是自然的碳循环过程，则无法解释过去25年间大气中CO_2浓度的快速增长。

自然过程，如光合作用、呼吸作用、衰变和海表气体交换，导致陆地与大气（估计～120GtC/年）以及海洋与大气（估计为～90GtC/年）间CO_2源和汇的大规模交换。在过去15年里，自然碳汇导致约3.3GtC/年CO_2的少量净吸收，部分抵消了因人为因子引起的排放。如果过去15年里不是因自然汇吸收了将近一半的人类活动产生的CO_2，大气中CO_2的浓度还会显著增加。

2. 含卤气体

大多数长生命期的大气含卤气体的排放是由人类活动引起的。在工业化以前，只有少量自然发生的含卤气体，如甲基溴化物和甲基氯化物。在20世纪的后50年里，化学合成新技术的发展导致化学生产的含卤气体激增。人类生产的主要含卤气体中氯氟碳化物（CFC）的大气生命期为45～100年，氢氯氟碳化合物（HCFC）的大气生命期为1～18年，氢碳氟化合物（HFC）的大气生命期为1～270年，全氟化碳（PFC）可以在大气中存留数千年之久。作为关于消耗臭氧层物质的蒙特利尔议定书及其修正案的结果，包括CFC在内的一些主要含卤气体的浓度目前正在地球表面趋于稳定或者减少。HCFC的浓度（其生产准备在2030年停止）以及京都议定书中的气体HFC和PFC的浓度目前还在增加。

3. 甲烷（CH_4）

由人类活动产生的 CH_4 源超过了自然系统的 CH_4 源。1960—1999 年间，CH_4 浓度的增长与 1800 年以前的 2000 年间任何 40 年周期相比，平均至少要快六倍。自然界向大气排放 CH_4 的主要来源是湿地，其他自然源包括海洋、植被和甲烷水合物。

产生甲烷的人类活动包括使用煤和天然气等能源、垃圾填埋、饲养反刍动物（如牛、羊等）、稻作农业以及生物质能等。CH_4 一旦排放后，在其被清除之前可能在大气中存留约 8.4 年，清除主要通过对流层中的化学氧化完成。

4. 氧化亚氮（N_2O）

由人类活动排入大气的氧化亚氮源近似等于自然系统的排放源。1960—1999 年间，N_2O 浓度的增加与 1800 年以前的 2000 年间任何 40 年周期相比，平均至少要快 2 倍（IPCC AR4）。N_2O 的自然源包括海洋、大气中氨的化学氧化以及土壤。热带土壤是一个向大气排放 N_2O 的特别重要的源。排放 N_2O 的人类活动包括肥料中的氮转化为 N_2O 及随后从农业土壤中的排放，生物质燃烧，家畜养殖以及某些工业活动，包括尼龙的生产等。N_2O 一旦排出，在其被清除之前可能在大气中存留约 114 年。

5. 对流层臭氧

对流层臭氧是由大气中的光化学反应产生的，其反应涉及一些化学物质，如一氧化碳、CH_4、挥发性有机化合物以及氮氧化物。这些化学物质通过自然生物过程排放，也通过人类活动排放，包括土地利用变化和燃烧燃料。由于对流层臭氧的生命期相对较短，仅能在大气中持续几天到数周，因此其分布是高度可变的，且与其他化合物的丰度、水汽和太阳辐射有关。

（三）气候变化的科学观测

气候系统的变暖几乎是肯定的，目前从全球平均气温和海温升高、大范围雪和冰融化以及海平面上升的观测中得到的证据支持了这一观点。

根据全球地表温度器测资料，最近 12 年中（1995—2006 年）有 11 年位列最暖的 12 个年份之中（1850 年以来）。更新的 100 年线性趋势（1906—2005 年）为 0.74（0.56 ～ 0.92）℃，因此大于 IPCC 第三次评估报告时给出的 1901—2000 年 0.6（0.4 ～ 0.8）℃的相应趋势值。近 50 年的线性变暖趋势（每十年）0.13（0.10 ～ 0.16）℃几乎是近 100 年的两倍。从 1850—1899 年到 2001—2005 年，气温升高总量为 0.76（0.57 ～ 0.95）℃。城市热岛效应的影响是存在的，但也是局地的，对上述数值的影响可被忽略（在陆地上小于每十年 0.006℃，在海洋上为零 IPCC AR4）。

自 1961 年以来的观测表明，全球海洋平均温度的增加已延伸到至少 3000 米深度，海洋已经并且正在吸收 80% 以上被增添到气候系统的热量。这一变暖引起海水膨胀，并造成海平面上升。

南北半球的山地冰川和积雪总体上都已退缩。冰川和冰帽的大范围减少造成了海平面上升。

自 IPCC 第三次评估报告以来的最新资料显示，南极大部分的净物质损耗和格陵兰冰盖大约一半的净物质损耗，很可能以冰雪融水的形式注入大海，并造成了 1993—2003 年的海平面上升。在 1961—2003 年间，全球海平面上升的平均速率为 1.8（1.3 ～ 2.3）毫米 / 年。在 1993—2003 年间，该速率有所增加，约为 3.1（2.4 ～ 3.8）毫米 / 年。从 19 到 20 世纪，观测到的海平面上升速率的增加具有高信度。20 世纪海平面上升的总估算值为 0.17（0.12 ～ 0.22）米。

二、气候变化的科学事实

2013 年 9 月，政府间气候变化专门委员会（IPCC）第一工作组发布第五次评估报告决策者摘要。该报告对自第四次评估报告（AR4）以来，过去六年多气候变化自然科学领域的一些关键科学问题进行了综合评估。可以看到，国际科学界对气候变化自然科学问题的研究日趋深化，对一些关键科学问题有了更深入的认识，在一些领域取得了新的进展。

观测资料的质量和数量明显提高，对观测资料不确定性及区域气候变化的理解明显深化。新的、更精确的资料信息已经被用于古气候重建，区域信息综合及古气候模拟发展迅速。对全球碳源汇的分布及其时间变化的探讨和分析更系统，在土地利用变化导致全球碳平衡变化方面有了更深入的科学认识。在全球平均大气成分辐射强迫及其空间变化特征方面的研究有了新进展，对气溶胶辐射强迫及其物理过程的理解和模拟能力有所提高。

人类活动影响气候系统的证据更多、更强，在区域温度变化、水循环、冰雪圈和海洋等方面，提出了人为因素导致气候变化的新证据。研发出了新一代具有更高分辨率并能更准确描述物理过程的气候系统模式，发展了地球系统模式，高精度区域气候模式也在全球更多地区的气候模拟研究中得到应用。作为新的排放情景，典型浓度路径 RCPs 被应用于未来情景预估中。预估结果不确定性的评估和定量化方法得到较大发展。

三、气候变化的影响与脆弱性

（一）已经观测到的气候变化对自然和人类环境的影响

1. 来自所有大陆和大部分海洋的观测证据表明，许多自然系统受到区域气候变化，尤其是温度升高的影响。

关于雪、冰和冻土（包括永久冻土带）的变化，有充分的证据说明气候变化影响着自然系统：冰川湖的扩大和数量的增加；永久冻土带区域不稳定性增加，山区岩石雪崩；南极和北极的一些生态系统（包括海冰生物群系和食物链中的高等食肉动物）发生变化。

基于证据的增加，可以充分说明气候变化也影响到了水文系统：许多冰雪补给的河流径流量增加，春汛提前出现；许多地区湖泊和河流变暖，影响水体中热量分布和水质。

基于更多来自物种的证据充分说明近期的全球变暖严重影响着陆地生态系统：春天事件的提前，包括树木发芽、候鸟迁徙及产卵；植物和动物物种向极地和高海拔迁移。

基于真实的新证据，可以说明观测到的海洋和淡水生态系统变化与水温的升高有关，同样与是否有冰覆盖、盐度、氧标准和环流的变化有关：高纬度海洋中海藻、浮游植物和鱼数量的变化；高纬度和较高海拔处湖泊中海藻、浮游动物数量的增加；河水中鱼活动范围的变化和提前迁徙。

1750 年以来，人类活动释放的碳被吸收导致海洋变酸，pH 值平均降低了 0.1 个单位。然而，观测到的海洋酸度对深海生物圈的影响还不能证实。

2. 1970 年以来，对全球已有数据的评估表明：人类活动引起的变暖已经对许多自然和生物系统产生了明显的影响。

过去五年收集到的很多证据表明，自然和生物系统发生的变化与人类活动引起的变暖有关：第一工作组第四次评估报告断定 20 世纪中叶以来，全球平均温度的升高很可能是由人类活动引起温室气体浓度增加引起的；超过 29000 个观测数据序列显示，许多自然和生物系统发生了重大变化，其中 89% 的数据表明这些变化是由变暖引起的；模拟研究也证明一些自然和生物系统的反应与人类活动引起的变暖有关。

3. 由于适应和非气候因素的多重驱动，尽管一些影响很难辨别，但是区域气候变化对自然和人类环境的其他影响正在显现。

温度升高的影响在以下几个系统中已经得到了证实：北半球高纬度地区农业和森林管理系统；人类健康的一些方面；北极和低海拔阿尔卑斯山区域的一些人类活动。

近来气候变化与气候变率已经开始影响其他自然和人类系统，尽管基于已经出版的文献，这种影响尚不是经过证实的趋势：高山区域的居民面临着冰川湖泊暴发洪水的危险，一些地方的政府机构开始修建大坝和排水装置；在非洲撒哈拉地区，变暖和干旱降低了生长季节长度对作物的有害影响，在南非，更长的干旱季节和更多不确定的降水正促进适应措施；海平面上升和人类发展使海岸带湿地和红树林消失，在一些区域海岸带洪水危害正在增加。

（二）对气候变化未来影响的认识

1. 对未来气候变化对大范围自然系统和社会部门的影响的认识不断深入，包括以前评估没有涉及的一些领域：淡水资源及其管理、生态系统、食物、纤维和森林产品、海岸带系统和低地区域、产业、移民与社会、健康等。

2. 对未来气候变化对世界各地区的影响的认识不断深入，包括以前评估没有涉及的一些地方：非洲、亚洲、澳洲和新西兰、欧洲、拉丁美洲、北美、极地区域及一些岛屿。

3. 对全球平均温度可能增加的范围及其影响可以更系统地进行量化评估。

4. 由于极端天气、气候和海平面事件发生频率和强度的变化，其影响也很可能发生变化。

5. 许多大尺度的气候事件有可能造成很大的影响，特别是 21 世纪以后。

（三）目前关于气候变化响应的了解

1. 针对已观测到的和将来可能的气候变化的适应行动已经存在。

自从 IPCC 第三次评估以来，人类活动适应已观测到的和预期的气候变化的证据不断增加。例如，在基础工程设计中要考虑气候变化，如海岸带防御及冰川、湖泊暴发洪水的预防等。

2. 对过去排放所造成的不可避免的变暖影响必须采取适应性措施。

即使大气温室气体浓度保持在2000年水平上（见第一工作组第四次评估），一些不可避免的变暖（到21世纪末大约增温0.6℃）估计和过去气体的释放有关。适应是唯一可以采取的响应措施。

3. 目前有更多的适应手段可供选择，但需要更广泛的适应来降低应对未来气候变化的脆弱性，而不仅仅是现有的适应行动。目前还存在许多障碍和限制，需要花费更多的钱，这一点还没有得到充分认识。

随着全球平均温度的升高，影响也在增加。尽管早期的气候变化的影响通过适应能够有效地解决，但是随着气候变化加剧，成功的适应选择在减少，相关的花费在增加。目前，我们对适应和花费的限制的了解还很不具体，这是因为有效的适应措施既依赖于特有的、区域的气候风险因素，也受机构、政策和经济的约束。

人类社会可选择的适应性响应领域非常宽广，包括了单纯的技术（如海防工程）、人类行为（如食物和娱乐选择）、管理（如农田耕作）和政策（如制度）等各个方面的适应。一些国家制定和发展了一些技术与战略，但一些评估文献指出有些选择在降低风险上并不是很有效。此外，在适应的执行上还存在一些巨大的环境、经济、信息、社会、态度及行为障碍。对于发展中国家来说，资源的可利用性和适应能力建设尤其重要。

4. 其他压力的出现，气候变化的脆弱性加剧。

非气候压力可以通过降低恢复力，增加应对气候变化的脆弱性，由于竞争需求的资源配置也能降低适应能力。例如，珊瑚礁所面临的压力，包括了深海污染和来自农业的化学径流，同样也遭受水温升高、海洋酸度增加的影响。脆弱地区面临着多重压力，这些压力影响着它们的敏感性和适应能力。

5. 未来的脆弱性不仅依赖气候变化，也依赖发展路径。

IPCC第三次评估以来一项重要的进展，是对一系列不同的发展路径完成了影响研究。不同的发展路径不仅考虑了气候变化的未来情景，也考虑了未来社会和经济的变化。

这些研究表明，气候变化的可能影响会随着发展路径的变化而发生很大的变化。例如，在可选择的情景下，区域的人口、收入和技术发展可能存在很大的差别，这可能决定着气候变化的脆弱性水平。

6. 可持续发展能降低气候变化的脆弱性，同时气候变化能削弱国家可持续发展的能力。

通过提高适应能力和恢复能力，可持续发展能够降低气候变化的脆弱性。然而，目前很少有促进可持续发展的计划明确地提出针对气候变化影响的适应或者提高适应能力的建议。另一方面，气候变化很可能减慢向可持续发展迈进的步伐。

7. 通过减缓气候变化行动，许多影响能避免、降低或推迟。

一些基于未来大气温室气体浓度稳定情景的气候变化影响评估已经完成。尽管这些研究没有充分考虑温室气体浓度稳定情景下未来气候的不确定性，但是它们提供了在不同减排情景下可避免的威胁或减少的脆弱性与风险。

8. 适应和减缓措施的结合能够降低与气候变化有关的风险。

在未来数十年内，即使最急切的减缓方法也不可能避免气候变化的进一步影响，这就使适应显得尤为需要，尤其是在解决近期影响方面可能会有积极作用。但从长远来看，不能减缓的气候变化很可能超过自然、人工和人类系统适应的能力。这表明包括减缓、适应、技术发展和研究的战略组合是有价值的，可以联合各个层面上的政策和行动。

提高适应能力的方法之一是通过引进气候变化影响的概念来制订计划：包括土地利用计划和基础设施设计的适应措施（包括降低脆弱性的措施）。

9. 气候变化的影响在不同的区域表现不同，但是很可能随着全球温度的升高每年的净花费增加。

未来气候变化的影响在地区之间将相互混合。由于全球平均温度将比 1990 年升高 1～3℃，一些影响将在一些地方产生益处，而在其他地方产生危害。然而，在低纬度和极地地区将增加净花费。全球升高 4℃的话，全球平均将损失 1%～5% 的国内生产总值（GDP）。

（四）系统观测和研究的需求

尽管自第三次评估以来，科学研究为决策者提供气候变化影响和适应信息的能力已经提高，但是仍然有许多重要的问题没有解决。在第二工作组报告的一些章节中提出了许多关于开展进一步观测和优先研究领域的建议，这有助于指导下一阶段的气候变化科学工作。

四、IPCC 报告及主要结论

（一）IPCC 第四次评估报告（AR4）以来进展

自 AR4 以来，观测资料的质量和数量都有了明显增加，并被大量使用在再分析资料中。这些新增的资料主要来源于卫星资料的使用以及一些观测台站观测频次的增加，而质量的改进则得益于观测仪器性能的改善及观测误差的减小。这些针对大气、海洋、冰冻圈以及生物圈等气候系统多圈层的不同观测资料，为分析观测到的气候变化提供了多种信息来源，增进了对观测资料不确定性以及区域气候变化的理解，进一步从多种角度印证了近百年全球变暖的事实。

自 AR4 以来，古气候资料更加丰富，一些新的、更精确的资料信息已经被用于古气候重建。区域综合信息被用于重建古气候的动力学特征，古气候模拟的进展很快，使科学界对古气候的辐射强迫变化、地球系统的响应和反馈、海平面变化以及气候突变与气候系统的不可逆性有了新的了解。

碳循环和其他生物地球化学循环一直是科学界关注的重大科学问题，近年来也取得了更加丰富和全面的研究成果，更系统地探讨和分析了全球碳源汇的分布及其时间变化，并在土地利用变化导致的全球碳平衡变化方面有了更加深入的科学认识。云—气溶胶—气候的相互作用，仍被认为是气候变化研究中最大的不确定性来源之一。

近年来，针对测量温室气体对全球变暖长期影响的方法，除了对全球增温潜能（GWP）的理解取得进展以外，还引入了全球温变潜能（GTP）等一些新的概念。分析了大气成分辐射强迫的空间变化特征和全球平均值，通过对大气化学模式模拟结果进行比较，分析大气化学物质在全球的时空分布特征及气候影响。在计算方面改进了辐射传输模式中的云光学特性参数化，考虑了甲烷的短波吸收效应。

近年来，有关人类活动影响气候系统的证据更多、更强。源自区域温度、水循环、冰雪圈和海洋等方面的新证据进一步表明，人类活动对全球气候系统的影响是明显的。人类活动影响极端事件频率和强度的证据得到进一步加强。

自 AR4 以来，研发出了具有更高分辨率以及对物理过程有更好表述的气候系统模式，同时发展了地球系统模式。新一代气候系统模式提高了水平和垂直分辨率，特别是海洋模式的分辨率进一步细化。在全球更多的地区能够获得更多高精度的区域模式，以做出更可靠的区域气候变化预估。同时，地球系统物理过程的参数化也有了很大改善，特别是对辐射与云相互作用以及冰冻圈的模拟。更多的模式包括了碳循环以及高精度的平流层模式。这些模式的改进将可能提高未来气候变化预估的可信度。

以全球气候模式比较计划第五阶段（CMIP5）为主，近年来开展了很多新的气候模式试验，以研究上述新过程。CMIP5 中模式采用了新的排放情景，即典型浓度路径 RCPs。其中每个 RCP 路径情景提供了一种受社会经济条件和环境、气候影响的排放路径，并给出到 2100 年相应的辐射值。同时，未来预估中不确定性的评估和定量化方法得到了较大发展，在可能的情况下，未来气候变化趋势预估将以概率分布函数（PDF）的方式给出。

（二）IPCC 第五次评估报告主要观点

IPCC 第五次评估报告由 800 多名科学家参与编写，2013 年 9 月—2014 年 4 月三个工作组分别发布《自然科学基础》《影响、适应和脆弱性》以及《减缓气候变化》三个报告。2014 年 11 月发布的《综合报告》是对三个工作组报告成果的提炼和综合，也使其成为有史以来最全面的气候变化评估报告。

1. 第一工作组报告

2013 年 9 月 27 日，联合国政府间气候变化专门委员会（IPCC）第五次评估报告第一工作组报告《气候变化 2013：自然物理基础》及决策者摘要于瑞典首都斯德哥尔摩发布，根据报告，气候系统暖化是毋庸置疑的事实，自 1950 年以来，气候系统观测到的许多变化是过去几十年甚至近千年以来史无前例的。

和 IPCC 第四次评估报告相比，IPCC 第五次评估报告在很多数据方面都有明显进展，尤其是得到更多量化的科学数据。例如，在海洋增暖方面，第四次评估报告指出，1961 年以来，海洋变暖所吸收热量占地球气候系统热能储量的 80% 以上；而在第五次评估报告中，1971—2010 年间海洋变暖所吸收热量占地球气候系统热能储量的 90% 以上，几乎确定的是，海洋上层（0 ～ 700 米）已经变暖。与此同时，1979—2012 年，北极海冰面积以每 10 年 3.5% ～ 4.1% 的速度减少；自 20 世纪 80 年代初以来，大多数地区多年冻土层的温度已升高，升温速度因地区的不同而不同。

IPCC 对气候变化事实和趋势的最新评估结论显示，人类活动的影响极有可能是导致 20 世纪中叶以来气候变暖的主要因素。这一认识得益于对气候系统更好的认识，和过去相比，人为辐射强迫更强。这就是指，总辐射强迫是正值，并导致了气候系统的能量净吸收。自 1750 年以来辐射强迫的最大贡献者来自大气 CO_2 浓度的增加。2011 年与 1750 年相比，人为总有效辐射强迫估计值为每平方米 2.29 瓦，2011 年人为总有效辐射强迫估计值比 2005 年高 43%。

根据报告，人类活动极可能（95% 以上可能性）导致了 20 世纪 50 年代以来的大部分（50% 以上）全球地表平均气温升高。其中，温室气体在 1951—2010

年间可能贡献了 0.5 ～ 1.3℃。在一系列情景模式下，相对于 1986—2005 年，全球地表平均气温在 2016—2035 年将升高 0.3 ～ 0.7℃，2081—2100 年将升高 0.3 ～ 4.8℃。到 2100 年地球温度可能上升超过 2℃，这是各国政府承诺保持的临界值。这表明，全球应对气候变化的压力可能将更大。

IPCC 第一工作组联合主席托马斯·斯托克说："根据最低的情景模式，到 21 世纪末，与 1850—1900 年相比，全球地表平均温度将可能高 1.5℃，而根据两个较高的排放情景，升温可能超过 2℃。随着气候变暖，高温热浪将变得更加频繁，且持续时间更长。湿润地区将有更多降水，而干旱地区的降水将变得更少。"这说明，在未来，极端性天气气候事件的发生概率可能将进一步增加，而人类则需要更多的应对措施来避免自己受到不利的影响。

2. 第二工作组报告

政府间气候变化专门委员会（IPCC）于 2014 年 3 月 31 日在日本横滨发布了 IPCC 第五次评估报告第二工作组报告——《气候变化 2014：影响、适应和脆弱性》。历时 6 年，报告基于最新的科学研究成果，从新的视角对气候变化的影响、适应和脆弱性进行了系统的评估，形成了一系列重要结论，将对《公约》下 2015 协议的谈判，特别是适应问题的谈判产生重要的影响。

报告对气候变化影响、风险、危害、暴露度、脆弱性和适应等基本概念作了清晰的界定。气候变化的影响是气候变化风险对人类和生态系统产生的最终后果。气候变化的风险指气候变化引起的潜在后果，可以用气候变化影响或者后果发生的概率和后果的乘积来描述，是经气候变化危害、暴露度和脆弱性三方面相互作用后产生的。危害是指气候变化相关的事件或趋势造成人员伤害和其他健康影响以及对财产、基础设施、生计、服务设施和环境资源造成的损害和损失。暴露度是指人类、物种、生计、生态系统、环境服务和各种资源、基础设施或经济、社会或文化资产出现在受严重影响地区的程度。脆弱性指的是受到不利影响的倾向和趋势，包含如敏感度、易感性和缺乏应对和适应能力等多个元素。

报告对未来气候变化的风险展开系统评估，建立了温升和风险之间的半量化关系，探讨了适应和减缓的关系，为如何平衡适应和减缓提供了理论依据，报告指出近期关于减缓和适应的选择将对整个 21 世纪的气候变化风险产生影响。在最近的几十年，预测的温升在不同的排放情景下基本相同，鉴于气候系统的惯性，如何应对这些影响，特别是采取适应的措施，将对近期应对气候变化的效果产生较大的影响。另一方面，近期和长期的减缓和适应行动，特别是发展路径的选择都将对气候变化风险产生重要的影响。通过对 4℃情景和 2℃情景下风险的评估和对比，报告指出大规模的减排行动可以显著地降低气候变化的风险，进一步凸显长期尺度下减缓行动的重要性。

报告以更多的证据证实了气候变化的影响已经发生，强化了采取适应行动的迫切性，同时强化了风险和适应的区域特征，但并未强化发展中国家更易受气候变化影响的结论。在论证适应的机会的同时，充分论证了适应的局限性，对气候变化损失和适应成本进行了初步定量评估，初步结论显示，在全球平均温度比工业化前上升 2.5℃的情况下，对主要经济部门和服务的影响可能导致的全球总体经济损失相当于全球总收入的 0.2% ～ 2.0%。升温越高，损失越大，但对 3℃以上的情景没有定量的估算结果。排放一吨二氧化碳的经济影响介于几美元到几百美元之间，这在很大程度上取决于对贴现率的假设。

在管理风险和建立气候恢复力的大背景下提出了“有效适应”的原则，但在一些具体问题如适应技术和适应的国际合作上缺乏深入探讨。有效和广泛的适应措施有助于在近期及未来建立一个具有气候恢复力的世界。具体的适应措施取决于特定的环境和地域特性，不存在适用于所有情形的单一方法。报告给出的近百种适应措施可归结为三大类：针对减少暴露度和脆弱性的措施，如预警系统、改善民生、基础设施建设等；增量调整型措施，如新型农作物品种、相关建筑标准、改善医疗服务等；转型类的措施，为提高整体适应气候变化能力而涉及的整个政治、经济和社会系统的转型。

鉴于具体的适应措施涉及的范围和受到的影响广泛，规划和实施是保证有效适应的重要环节。计划不周、过于强调短期成果或者对于各种后果估计不足都会导致不适应。从个体到政府，各级和各区域参与者在适应相关规划和实施中发挥着互补作用。国家级政府主要是协调各级地方政府的适应行动，建立相关法律框架，保护脆弱群体，提供信息、政策框架和财政支持；地方政府和私营部门也在促进社区和家庭适应行动、记载管理风险信息和融资方面发挥作用，其重要性日益增强。妨碍适应规划和实施的诸多因素包括：预估影响的不确定性、有限的财力和人力资源、不同治理层面的整合或协调不足、对风险的不同认知、政治制度的响应不足、多元的价值观、缺乏适应行动的领导者和支持者、监测适应有效性的工具有限等。总之，适应是一项复杂的社会工程，低估这种复杂性会带来不切实际的期望。

报告还强调了气候恢复路径和转型的概念。适应气候变化不是简单地被动适应已经出现的气候变化影响，而应是在实现可持续发展大背景下的主动适应。或者说，气候恢复路径和转型是包括适应和减缓在内的、降低气候变化风险的可持续发展之路。这些路径包括通过规划、实施、评估在内的一个循环往复的迭代过程，以确保有效和持续的风险管理。在这种情况下，一方面要通过减缓将气候变化控制在适应极限的范围内，另一方面也需充分考虑适应和减缓之间存在显著的协同效益，为气候变化付出的努力越多，减缓和适应之间的相互影响将越复杂，就需要更好地识别适应和减缓之间的协同效应，例如，提高能源效率和使用清洁能源，能减少有损健康、影响气候的空气污染物的排放等。

报告为有效适应建立了大的背景和原则，但对一些饱受关注问题，如适应技术和适应的国际合作等，却并未给出决策者关心的具体信息。例如，在国际层面，包括在《公约》下已开展了大量的适应气候变化国际合作，如何在新协议下推动适应领域的国际合作发展广受发展中国家的关注，但是报告对此并未展开有效评估和论述，这与第三工作组报告大篇幅讨论减缓方面的国际合作问题形成了鲜明的对比。

3. 第三工作组报告

2014 年 4 月 13 日，联合国政府间气候变化专门委员会（IPCC）在德国柏林发布了第五次评估报告第三工作组报告：《气候变化 2014：减缓气候变化》。来自 57 个国家的 235 位作者和 38 位编审参与了该报告的编写。报告的作者评估了 1 万余份科学文献，并对科学文献中约 1200 种情景进行了分析。这些情景由世界各地的 31 个模式团队开发，旨在按不同的雄心程度探索各种减缓路径的经济、技术和体制上的先决条件以及影响。

第一，经济和人口增长是驱动温室气体排放的主要因素。1970 年以来的 CO_2 累积排放约占总历史累积排放的一半，最近十年是排放量增加最多的十年。

尽管已经采取了很多减缓措施，全球人为温室气体排放仍升至前所未有的水平，2010 年达到 490（±45）亿吨 CO_2 当量。2000—2010 年是排放绝对增幅最大的十年，年均温室气体排放增速从 1970 年的 1.3% 增长到了 2000 年的 2.2%。基于卡亚分解的结果，经济和人口增长是化石燃料相关 CO_2 排放增长的主要驱动因子，其中人口增长贡献在近 40 年大致保持稳定，但近十年经济增长的贡献大幅上升。

最近 40 年（1970—2010 年）的人为 CO_2 累积排放约占总历史累积排放量（1750—2010 年）的一半。1750—1970 年期间来自化石燃料燃烧、水泥生产和天然气燃除（处理石油生产过程中过剩天然气的方法，Gas flaring）的 CO_2 累积排放总量是 4200±350 亿吨，而到 2010 年，这一累积排放量增长了 2 倍，达到了 1.3 万亿 ±1100 亿吨。自 1750 年以来的与森林和其他土地利用相关的 CO_2 累积排放量从 1970 年的 4900±1800 亿吨上升到了 2010 年的 6800±3000 亿吨。如果没有额外的减少温室气体排放的努力，在基准情景下，全球 2100 年的地球平均表面温度相对于工业化前将升高约 4℃（3.7～4.8℃）。

第二，实现 2℃温控目标的成本最优排放路径要求：2030 年全球排放量要低于 2010 年水平，并在 2050 年实现深度、大幅度的减排。

科学测算表明，到 21 世纪末将温室气体浓度控制在 450ppm 才有较大可能（66%）实现 2℃温控目标。在此情景下，单就 CO_2 而言，全球 2011—2100 年的累积排放空间为 6300 亿～1.18 万亿吨，远小于全球 1870—2011 年间的平均值 1.89（1.63～2.125）万亿吨的累积排放量。

在很可能（90%）实现 2℃温控目标情景下的成本最优排放路径要求：到 2030 年，全球温室气体排放限制在 300 亿～500 亿吨 CO_2 当量的水平（相当于 2010 年水平的 60%～100%）；到 21 世纪中叶，全球温室气体需减少至 2010 年水平的 40%～70%，到 21 世纪末减至近零。

目前，按照坎昆承诺总体努力的全球排放路径与实现 2℃温控目标的成本最优路径并不一致，但在实现坎昆承诺的基础上加大 2020 年后的减排力度仍有可能实现 2℃温控目标。因此，2030 年排放水平对实现 2℃温控目标是极为重要的，将减缓努力延迟到 2030 年后再大幅增加向低排放水平路径转型的困难，并降低实现 2℃温控目标的可行性。

第三，2℃温控的全球长期目标依然可能实现，但需要大规模改革能源系统并重视土地使用，二氧化碳移除技术（CDR）成为关键的技术手段。

要实现 2℃温控目标，需要对能源供给部门进行巨大改革，需保障其 CO_2 排放在未来持续下降，在 2040—2070 年间实现相对于 2010 年水平下降 90% 或以上目标，在很多情景下甚至需要实现“负排放”。电力生产深度脱碳是 2℃情景的重要特征之一，并需要到 2050 年实现超过 80% 的发电装置脱碳，可再生能源、核能、使用碳捕获和封存技术（CCS）的化石能源、采用生物质联合 CCS（BECCS）的零碳或低碳能源供给占一次能源供给的比重达到 2010 年水平（约 17%）的 3 倍到 4 倍。

大多数 2℃情景需要在 2050 年之后部署能够清除大气中二氧化碳的负排放

技术（CDR），如生物质与 CCS 相结合发电技术（BECCS）和造林等。这是本次评估中一个重要的新发现。土地利用和林业部门成为净碳汇是实现 2℃温控目标的一个重要支撑。但 BECCS 和其他 CDR 技术的大规模应用还存在极大的不确定性和风险，包括常年储存在地下的 CO_2 所面临的各种挑战，加剧了的土地竞争风险等。

第四，减缓气候变化需要国际合作，共同行动。尽管目前国际气候变化合作机制存在多样化趋势，《联合国气候变化框架公约》仍是国际气候合作的主渠道。

全球公共物品的定性决定了减缓气候变化需要国际合作才能有效实现。虽然，目前的国际气候变化合作机制存在多样化趋势，特别是 2007 年之后《公约》下的相关活动在国际层面也促生了更多的合作机制，但《公约》仍然是主渠道。此外，对于《京都议定书》效果的评价也存在很多争议，但其对进一步促进国际合作提供了可资借鉴的经验是不容置疑的事实。虽然，目前区域减缓行动作用有限，但建立国际、区域、国家等不同区域之间的政策联系可以使减缓和适应产生更多的效益。

第五，减缓气候变化具有大量的协同效用，因此加强气候政策协同效应的管理可以更好地奠定减缓行动的基础。评价气候政策应以可持续发展和公平为基础。

在实现 2℃目标的减缓情景下，提高空气质量和保障能源安全的成本都将下降，减缓行动的协同效应还体现在保护人类健康、生态系统和自然资源、维持能源系统稳定性上；效率提高和行为模式的转变在跨部门行动上也带来重要的协同效应；能源终端部门减缓行动所带来的协同效应超过其潜在的负面影响，通过额外政策措施，潜在的负面影响是有可能避免的；在建筑、交通领域以及包括城市在内的各范围内，减缓气候变化行动都有显著的协同效应。气候政策的协同效应可以在可持续发展框架下得到更为全面的认识和评估。

第六，应对气候变化需要改变现有投资构成。在有利的投资环境下，私营部门和公共部门可以一起在减缓融资中扮演重要的角色。

虽然对于气候融资尚没有明确的定义，但初步估算目前每年的气候融资规模约为 3430 亿～ 3850 亿美元。2℃情景的实现需要投资构成的转变。从 2010—2029 年，化石能源开采和发电领域的年投资量将下降 20%（300 亿美元左右），而低碳能源领域（可再生能源、核能等）年投资规模将增加 100%（1470 亿美元左右）。

私营部门的气候融资约占全球气候融资总量的 2/3 ～ 3/4。在很多国家，公共部门的投资干预能够很好地引导私营部门在气候变化上的投资。在良好的投资环境及合理的政策体系条件下，私营部门在减缓上的投资规模将产生较大的影响。

4. 综合报告

2014 年 11 月 2 日，联合国政府间气候变化专门委员会（IPCC）在丹麦哥本哈根发布了 IPCC 第五次评估报告的《综合报告》，指出人类对气候系统的影响是明确的，而且这种影响在不断增强，在世界各大洲都已观测到种种影响。如果任其发展，气候变化将会增加对人类和生态系统造成严重、普遍和不可逆转影响的可能性。然而，当前有适应气候变化的办法，而实施严格的减缓活动可确保将气候变化的影响保持在可管理的范围内，从而可创造更美好、更可持续的未来。

《综合报告》确认世界各地都在发生气候变化，而气候系统变暖是毋庸置疑的。自 20 世纪 50 年代以来，许多观测到的变化在几十年乃至上千年时间里都是前所未有的。相比之前的评估报告，本报告更为肯定地指出一项事实，即温室气体排放以及其他人为驱动因子已成为自 20 世纪中叶以来气候变暖的主要原因。

近几十年，在各大洲和各个海域都已显现出气候变化的影响。破坏气候的人类活动越多，其产生的风险也就越大。报告指出，持续排放温室气体将导致气候系统的所有组成部分进一步变暖并发生持久的变化，还会使对社会各阶层和自然世界产生广泛而深刻影响的可能性随之增加。

《综合报告》明确证实，鉴于最不发达国家和脆弱群体的应对能力有限，很多风险会给其带来特定的挑战。在社会、经济、文化、制度或其他方面被边缘化的人们特别容易受到气候变化的影响。

但仅靠适应是不够的。大幅和持续减少温室气体排放是限制气候变化风险的核心。此外，由于减缓措施可降低升温的速率和幅度，因而其也可为适应特定水平的气候变化争取更多的时间，有可能是几十年。

《综合报告》指出，当前有多种减缓途径可促使在未来几十年实现大幅减排，大幅减排是将升温限制至 2℃所必需的，现在实现这一目标的概述大于 66%。然而，如果将额外的减缓拖延至 2030 年，到 21 世纪末要限制升温相对于工业化前水平低于 2℃，将大幅增加与其相关的技术、经济、社会和体制挑战。虽然对减缓的成本估算各不相同，但全球经济增长不会受到很大的影响。在正常情景中，21 世纪的消费（可体现经济增长）每年增长率为 1.6% ～ 3%。大刀阔斧地减排也只会将其减低约 0.06%。

第二章　国际气候谈判进程与重要成果

从1979年世界气象组织（WMO）召开第一次世界气候大会呼吁保护全球气候，到1990年国际气候谈判拉开帷幕，人类应对气候变化进入了制度化、法律化的轨道。国际气候制度为国际合作提供了重要的法律基础，然而，各国为维护自身发展权益展开的激烈外交斗争使得这一进程异常曲折和坎坷，其中有几座重要的里程碑最值得铭记。

一、历史进程回顾

国际气候谈判自1990年拉开序幕，经历了二十几年艰苦而漫长的谈判进程。回顾这一曲折的发展进程，有几个重要的分水岭。首先是1992年6月，联合国环境与发展大会上各国政府签署了《联合国气候变化框架公约》，确立了稳定大气中温室气体的长期目标，以及公平和共同但区别责任、可持续发展等一系列人类社会应对气候变化的重要原则，可以说是迄今为止在国际环境与发展领域中影响最大、参与最广、意义最为深远的国际法律文件。但气候公约未能就具体的减排义务做出明确规定。其次是1997年12月，在日本召开的京都会议上通过《京都议定书》，在气候公约下首次为发达国家和转轨经济国家规定了定量的减排义务：即到第一承诺期（2008—2012年）整体减排5.2%，其中欧盟减排8%，美国7%，日本6%，俄罗斯持平。同时，为了降低减排成本，还引入排放贸易（ET）、联合履约（JI）和清洁发展机制（CDM）三个基于市场的灵活机制，允许发达国家通过市场或基于项目的合作进行“海外减排”。京都会议之后，美国和澳大利亚不批准议定书，决定议定书命运的俄罗斯在批准问题上犹豫不决，导致《京都议定书》能否生效一度面临严峻的挑战。最终经过国际社会的艰苦的努力通过谈判达成妥协，促成议定书在2005年2月正式生效。第三个重要的分水岭是2005年11月在加拿大召开的蒙特利尔会议，是气候公约第11次和《京都议定书》第1次缔约方会议，一方面从法律上确保《京都议定书》步入实际运行的轨道，另一方面以“双轨”并行的方式启动了“后京都”谈判，起到了承上启下的作用。

所谓“双轨”并行，其中“一轨”是在《京都议定书》下成立特设工作组，谈判发达国家第二承诺期的减排义务。而“另一轨”则是为了美国、澳大利亚等非议定书缔约方能够参与谈判，在气候公约下就促进国际社会应对气候变化的长期合作行动启动为期两年的对话。这一模式既维护了议定书的完整性，又保证了公约下所有缔约方的广泛参与，还为“双轨”之间的互动留下空间，是蒙特利尔会议的重要成果和最大亮点。迄今为止，特设工作组谈判和公约下对话分别举行了 4 次工作会议，尽管有一定的成果，但尚未就 2012 年后国际气候制度的具体内容取得实质性的进展，“后京都”谈判已陷入僵局。

2012 年国际气候谈判多哈会议结束了始于 2007 年的巴厘路线图谈判授权（以下简称巴厘授权），最终形成了包括议定书第二承诺期、长期合作行动工作组、德班平台工作组以及资金机制等方面的一揽子成果，为巴厘授权画上了句号。2013 年既是巴厘授权谈判成果的第一个执行年，也是德班平台密集展开磋商的第一年。国际气候谈判，由巴厘授权的双轨谈判转为德班平台单轨谈判，并不意味着缔约方在双轨谈判下的一些重要关切和立场已经消失，各方都在寻求在德班平台下以适当的形式，反映谈判诉求。发展中国家认为，双轨谈判的格局虽然没有继续，但德班平台的谈判应充分尊重历史事实，体现发达国家与发展中国家在责任、义务上的差异，在未来协议中减排、出资、技术转让等问题上，应区别对待，各成体系；发达国家则希望借德班平台谈判从双轨到一轨的转变契机，意欲进一步打破《京都议定书》确立的责任分担模式，要求发展中国家承担减排、出资等责任和义务，形式上则推动达成对所有国家统一适用的国际减排框架、规则和约束方式。由此可见，德班平台谈判，缔约方分歧依旧，各方核心关切没有大的调整，但实现谈判诉求的方式和途径，可能会根据新的方式做出调整。

（一）主要谈判力量的新格局

德班平台下主要谈判力量格局，与巴厘授权谈判出现了比较明显的区别。在巴厘授权谈判过程中，南北国家集团立场泾渭分明，而在德班平台谈判中南北阵营对于关键问题的立场，出现了模糊化趋势。反映出不同缔约方在谈判诉求上出现了调整。德班平台谈判，主要体现为三组力量的博弈。

欧盟、小岛屿国家联盟。在德班会议上，欧盟、小岛屿国家联盟、最不发达国家集团，就启动德班授权，发表了联合申明，而在当时，许多发展中国家，并未就是否启动德班授权达成共识，发展中国家在德班平台授权之初即存在分歧。

之后的磋商中，在德班平台减排、出资模式、法律形式的问题上，欧盟、小岛国联盟立场接近，包括在贸易以及单边措施等议题上，小岛国与欧盟的共识，也远大于其与大多数发展中国家的共识。因此，德班平台谈判中，欧盟、小岛国联盟形成了推动德班平台谈判的一支最积极的力量。

美国、加拿大、俄罗斯等伞形国家。伞形国家集团虽然在是否参与京都议定书问题上有分歧，但在德班平台谈判中，立场比较一致。伞形国家集团不是德班平台的积极推动者，但相对于巴厘授权下双轨谈判模式，他们更愿意接受德班平台的单轨谈判方式。在要求发展中国家参与减排承诺与承担出资义务等关键问题上与欧盟一致，但在未来协议的法律形式问题上，受国内立法以及国内对气候变化问题的认识程度限制，立场与大多数发展中国家比较接近，不太附和欧盟与小岛国联盟关于法律约束问题的提议。

立场相近的发展中国家。其成员主要包括中国、印度、巴西、南非等基础四国在内的新兴经济体国家。这些国家正处于经济的快速成长期，大多处于城市化、工业化过程中，面临经济、技术升级换代，需要资金、需要技术、需要减贫致富发展社会福利，同时在现有的技术条件下，对未来温室气体的增量排放也具有刚性需求，有限的历史排放累积，也成为他们争取排放权益的底气。面对发达国家以及部分发展中国家在减排和出资问题上的日趋紧逼，这些新兴经济体国家联合在一起，为未来发展争取排放权益，同时，反对不符合公平原则的减排和出资义务。

（二）构建未来国际气候制度面临的关键分歧

对于谈判“原则”问题的认识分歧。任何协议都是在一定原则指导下完成框架设计并指导谈判进程。德班平台是在联合国气候变化框架公约下授权开展的谈判，其谈判进程必须遵循公约原则规定。缔约方在原则问题的上分歧主要是如何理解、解释“共同但有区别的责任”原则。发展中国家普遍认为，《京都议定书》是对“共区”原则的体现，即发达国家实现总量减排，并向发展中国家提供资金和技术援助，帮助发展中国家提高适应气候变化的能力；发展中国家消除贫困、保持经济发展是首要任务，应该根据各国能力，开展减少温室气体排放的行动。发达国家缔约方则提出随着全球经济发展，需要动态理解“共区”原则，希望发展中国家承担更多减排责任，还有部分发达国家事实上基本否认“共区”原则，要求与发展中国家在相同减排框架、约束机制下开展对等减排。缔约方在“共区”原则的理解上尚存较大分歧，如何在德班平台下定义“共区”原则，以及“共区”

原则如何指导谈判进程，将是德班平台谈判需要解决的关键问题。

减排模式和目标。减排问题是国际气候协议的核心问题，从某种角度看，未来国际气候协议实质就是全球协同减排的制度安排。资金援助以及技术转让等问题也是为更好地实现减排目标服务。欧盟、小岛国联盟力推紧约束的国际减排模式，希望按照 IPCC 科学评估报告结论，设定具有雄心的全球减排目标，推动世界各国实施大幅度温室气体减排，要求各国尽早达到排放峰值，实施国家排放总量减排目标，并以国际、国内法的形式，保障目标实现；美国等伞形国家则倾向于各国基于自身条件，提出减排目标，建立相关机构对目标实施情况开展审评，督促实现减排目标。发展中国家通过多年实践，已经认识到在当前技术水平下，发展就意味着增排，因此，更能接受各国根据自身条件自己提出减排目标或减排行动目标的方案，并且重申各国减排目标应遵循公约原则，区分发达和发展中国家的历史责任，确定不同类型和程度的减排目标，以保障发展中国家未来发展空间。

资金来源及治理。资金议题是德班平台谈判的重要内容。发展中国家在巴厘路线图谈判中所做出的减排行动目标承诺，多是以发达国家提供资金支持为条件提出的。因此，发展中国家希望就未来国际合作中资金来源、资金规模以及资金使用等问题开展深入讨论，并实现发达国家对发展中国家的资金援助；发达国家认为资金问题在巴厘授权下已经基本得到解决，不愿在资金问题上开展深入探讨，更没有诚意实现资金承诺。哥本哈根协议要求发达国家在 2010—2012 年间提供 300 亿美元资金作为全球应对气候变化的快速启动资金，尽管发达国家宣称已通过各种渠道向发展中国家提供资金援助 294 亿美元，但由于存在严重的重复计算及歪曲统计标准问题，快速启动资金官方网站的数据表明发达国家仅仅兑现了 36 亿美元。发达国家一方面逃避供资义务，一方面提出一些所谓的创新机制，意图将发展中国家也纳入资金来源体系，以减轻发达国家供资义务。不仅如此，发达国家利用发展中国家缔约方渴望得到资金援助的诉求，分化发展中国家谈判立场，鼓励一些发展中国家接受其关于创新资金来源机制的提议，以保证这些发展中国家能更稳定、更大规模地获得援助，导致发展中国家内部在资金问题上协调困难，难有共识，从而减轻发达国家在公约资金议题谈判中的压力。资金问题是国际气候合作中的核心问题，其来源和治理涉及多方利益，也涉及一些国家的谈判定位与底线，无疑是构建未来国际气候制度的关键问题。

巴厘授权形成的国际合作机制。巴厘行动计划通过 5 年的密集谈判，在京都议定书第二承诺期、减缓、适应、资金、技术等问题上，形成了相关国际合作机制。这些国际合作机制的正常运行，不仅是实现巴厘行动计划成果下各国减排目标或减排行动目标的保障，更是未来国际气候制度谈判政治互信的基础。从目前的情况看，这些机制的建设并不完善，机构设置、人员配备、经费来源与使用、业务开展等都还需要进一步谈判细化，例如，在适应和技术合作机制的资金渠道如何创建，资金机制中短期和长期资金如何筹集，如何保证资金的稳定供给等问题上，缔约方尚存分歧，这些分歧也使得相关机制并没有得到真正的执行，也无法为国际合作治理做出贡献。发达国家为减轻自身义务，不倾向于继续开展完善合作机制的谈判，以巴厘授权已经谈判完结为由，避免开展相关机制的进一步磋商和实施；发展中国家则将以相关机制作为开展减排行动的条件为由，要求细化、深化谈判，促进国际合作真正开展。因此，国际谈判是否着力对巴厘授权下形成的合作机制进行完善，成为构建未来国际气候制度的分歧之一。

法律形式问题。未来气候协议的法律形式问题是近年来国际社会争论的焦点问题之一。法律形式问题在德班会议之前主要是讨论巴厘授权下长期合作行动工作组谈判案文达成之后的法律形式，而德班平台授权谈判过程中，德班平台未来成果的法律形式问题也成为各方关注焦点。欧盟、小岛屿国家联盟等部分缔约方希望推动达成一个对缔约方具有法律约束力的协议文件，中、印等发展中国家，因为无法预知 2020 年后社会经济发展状况，也无法预判未来协议的内容表述，不赞成在现阶段尚存太多不确定性的时候，预先决定协议法律形式。各方在德班平台成果法律形式问题上，分歧还会继续存在，并成为德班平台谈判的焦点问题之一。

联合国气候变化框架公约第 19 次缔约方会议及京都议定书第 9 次缔约方会议于 2013 年 11 月在波兰华沙召开。华沙气候大会取得了两方面成果。其一，华沙会议重申了落实巴厘路线图成果对于提高 2020 年前行动力度的重要性，敦促发达国家进一步提高 2020 年前的减排力度，加强对发展中国家的资金和技术支持。同时围绕资金、损失和损害问题达成了一系列机制安排，为推动绿色气候基金注资和运转奠定基础。

其二，华沙会议就进一步推动德班平台达成决定，既重申了德班平台谈判在公约下进行，以公约原则为指导的基本共识，为下一步德班平台谈判沿着加强公约实施的正确方向不断前行奠定了政治基础，又要求各方抓紧在减缓、适应、资金、技术等方面进一步细化未来协议要素，邀请各方开展关于 2020 年后强化行动的国内准备工作，向国际社会发出了确保德班平台谈判于 2015 年达成协议的积极信号。

2014 年 12 月 1—14 日，《联合国气候变化框架公约》第 20 次缔约方会议暨《京都议定书》第 10 次缔约方会议在秘鲁首都利马召开。

大会取得了三个主要成果：一是重申各国须在明年早些时候制定并提交 2020 年后的国家自主决定贡献，并对其所需的基本信息作出要求；二是在国家自主决定贡献中，适应方面的要素被提到更显著位置，国家可自愿将适应纳入自己的国家自主决定贡献中；三是会议产生了一份巴黎协议草案，作为 2015 年谈判起草巴黎协议文本的基础。

大会取得成果有限。一是最终决议文本一再被弱化。决议中关于巴黎协议的核心议题——国家自主决定贡献的表述比较模糊；在发展中国家诉求最强烈的资金问题上，发达国家的表现也依然令人失望。二是各方对"共同但有区别的责任"原则、公平原则和各自能力原则如何体现在巴黎协议中还存在较大争议。一些发达国家为了推诿自己的历史责任而宣扬"无差别责任"，试图让发展中国家承担超出自身能力和发展阶段的责任。

大会通过的最终决议力度与各方预期尚有差距，但就 2015 年巴黎大会协议草案的要素基本达成了一致，并就加速落实 2020 年前巴厘路线图成果、并提高执行力度做出了进一步安排，有助于增进各方互信。

利马大会能否引领国际气候谈判走出困局，面临的首要难题就是，发达国家是否会尽快落实对发展中国家的资金和技术支持。此外，发达国家和发展中国家在协议文本、自主减排贡献等其他关键问题上也存在明显分歧。双方在老问题上的分歧未见消弭，拖延了谈判进展。中国政府代表团团长解振华曾总结了双方的四大分歧。

第一，如何在 2015 年巴黎气候大会将签署的 2020 年后协议包括的各个要素中体现"共同但有区别的责任"原则，各方存在较大分歧。

第二，各国的"国家自定贡献"（INDC）2015 年能否如期提交。根据目前的情况，如期提交存在很多困难，特别是一部分发展中国家困难较多。而在上述国家自定贡献提交后，是否必须在 2015 年底的巴黎会议前对这些贡献进行事先评估，也是争论焦点。

第三，资金问题。资金问题是发展中国家采取行动应对气候变化的基础和前提，资金无法落实，多边机制将面临严重的信任危机。绿色气候基金目前筹资已经达到100亿美元，但距离2020年前每年1000亿美元的目标还有相当大的差距。而在资金筹措方式上，发达国家甚至提出希望一些发展中国家出资，这一问题有待谈判解决。

第四，发展中国家关注的技术转让问题亦是分歧之一。在资金机制中，如何能与技术合作机制相联系等问题都需要通过谈判解决。

2015年12月，《联合国气候变化框架公约》第21次缔约方会议（COP21）将在法国巴黎举行。这次大会重要意义在于——在《联合国气候变化框架公约》下达成一个适用于所有缔约方、具有法律效力的协议。

二、联合国气候变化框架公约

1992年，里约会议通过《联合国气候变化框架公约》（UNFCCC，简称气候公约）并开放签署，1994年3月21日，气候公约生效，从法律上确立了公约的最终目标和一系列基本原则，是气候谈判进程中第一座里程碑，而且仍是当前国际气候谈判最重要的法律基础。

（一）气候公约的目标

气候公约规定的最终目标是"将大气中温室气体的浓度稳定在防止气候系统受到危险的人为干扰的水平上。这一水平应当在足以使生态系统能够自然地适应气候变化、确保粮食生产免受威胁并使经济能够可持续地进行的时间范围内实现"。这一目标并未明确到底要将大气中的温室气体稳定在什么浓度水平上，这表明目前科学界对此问题的认识还有很大的不确定性。同时，这一浓度水平还具有重大的经济意义。一旦这一浓度水平得以确定，将对全球经济活动产生重大影响。

（二）气候公约的基本原则

气候公约第三条规定了用于指导缔约方采取履约行动的五项原则：

第一，公平原则（共同但有区别的责任原则）。各缔约方应在公平的基础上，根据它们共同但有区别的责任和各自的能力，为人类当代及后代的利益保护气候系统，发达国家应率先采取行动对付气候变化及其不利影响。

第二，充分考虑发展中国家的具体需要和特殊情况原则。应当充分考虑到发展中国家缔约方尤其是特别易受气候变化不利影响的发展中国家缔约方的具体需要和特殊情况，也应充分考虑到那些根据本公约必须承担不成比例或不正常负担的缔约方特别是发展中国家缔约方的具体需要和特殊情况。

第三，预防原则。各缔约方应采取预防措施，预测、防止或尽量减少引起气候变化的原因，并缓解其不利影响。当存在造成严重或不可逆转的损害的威胁时，不应以科学上没有完全的确定性为由推迟采取这类措施。同时考虑到应对气候变化的政策和措施应当讲求成本效益，确保以尽可能最低的费用获得全球效益。为此，这种政策和措施应当考虑到不同的社会经济情况，并且应当具有全面性，包括所有有关的温室气体源、汇和库及适应措施，并涵盖所有经济部门。应付气候变化的努力可由有关的缔约方合作进行。

第四，促进可持续发展原则。各缔约方有权并应当促进可持续的发展。保护气候系统免遭人为变化的政策和措施应当适合每个缔约方的具体情况，并应结合到国家的发展计划中去，同时考虑到经济发展对于采取措施应付气候变化是至关重要的。

第五，开放经济体系原则。各缔约方应使用促进有利的和开放的国际经济体系，促成所有缔约方特别是发展中国家缔约方的可持续发展，从而使它们有能力更好地应付气候变化问题。为对付气候变化而采取的措施，包括单方面措施，不应成为国际贸易上的任意或无理的歧视手段或隐蔽的限制。

（三）气候公约规定的缔约方义务

《公约》第四条规定了各缔约方的义务。根据“共同但有区别的责任”原则，《公约》附件一缔约方和非附件一缔约方分别承担不同的义务：

一是所有缔约方的义务：提供所有温室气体各种排放源和吸收汇的国家清单；制定、执行、公布国家计划，包括减缓气候变化以及适应气候变化的措施；促进减少或防止温室气体人为排放的技术的开发应用；增强温室气体的吸收汇；制订适应气候变化影响的计划；促进有关气候变化和应对气候变化的信息交流；促进与气候变化有关的教育、培训和提高公众意识等。

二是发达国家的义务。带头依循公约的目标，改变温室气体人为排放的趋势；制定国家政策和采取相应的措施，通过限制人为的温室气体排放以及保护和增强温室气体汇和库，减缓气候变化。到 2000 年，个别地或共同地使二氧化碳等温室气体的人为排放恢复到 1990 年的水平，并定期就其采取的政策措施提供详细信息。附件二所列发达国家应提供新的和额外的资金，支付发展中国家为提供国家信息通报所需的全部费用，帮助特别易受气候变化不利影响的发展中国家缔约方支付适应这些不利影响的费用，促进和资助向发展中国家转让无害环境的技术，支持发展中国家增强自身的技术开发能力。

公约特别强调，发展中国家能在多大程度上有效履行其在本公约下的义务，将取决于发达国家对其在本公约下所承担的有关资金和技术转让的承诺的有效履行，并将充分考虑到经济和社会发展以及消除贫困是发展中国家的首要和压倒一切的优先任务。

（四）气候公约有关资金和技术的条款

气候公约还就资金机制、技术转让和能力建设等内容做出相关规定，包括：确定建立一个在赠予或转让基础上提供资金，包括用于技术转让资金的机制，并确定全球环境基金（GEF）为公约资金机制的一个临时经营实体，同时保留了今后增加其他机构作为经营实体的可能性。规定“附件二所列发达国家缔约方和其他发达缔约方应采取一切实际可行的步骤，酌情促进、便利和资助向其他缔约方特别是发展中国家缔约方转让或使它们有机会得到无害环境的技术和专有技术，以使它们能够履行本公约的各项规定”，“发达国家缔约方应支持开发和增强发展中国家缔约方的自身能力和技术”。公约还规定资金机制应在赠予或转让的基础上提供用于技术转让的资金。承认发展中国家需要加强能力建设，强调了发展中国家能力建设必须是以发展中国家为主，反映发展中国家的优先需要，在发展中国家执行，并决定公约资金机制要为此提供资金和技术支持。

表 1　联合国气候变化框架公约缔约方会议

届次	时间	地点	议题
1	1995 年 4 月	德国柏林	会议通过了《柏林授权书》等文件。文件认为，现有《气候变化框架公约》所规定的义务是不充分的，同意立即开始谈判，就 2000 年后应该采取何种适当的行动来保护气候进行磋商，以期最迟于 1997 年签订一项议定书，议定书应明确规定在一定期限内发达国家所应限制和减少的温室气体排放量
2	1996 年 7 月	瑞士日内瓦	就“柏林授权”所涉及的“议定书”起草问题进行讨论，未获一致意见，决定由全体缔约方参加的“特设小组”继续讨论，并向 COP3 报告结果。通过的其他决定涉及发展中国家准备开始信息通报、技术转让、共同执行活动等

续表

届次	时间	地点	议题
3	1997 年 12 月	日本京都	149 个国家和地区的代表通过了《京都议定书》，规定从 2008—2012 年期间，主要工业发达国家的温室气体排放量要在 1990 年的基础上平均减少 5.2%，其中欧盟将 6 种温室气体的排放削减 8%，美国削减 7%，日本削减 6%
4	1998 年 11 月	阿根廷布宜诺斯艾利斯	以整体出现的发展中国家集团分化为三个集团，一是环境脆弱、易受气候变化影响，自身排放量很小的小岛国联盟（AOSIS），他们自愿承担减排目标；二是期待 CDM 的国家，期望以此获取外汇收入，如墨西哥、巴西和最不发达的非洲国家；三是中国和印度，坚持目前不承诺减排义务
5	1999 年 10～11 月	德国波恩	通过了《公约》附件一所列缔约方国家信息通报编制指南、温室气体清单技术审查指南、全球气候观测系统报告编写指南，并就技术开发与转让、发展中国家及经济转型期国家的能力建设问题进行了协商
6	2000 年 11 月、2001 年 7 月	荷兰海牙、德国波恩	2000 年 11 月在海牙召开的第 6 次缔约方会议期间，世界上最大的温室气体排放国美国坚持要大幅度折扣它的减排指标，因而使会议陷入僵局，大会主办者不得不宣布休会，将会议延期到 2001 年 7 月在波恩继续举行。谈判形成欧盟—美国等—发展中大国（中国、印度）的三足鼎立之势。美、日、加等少数发达国家执意推销“抵消排放”和“换取排放”方案，并试图以此代替减排；欧盟凭借其人口和能源等优越条件，强调履行京都协议，试图通过减排取得与美国的相对优势；中国和印度，坚持目前不承诺减排义务。2001 年 7 月，在波恩会议上，日本与 EU 等联合通过了“没有美国参加的妥协方案”
7	2001 年 10～11 月	摩洛哥马拉喀什	通过了有关京都议定书履约问题（尤其是 CDM）的一揽子高级别政治决定，形成马拉喀什协议文件。该协议为京都议定书附件一缔约方批准京都议定书并使其生效铺平了道路
8	2002 年 10 月	印度新德里	会议通过的《德里宣言》强调抑制气候变化必须在可持续发展的框架内进行，这表明减少温室气体的排放与可持续发展仍然是各缔约国今后履约的重要任务。“宣言”重申了《京都议定书》的要求，敦促工业化国家在 2012 年年底以前把温室气体的排放量在 1990 年的基础上减少 5.2%

续表

届次	时间	地点	议题
9	2003 年 12 月	意大利米兰	在二氧化碳第一排放大户美国两年前退出《京都议定书》的情况下，二氧化碳排放大户俄罗斯不顾许多与会代表的劝说，仍然拒绝批准其议定书，致使该议定书不能生效。然而，为了抑制气候变化，减少由此带来的经济损失，会议通过了约 20 条具有法律约束力的环保决议
10	2004 年 12 月	阿根廷布宜诺斯艾利斯	来自 150 多个国家和地区的政府、政府间组织、非政府组织的与会代表围绕《联合国气候变化框架公约》生效 10 周年来取得的成就和未来面临的挑战、气候变化带来的影响、温室气体减排政策以及在公约框架下的技术转让、资金机制、能力建设等重要问题进行了讨论
11	2005 年 11 月	加拿大蒙特利尔	来自全世界 189 个国家的近万名代表参加了此次会议，并最终达成了 40 多项重要决定。其中包括启动《京都议定书》新二阶段温室气体减排谈判，以进一步推动和强化各国的共同行动，切实遏制全球气候变暖的势头。本次大会取得的重要成果被称为“控制气候变化的蒙特利尔路线图”
12	2006 年 11 月	肯尼亚内罗毕	这次大会取得了两项重要成果：一是达成包括“内罗毕工作计划”在内的几十项决定，以帮助发展中国家提高应对气候变化的能力；二是在管理“适应基金”的问题上取得一致，基金将用于支持发展中国家具体的适应气候变化活动
13	2007 年 12 月	印度尼西亚巴厘岛	会议着重讨论《京都议定书》一期承诺在 2012 年到期后如何进一步降低温室气体的排放，致力于在 2009 年年底前完成“后京都”时期全球应对气候变化新安排的谈判并签署协议。会议最终通过了“巴厘岛路线图”。巴厘岛路线图是指一方面，签署《京都议定书》的发达国家要履行《京都议定书》的规定，承诺 2012 年以后的大幅度量化减排指标；另一方面，发展中国家和未签署《京都议定书》的发达国家（主要指美国）则要在《联合国气候变化框架公约》下采取进一步应对气候变化的措施。此谓“双轨”谈判。“巴厘路线图”设定了两年的谈判时间，即 2009 年年底的哥本哈根大会完成 2012 年后全球应对气候变化新安排的谈判
14	2008 年 12 月	波兰波兹南	八国集团领导人就温室气体长期减排目标达成一致，并声明寻求与《联合国气候变化框架公约》其他缔约国共同实现到 2050 年将全球温室气体排放量减少至少一半的长期目标，并在公约相关谈判中与这些国家讨论并通过这一目标。同时会议总结“巴厘岛路线图”一年来的进程，正式启动 2009 年谈判进程

续表

届次	时间	地点	议题
15	2009 年 12 月	丹麦哥本哈根	商讨《京都议定书》一期承诺到期后的后续方案，即 2012—2020 年的全球减排协议。经过马拉松式的艰难谈判，大会分别以《联合国气候变化框架公约》及《京都议定书》缔约方会议决定的形式发表了不具法律约束力的《哥本哈根协议》。《哥本哈根协议》维护了《联合国气候变化框架公约》及其《京都议定书》确立的“共同但有区别的责任”原则，就发达国家实行强制减排和发展中国家采取自主减缓行动做出了安排，并就全球长期目标、资金和技术支持、透明度等焦点问题达成广泛共识。大会授权《联合国气候变化框架公约》及《京都议定书》两个工作组继续进行谈判，并在 2010 年年底完成工作。这是继《京都议定书》后又一具有划时代意义的全球气候协议书，被喻为“拯救人类的最后一次机会”
16	2010 年 11 ～ 12 月	墨西哥坎昆	一是在《京都议定书》下，确定发达国家缔约方在 2012 年后第二承诺期的减排指标；二是在《公约》长期合作行动特设工作组下，没有参加《京都议定书》的发达国家应该承担与其他发达国家可相比的减排指标。本次会议推动气候谈判进程继续向前，向国际社会发出了积极信号
17	2011 年 11 ～ 12 月	南非德班	“绿色气候基金”是德班气候大会核心议题。一是落实 2010 年墨西哥《坎昆协议》的成果，启动“绿色气候基金”，建立德班增强行动平台特设工作组，加强应对气候变化的国际合作；二是关于续签《京都议定书》第二承诺期的谈判
18	2012 年 11 ～ 12 月	卡塔尔多哈	最终就 2013 年起执行《京都议定书》（简称《议定书》）第二承诺期达成了一致；第二承诺期以 8 年期限达成一致。大会还通过了有关长期气候资金、《联合国气候变化框架公约》长期合作工作组成果、德班平台以及损失损害补偿机制等方面的多项决议。加拿大、日本、新西兰及俄罗斯已明确不参加《议定书》第二承诺期
19	2013 年 11 月	波兰华沙	大会三个主要成果：一是德班增强行动平台基本体现“共同但有区别的原则”；二是发达国家再次承认应出资支持发展中国家应对气候变化；三是就损失损害补偿机制问题达成初步协议，同意开启有关谈判。然而，三个议题的实质性争议都没有解决
20	2014 年 12 月	秘鲁利马	大会三个主要成果：一是重申各国须在明年早些时候制定并提交 2020 年后的国家自主决定贡献，并对其所需的基本信息做出要求；二是在国家自主决定贡献中，适应方面的要素被提到更显著位置，国家可自愿将适应纳入自己的国家自主决定贡献中；三是会议产生了一份巴黎协议草案，作为 2015 年谈判起草巴黎协议文本的基础

续表

届次	时间	地点	议题
21	2015年12月（拟）	法国巴黎	在《联合国气候变化框架公约》下达成一个适用于所有缔约方、具有法律效力的协议

三、《京都议定书》

1997年，在日本京都召开的第3次缔约方会议（COP3）通过的《京都议定书》，首次为附件一国家（发达国家与经济转轨国家）规定了具有法律约束力的定量减排目标，并引入排放贸易（ET）、联合履约（JI）和清洁发展机制（CDM）三个灵活机制。尽管《京都议定书》第一承诺期只到2012年，2012年后的国际气候制度在法律上的地位尚不明朗，但构建未来国际气候制度必定要吸收《议定书》的诸多要素，在某种程度上维持国际政策的兼容性和延续性。

（一）《议定书》规定的定量减排目标

《京都议定书》第3、4条规定了附件一国家缔约方的温室气体定量减排指标。按照规定，附件一缔约方应该个别地或共同地确保其二氧化碳、甲烷等六种受控的温室气体排放总量（以二氧化碳当量计），在2008—2012年的承诺期内比1990年水平至少减少5.2%，到2005年，附件一缔约方应在履行这些承诺方面做出可予证实的进展。《议定书》为每个附件一国家确定了有差别的减排指标，即欧盟减排8%（各成员国具体的指标由其协商确定，这被称为“欧盟气泡”（EU bubble），其中葡萄牙、希腊、西班牙等欧盟国家不仅不减还可增加排放），美国减排7%，日本、加拿大减排6%，俄罗斯、乌克兰、新西兰“零”减排，澳大利亚增排8%，冰岛增排10%，等等。

（二）《议定书》引入的三个灵活机制

《京都议定书》第6、12和17条分别确定了“联合履行”（JI）、“清洁发展机制”（CDM）和“排放贸易”（ET）三种域外减排的灵活机制。其核心在于，发达国家可以通过这三种机制在本国以外取得减排的抵销额，从而以较低成本实现减排目标，通过“境外减排”缓解其国内减排压力。《京都议定书》没有规定这三个机制的具体规则，制定什么样的规则是谈判的焦点之一。

此外，《京都议定书》第 5、7、8 条对温室气体源排放和汇吸收估算的方法学问题，附件一缔约方提交信息的问题及其所提交信息的审评问题进行了原则规定，并请缔约方大会规定有关具体指南。《议定书》第 10、11 条重申了《公约》中所有缔约方的一般性义务和《公约》附件二缔约方向发展中国家提供新的、额外的资金并进行技术转让的义务。

第三章　公约框架外的国际多边合作机制

《联合国气候变化框架公约》是国际应对气候变化合作的主渠道。为推进该领域的国际合作，主要经济体能源与气候论坛等一些公约外涉及气候变化主题的多边协商机制陆续出现，并对公约下的谈判和公约框架下的国际合作产生了影响。这些机制与公约的关系定性地基本可分为包含、竞争、补充、交叉、平行和取代六类。分析表明，主要经济体能源与气候论坛对公约进程的影响最大，目前公约外机制尚不存在取代公约的可能性。各种公约外机制对公约的影响主要是通过技术支持、政治意愿和具有法律约束力的规定三类模式实现。

应对气候变化是当今世界经济与政治领域内炙手可热的问题之一。1992 年《联合国气候变化框架公约》（以下简称“公约”）达成以来，世界各国围绕公约的有效实施开展了长达近 20 年的谈判。其间于 1997 年达成的《京都议定书》初步设定了发达国家减排温室气体的国际机制，然而十余年来围绕这一机制的谈判举步维艰：美国拒绝批准《京都议定书》，日本、加拿大、俄罗斯等其他发达国家在 2010 年坎昆联合国气候变化谈判上表示拒绝接受《京都议定书》第二承诺期，而加拿大更是在 2011 年德班谈判后正式表示要退出《京都议定书》。公约下气候变化谈判的缓慢进展表明，联合国机制在解决气候变化这一复杂时问题遇到了障碍。与此同时，公约外出现了多种与气候变化主题相关的多边机制，有的是因气候变化问题而生，有的是既有机制开始关注气候变化问题。公约和公约外的这些机制共同构成了应对气候变化的国际制度安排。公约作为联合国框架下唯一的全球广泛参与的应对气候变化基本制度，其谈判和确立的全球合作格局逐渐受到来自公约外各种机制的影响。目前关于公约外与气候变化相关的多边协商机制、公约与公约外机制的关系、公约外机制对公约下进展的影响模式等尚少有研究。本章试图研究公约外与气候变化相关的多边协商机制的特点以及气候变化领域多边协商机制的关系，探索采用定量评估研究不同国际机制关系的方法，为进一步提出决策建议和深入国际机制关系研究提供参考。

一、公约外应对气候变化相关的多边机制及特点

2007 年，时任美国总统小布什邀请温室气体排放量居前的 15 个经济体参加关于全球气候变化问题的国际会议，启动了主要温室气体排放国在公约外的谈判。2009 年，这一机制在美国现任总统奥巴马的倡议下，形成了“主要经济体能源与气候论坛（MEF）”。国际社会陆续建立了针对公约下各谈判议题的多边协商机制，包括联合国秘书长气候变化融资高级咨询组（AGF）等。这些多边协商机制在公约外开辟了新的国际合作渠道，对公约作为全球应对气候变化合作主渠道的地位产生了潜在影响。此外，八国集团（G8）、二十国集团（G20）、亚太经济合作组织（APEC）、国际海事组织（IMO）、国际民用航空组织（ICAO）等国际集团和组织也纷纷涉猎气候变化议题，通过集团共同立场或国际组织决议对联合国框架下的气候变化机制形成影响。

公约外与应对气候变化问题相关的多边协商机制可以分为两大类：一类是根据公约下谈判议题衍生出来的，例如，联合国秘书长气候变化融资高级咨询组，这类通常是新建的机制；另一类是既有的国家集团和国际组织，因自身发展的需求而关注气候变化问题，这类通常是在已有平台上扩展到气候变化领域的。根据多边机制涉及的国家范围，又可以区别为全球性或者区域性两类，这在一定程度上反映了多边机制的影响力。根据这两种区别，国际上现有的公约外应对气候变化相关的多边协商机制可以概括如表 2 所示。

表 2　公约外应对气候变化相关的多边机制

	多主题机制	气候变化单一主题机制
全球性	政治经济性的：八国集团、二十国集团 专业性的：世界贸易组织、国际海事组织、国际民用航空组织、《蒙特利尔议定书》缔约方大会等	全面的：主要经济体能源与气候论坛 专业的：联合国秘书长气候变化融资高级咨询组、防止发展中国家毁林和森林退化排放合作伙伴计划、适应计划、清洁能源部长级论坛、碳封存领导人论坛等
区域性	亚太经合组织、亚欧会议、东亚峰会、非洲联盟、美洲国家组织、南美洲国家联盟、美洲玻利瓦尔联盟、环印度洋地区合作联盟、南亚区域合作联盟等	“基础四国”气候变化部长级磋商会议、左侧机制的附属分论坛（部长级会议）机制（例如亚太经合组织能源部长会议）等

其中，在全球性多主题机制中，根据其组织性质，又可以分为政治性多边

机制和专业性多边机制两类，前者通常会就气候变化的各方面问题进行讨论，如二十国集团；后者只会对气候变化与其本身专业职能相关的领域进行讨论，例如国际海事组织与国际航海的排放问题。

政治性的多主题全球性多边机制对气候变化问题的关注具有四个特点：一是参与国家相对较多或全球影响力大，例如八国集团组织代表了发达国家的主要力量，而二十国集团则代表了全球近 90% 的经济量和近 70% 的人口；二是参与层面通常较高，往往涉及首脑级会议；三是气候变化并非该机制始终重点关注的问题，关注问题通常是根据近期全球政治经济格局的重大变化而定，例如 2009 年 4 月召开的二十国集团峰会就没有提及气候变化问题；四是这类机制对于气候变化问题的关注往往代表了国家的政治意愿，但并不就具体可操作层面的问题进行探讨，例如，胡锦涛主席在二十国集团领导人第五次峰会上的讲话阐述了中国关于坎昆气候变化大会的原则性立场，但并未就任何具体议题进行表态。

专业性的多主题全球性多边机制对气候变化问题的关注则往往聚焦于本领域与气候变化相关的一个议题进行讨论、谈判、合作和作出决议，这些决议通常具有一定的法律约束力，而不仅仅是政治意愿。例如，国际民用航空组织就国际航空领域的碳排放和碳减排问题进行讨论，针对欧盟单方面将国际航空碳减排纳入其排放交易体系的问题进行谈判。2011 年 11 月 2 日，国际民用航空组织在第 194 届理事会第二次会议上通过理事会决定，首次明确反对欧盟单边将国际航空纳入欧盟排放交易体系，并形成相关决定和宣言，敦促欧盟及其成员国与国际社会合作共同应对航空排放。

多主题区域性多边机制对气候变化问题的关注与政治性的全球性机制类似，通常只是在气候变化问题引起本区域强烈反应时才特别关注，但与全球性机制不同的是，区域性的机制通常会就气候变化问题中某些特定主题表达集团立场，而不仅仅是原则性立场。例如美洲玻利瓦尔联盟（ALBA）在 2009 年哥本哈根气候变化大会前举行的第七次首脑峰会上，就明确提出发达国家要在本国国内实现温室气体的大幅减排，落实对发展中国家的技术转让和资金支持；在哥本哈根会后召开的第八次首脑峰会上强烈谴责了发达国家破坏谈判进展，要求发达国家作出具有法律约束力的减排承诺，减少本国的温室气体排放，要求其落实技术转让的义务并消除知识产权的困扰，遵守并保证有效地提供充足、可预测、可持续的、与其国内生产总值 6% 相当的公共资金来支持发展中国家应对气候变化的行动，反对建立基于市场机制的减排模式等非常鲜明、具有针对性的集团意见。

以气候变化问题为单一主题建立的多边机制都具有明显的议题针对性，但由于其参与对象的范围不同，因此其影响力和立场具有显著区别。例如主要经济体能源与气候论坛和“基础四国”气候变化部长级磋商会议，都是覆盖且仅覆盖所有气候变化议题的多边机制，但是由于主要经济体能源与气候论坛的参与国既包括主要发达国家，也包括主要发展中国家，因此其影响力显著高于只包括中国、印度、巴西和南非四个主要发展中国家的“基础四国”机制，获得的共同立场往往能够影响全球应对气候变化全局。例如，2009 年 7 月，主要经济体能源与气候论坛就“实现到 21 世纪末全球平均气温升高比工业化前不超过 2℃”的目标达成一致意愿，进而定下了自哥本哈根气候谈判及以后的总基调；但是由于主要经济体能源与气候论坛参与国家的立场相去甚远，达成一致立场的难度远高于“基础四国”机制，例如 2011 年 11 月的德班气候谈判开幕式上，中国代表四国就几乎所有的气候变化议题表达了四国的一致立场。以气候变化问题为单一主题的多边机制也有一些是针对特别议题建立的，例如为讨论气候变化融资问题，国际社会建立了联合国秘书长气候变化融资高级咨询组，由主要国家的财政部门负责人开展讨论，该讨论与气候变化谈判中的资金议题密切相关；为讨论发展中国家的林业减排问题，国际社会建立了防止发展中国家毁林和森林退化排放合作伙伴计划（REDD +），由关心林业减排的国家林业部门的代表开展讨论，该讨论与气候变化谈判中的 REDD + 议题密切相关；与之类似的多边机制还有适应气候变化合作伙伴计划（Adaptation Partnership）、清洁能源部长级论坛（CEM）等。

二、公约外机制与公约关系的定性评估

由于当前应对气候变化的国际多边合作存在上述诸多机制，要判断公约外机制对公约下谈判的影响，必须分析各种机制与公约的相互关系。与研究国与国的关系不同，国家与国家之间不存在主权的重叠，但不同的国际多边机制之间却可能存在重叠，因此根据重叠的程度和性质，我们可以将机制间的关系分为六种，并以公约为主体，其余气候变化领域相关的多边机制为观察对象进行示例。

第一，包含，例如公约与《京都议定书》。《京都议定书》作为公约下可实施的国际应对气候变化机制，可以看作是公约的衍生，涵盖了公约下几乎所有的主要议题，但仅仅通过执行《京都议定书》的规定，尚不能实现公约的全部目的，因此《京都议定书》之于公约是一种被包含的关系。对于公约外的各种机制而言，

与公约不存在这种包含与被包含的关系。

第二，竞争，例如气候公约和《蒙特利尔议定书》下关于含氟气体排放的谈判。国际社会于1985年通过了《保护臭氧层维也纳公约》，并于1990年6月29日调整和修正了1987年通过的《关于消耗臭氧层物质的蒙特利尔议定书》，对全球的氯氟烃和哈龙类物质进行管制，其中氯氟烃也是温室气体。《联合国气候变化框架公约》明确规定，其管制对象是《蒙特利尔议定书》未予管制的所有温室气体，二者原本不存在交叉。然而气候公约所管制的温室气体中，氢氟碳化合物（HFCs）主要是用做氯氟烃的替代物，毛里求斯、密克罗尼西亚联邦、美国、加拿大、墨西哥等一些国家要求修订《蒙特利尔议定书》，使其拥有管制氢氟碳化合物的权限。因此目前在对氢氟碳化合物类物质的管制上，气候公约和《蒙特利尔议定书》形成了竞争关系。

第三，补充，例如公约下谈判与主要经济体能源与气候论坛机制。主要经济体能源与气候论坛建立之前，许多观察家都将小布什政府的“主要排放国会议”看成是另起炉灶，用来削弱气候公约以躲避任何可能导致经济损失的义务的精心一招，与之类似的还有更早时期美国资深学者提出的“气候变化二十国领导人会议”模式。然而奥巴马倡导成立的主要经济体能源与气候论坛旨在加强各参与国在气候变化谈判问题上的合作，促进各国在应对气候变化长期合作行动的共同愿景、实现途径等方面达成共识，从而成为联合国体系下国际气候变化谈判的补充。两年来的实践表明，主要经济体能源与气候论坛对公约下的谈判形成了补充而不是削弱的关系。这种补充表现在根据公约下谈判的核心要点和难点，先由主要经济体能源与气候论坛与会各国在领导层（甚至最高层）小范围进行谈判，取得一致意见后，指导并推动公约下的谈判就此问题形成决议；解决一个问题后，再聚焦公约下谈判中的下一个核心和难点问题。典型案例是前文提及的“2度共识”事件。与之类似的还有公约下关于资金议题的谈判和联合国秘书长气候变化融资高级咨询组机制，公约下的谈判和八国集团、二十国集团、亚太经合组织、区域性合作组织等对气候变化领域各议题的关注，这些机制或形成主题协议，或形成大国协议，或形成地区立场，都对公约下的谈判起到补充作用。正如斯图瓦特•帕特里克（Stewart Patrick）指出的，要让192个国家在集体会议上达成任何重大进展基本上是天方夜谭；要取得进展，首先需要美国与一些主要大国之间能够达成协议，因此主要经济体能源与气候论坛这样的小范围谈判方式非常重要。

第四，交叉，例如公约下和世界贸易组织下关于气候变化与贸易问题的谈判。

贸易问题不是气候公约下谈判的传统议题，气候变化相关问题也不是世界贸易组织下关于贸易谈判的传统议题，然而随着全球应对气候变化进程的推进，气候变化与贸易问题的联系越来越紧密。一些国家提出在公约下谈判进展缓慢的情况下，先行实施单边贸易限制措施，以控制温室气体排放，例如欧盟提出的自 2012 年 1 月 1 日起将驶入或驶离欧盟境内机场的民用航班纳入欧盟排放交易体系；或为保障本国企业竞争力而对其他国家进口同类产品采取贸易限制措施，例如美国气候变化法案提出的征收“碳关税”方案。从更广的角度看，应对气候变化的重要领域，包括减缓措施、资金支持、技术流通等都与贸易相关，而全球通过贸易形成的产业结构，也直接影响到全球的温室气体排放。贸易问题在气候变化领域要放在应对气候变化的整体中考虑，而应对气候变化给国际贸易带来的新问题，也必须尊重国际贸易的传统规则来解决。与公约和《蒙特利尔议定书》的竞争关系不同，气候变化与贸易的问题交叉，要解决气候变化与贸易的问题，必须同时遵守公约和世界贸易组织双方的规则，任何单一一方都难以解决好这个重叠领域的问题，从而使得气候公约与世界贸易组织形成了交叉的关系。与之类似的还有公约下和国际海事组织、国际民用航空组织下关于航海、航空领域减排问题的谈判。

第五，平行，例如公约下关于技术议题的谈判和清洁能源部长级论坛在应对气候变化技术领域的合作。技术议题是应对气候变化问题中的重要内容，也是公约下谈判的核心议题之一。公约规定了发达国家向发展中国家转移气候友好技术的义务。当前谈判中，发展中国家一直强调技术转移的问题，而美国等发达国家则强调气候友好技术的研发和创新问题，实际上这都属于未来新的气候变化制度中需要解决的技术问题范畴，在技术转移问题上的僵持不利于全球应对气候变化技术机制的进展。解决这一问题，必须着眼于建立一种新的技术促进机制，不只局限于建立有效的技术转让机制，同时要促进致力于技术创新研发合作、充分发挥市场机制和技术鼓励政策的作用。在主要经济体能源与气候论坛的框架下，美国主导发起了旨在为主要国家开展低碳和气候友好技术合作，加速全球清洁能源技术发展的清洁能源部长级论坛。一方面，从技术合作的角度来说，任何一种全球寄予厚望的先进技术，都有可能寻求通过建立这种形式的合作论坛来共享经验、开展项目合作，与有没有气候公约、公约下的谈判进程如何没有必然联系；另一方面，由于清洁能源部长级论坛是一个以国家为主体参与的自愿合作行动，其自身与国家之间、国家与国家之间没有必然的权利和义务，其整体进展有可能但也不必然推动公约下关于技术转移、技术研发等机制的谈判。因此，公约下关于技术议题的谈判和清洁能源部长级论坛在应对气候变化技术领域的合作是一种主题相同、最终目标相同，但切入角度、阶段目标和实现路径不同，平行前进的关系。与之类似的还有公约下关于 REDD + 议题的谈判和 REDD + 计划、公约下关于适应议题的谈判和适应计划等。

第六，取代，即基于一种新的原则，建立新的全球应对气候变化合作框架。这种新的框架同样将覆盖全部气候变化议题，包括全球所有国家，或至少是主要国家都在内，废除或名义上保存而实质上废除公约。这种机制在目前尚不存在。但是无论从主要经济体能源与气候论坛建立的早期来看，还是主要发达国家在谈判中表达的希望建立一种至少涵盖主要发达国家和发展中国家、没有区别的减排机制，都表明建立新机制、推翻“共同但有区别责任”原则、取代公约的倾向一直存在。

在上述六种关系中，竞争和取代两种关系对作为考察主体的公约而言具有负向的影响，但由于其覆盖面的不同，而在影响力上有较大差异；平行的关系没有必然的正向或者负向影响；其余各种关系对主体的发展都起到正向的影响。因此现存的各种公约外气候变化领域多边机制，多数从不同议题、不同层次、不同区域等各角度对公约的发展起到了促进作用，但仍需防范某些国家另起炉灶取代公约的风险。

三、公约外机制与公约关系的定量评估

上述各种关系描绘了公约外机制与公约的定性关系，但是还不能解答各机制对公约下谈判的影响力问题。这需要进一步研究各机制与公约下谈判的紧密程度，也就是相对距离的问题。本章节试图采用指标—空间距离法，研究公约外各机制与公约的相对距离，以体现其与公约的联系紧密程度。该方法可分为以下四步：

第一，选取用于表征各多边机制的指标。评价一种国际合作机制可以采取不同的角度，例如参与主体及其影响力、合作内容覆盖面、机制活跃程度、法律效力、成果效益等。对于本研究所关注的对象，这里选取了三个方面的四种指标，分别是影响力指标、覆盖面指标和活跃度指标，其中影响力指标有两个：一是参与国的影响力，二是参与人的影响力，即会议级别。

第二，对指标进行赋值。将国际事件转化为数值，从而进行定量计算。针对上述指标，这里采取如下方法进行赋值。

其一，以国家排放量与国内生产总值（GDP）的乘积表征参与国的影响力指标。这是因为对于气候变化领域而言，排放大国显然具有较强分量，而在国际政治经济格局中，经济实力的大小也必然反映在对国际事务的话语权上。但单从排放量看，俄罗斯和印度的排放量都高于日本；单从经济总量看，加拿大经济总量超过印度，然而在气候变化谈判中，俄罗斯和印度的话语权并不比日本大，日本和加拿大的话语权也很难说分别能超过中国和印度；而观察排放量与GDP的乘积，如果以该国影响力与排名前一位的国家影响力的比值的陡降作为划分梯队的依据，则全球排名第一梯队的国家（集团）是美国、欧盟和中国，第二梯队是日本和印度，第三梯队是俄罗斯、加拿大、韩国、墨西哥、巴西和澳大利亚，第四梯队是沙特阿拉伯、印度尼西亚、土耳其、伊朗、南非和阿根廷，其余国家的比值变化基本不再出现显著陡降的情况。除了个别地缘政治的因素外，例如小岛国联盟，各国家排放量与GDP的乘积基本反映了气候变化谈判中的影响力格局。由于欧盟各国在谈判中均以整体一致立场出现，因此本研究计算中将欧盟27国作为整体计算，不再单独考虑各成员国的影响力。

其二，以参与历次活动的官员平均级别来表征参与人的影响力指标，其中工作层赋值为1，部长级赋值为2，国家级领导赋值为3，国家元首和政府首脑赋值为4。

其三，以历次活动涉及公约下主要谈判要点的平均个数来表征覆盖面指标。这里将公约下的谈判归纳为十个要点，分别是长期目标、全球责任分担机制（包括其法律形式）、国家减排（包括MRV、LULUCF、REDD+等）、行业减排机制、市场等灵活机制、应对措施的经济和社会影响（包括对国际贸易的考虑）、适应、资金、技术、能力建设。

其四，以一段时间内各机制活动的次数来表征活跃度指标。由于主要经济体能源与气候论坛等多数以气候变化为主题的多边机制都是2009年以后产生的，因此这里将时间范围限定在2009—2011年间。同时考虑到二十国集团、亚太经合组织等不以气候变化为主题的机制有许多不涉及气候变化议题的部长级论坛等活动，因此此处纳入统计的活动仅为首脑峰会和与气候变化相关的活动，例如清洁能源部长级论坛。

第三，进行归一化和加权处理。由于上述指标的量纲各不相同，为消除这一影响，需要对各指标进行归一化处理。但是上述指标虽然都是表征各机制的特征指标，但在研究其与公约的紧密程度时，各指标的影响力并不是均一的。例如，假设只有覆盖面和活跃度两个指标，有一种机制覆盖了公约的全部十项内容，两年开了三次会，与另一种覆盖公约的三项内容、两年开了十次会的机制相比，显然前者与公约的联系更加紧密，然而如果各指标影响力一样的话，这两种机制的计算结果将是一样的。因此这里考虑对各指标赋予不同的权重，对覆盖面指标赋予 3 的权重，对参与国影响力指标赋予 2 的权重，对参与人影响力和活跃度指标赋予 1 的权重。

第四，利用空间距离算法，计算各机制相对于公约的距离。即将各机制看作是多维空间中的点，指标个数即是维度数 n，每个点拥有一个空间坐标 X（x_1，x_2，$\cdots x_n$）。公约所在点的坐标是 O（o_1，o_2，$\cdots o_n$），任一其他机制所在点的坐标是 O'（o_1'，o_2'，$\cdots o_n'$），则该机制与公约的相对距离为：

$$D=\sqrt{\sum_{i=1}^{n}(O_i-O_i')^2}$$

数值越小，距离越近，该机制与公约的关系越紧密。一些主要的公约外多边协商机制与公约的相对距离如表 3 所示。

结果表明，主要经济体能源与气候论坛与公约下谈判的相对紧密程度最高，其次是“基础四国”气候变化部长级会议，八国集团峰会、二十国集团和亚太经合组织会议紧随其后，单一主题的公约外机制与公约的距离普遍较远。这是由于主要经济体能源与气候论坛成员国涵盖了世界上的主要经济体，其在全球各种气候变化相关多边机制中，涵盖国家仅少于二十国集团，并且其会议覆盖面广、会议举行频率高、级别至少是部长级，各项指标都处于高水平。与主要经济体能源与气候论坛相比，尽管“基础四国”气候变化部长级会议涵盖的国家较少，但是由于中国、印度、巴西和南非四国在气候变化问题上的立场相近，每次会议都能对公约谈判中的各个议题进行磋商并形成共同立场，因此其与公约的紧密程度也非常高。二十国集团尽管在参与国的影响力上远高于八国集团，会议频率也高于八国集团，但是二十国集团的首脑峰会往往具有一个焦点，而不是像八国集团那样广泛地涵盖各领域，例如，2009 年的国际合作核心要点在于应对金融危机及其后续的经济振兴，因此，2009 年 4 月的伦敦会议完全没有涉及气候变化的议题，同年 9 月的匹兹堡会议和 2010 年 6 月的多伦多会议也很少涉及气候变化内容；而八国集团机制的每次峰会都包括了气候变化内容，虽然对其论述也不如主要经济体能源与气候论坛机制具体，但也涵盖了多数的要点。

表 3　公约外应对气候变化相关的多边协商机制与公约的紧密程度

机制	参与国影响力	会议级别	议题覆盖面	会议次数	与公约的紧密程度（相对距离）
公约	2.00	0.34	3.00	1.00	0.00
八国集团	0.44	1.00	2.20	0.21	2.03
二十国集团	1.50	1.00	0.68	0.36	2.55
国际民用航空组织	2.00	0.30	0.30	0.71	2.72
主要经济体能源与气候论坛	1.40	0.54	1.43	0.86	1.70
清洁能源部长级论坛	1.43	0.50	0.30	0.14	2.89
联合国秘书长气候变化融资高级咨询组	0.80	0.38	0.30	0.43	3.01
REDD+ 计划	1.29	0.27	0.30	0.79	2.80
适应计划	0.12	0.25	0.30	0.57	3.32
亚太经合组织	0.79	0.88	0.90	0.29	2.58
碳封存领导人论坛	1.44	0.35	0.30	0.36	2.83
“基础四国”气候变化部长级会议	0.08	0.50	3.00	0.64	1.96

由于公约外机制出现的时间较晚，因此本研究在分析其与公约的关系时，时间覆盖面较短，导致单一事件发生对机制整体定量分析的影响权重偏大，例如某次会议对气候变化问题的关注特别少，或者特别集中于某一个气候变化议题，则会显著降低议题覆盖面指标的数值。如果从长期来看，定量分析可以更好地评估机制之间的相对紧密度，还可以进行以年为单位的动态分析。

四、公约外机制对公约的影响

根据上述对公约外机制与公约关系的定性与定量分析，公约外各种机制对公约的影响主要有三种模式：

第一，技术支持。公约下的谈判既有“共同愿景”这样的宏观议题，也有涉及如何落实公约决定的可操作性的议题，例如关于如何落实发达国家向发展中国家提供资金支持，如何计算林业在减缓全球碳排放中的作用等议题。这些议题在公约框架下的谈判中，限于时间和技术性，往往难以达成共识。因此，公约外气候变化单一主题的专业性机制往往通过更加专业性和充分的磋商，推进各方对相应议题的理解，寻求共同可接受的方案，进而反馈公约下的进程，促进在公约下就相应议题达成决议。由于议题覆盖面窄，这些机制对公约的影响都是局部的，对于公约整体而言，紧密程度相对较弱；但这些机制的成果对公约下的进程将起到正向促进作用。以技术支持模式对公约形成影响的，主要是与公约关系为补充、交叉或平行的机制。

第二，政治意愿。公约下谈判举步维艰的根本原因不是需要落实可操作性的细节过多，而是在于谈判各方在政治意愿层面难以达成一致。根据目前的科学认知，要实现公约“将大气中温室气体的浓度稳定在防止气候系统受到危险的人为干扰的水平上”这一目标，“气候系统—温度—浓度—排放空间—排放权”这条逻辑链最终必然落脚到控制温室气体排放。公约本身是逻辑链第一环的政治共识；后续环节因其定量化的特征，终将导致各国排放权数量的变化，因此各方难以达成一致。要推动公约机制的进展，必须首先解决政治意愿的问题。公约外政治性的多边协商机制为各方减少分歧、逐渐聚拢立场提供了平台，既可以反映区域共同立场，也可以借助大国治理的力量，最终推动公约下的进展。这些机制体现的政治意愿通常是一揽子均衡的结果，对公约机制下的议题覆盖面较广，而且做出政治决策的也往往是高层，因此与公约整体的紧密程度较强，并且其成果也对公约下的进程将起到正向促进作用。以政治意愿模式对公约形成影响的，主要是与公约关系为补充的机制。

第三，具有法律约束力的规定。公约本身具有法律的性质。相对公约属于包含关系的议定书，以法律文件的模式对公约的某些内容进行具有可操作性的具体规定，对公约的影响属于延伸的性质，也是正向促进的作用。而属于竞争和取代关系的各种机制之所以能与公约竞争甚至取代，必然需要具有法律属性。《蒙特利尔议定书》缔约方会议、国际民用航空组织等国际协议或国际组织，其就气候变化问题谈判形成的决议对缔约方或成员国具有法律约束力，该约束力与气候公约下的约束力没有高下之分，因此先于气候公约形成决议，将拥有一定程度的主导权。尽管这些机制与公约的联系往往只聚焦在一个点，并不对公约整体构成威胁，但其对公约的整体性、公约下的原则可以起到负面的影响。而一旦出现与公约形成取代关系的多边机制，其对公约将产生全面的负面影响。

五、政策含义

总的来说，现有的公约外涉及气候变化主题的多边协商机制不可能取代公约。与公约相比，公约外机制在全球的代表性相对较弱，除主要经济体能源与气候论坛、二十国集团、八国集团、“基础四国”气候变化部长级会议外，其他机制涉及议题也相对单一，形成的成果也不具有广泛的法律约束力。因此，尽管这些公约外机制对公约下的谈判进展有或多或少的影响，但没有任何机制可以单独或联合取代公约在全球应对气候变化合作中的地位。

但是，公约外机制对当前基于公约“共同但有区别的责任”原则建立的国际气候制度将产生挑战。公约不具有排他性，各种公约外机制可以在自己的主题、国家覆盖范围内形成其他条约、国际多边协议，建立起在某一领域或仅对参与国家具有法律约束力的应对气候变化的多边合作机制。这些机制并不要求考虑“共同但有区别的责任”原则，不考虑历史责任，而更多地着眼未来，考虑应对气候变化行动的效率。这将对联合国框架下以公约为基础的全球应对气候变化机制产生重大影响，进而影响到各国应对气候变化的政策和行动，甚至动摇各国对联合国机制的信心。

对于影响模式和影响力不同的公约外机制，应对的原则应该是灵活运用各种机制，维护中国的核心利益，警惕具有法律约束力的机制影响，谨慎形成政治共识，抓大放小，为我所用。公约机制反映了中国的长期利益，也反映了中国外交的一贯原则，因此必须充分重视给公约造成负面影响的机制，尤其要警惕那些能形成法律约束力的机制中达成有损公约原则的结果。形成政治共识将推动公约机制的进展，但必须考虑中国阶段性的发展需求，综合考虑中国面临的国内与国际形势，综合考虑气候变化和其他国际问题的态势，谨慎推动形成政治共识。对于与公约关系密切的机制应给予重点关注，尤其是对于涉及议题面广泛的机制，国内相关政策决策部门应做好协调；关系相对疏远或仅在局部与公约有关联的机制，可由相关主管部门负责应对。

第四章　行业减排谈判的焦点问题

一、国际航空减排谈判的焦点和难点

在处理温室气体排放问题上，联合国有两个机构在发挥重要作用，一个是国际民航组织（下称 ICAO），一个是 UNFCCC。但是需要注意的是，ICAO 专门处理国际航空排放问题，关注的焦点在于航空排放的全球性；而 UNFCCC 处理的是国内其他部门涉及的排放问题，着眼于国内排放。尽管这两个机构相互配合，但都有各自独立的甚至截然不同的决策程序。

（一）国际谈判中的航空业减排

全球航空业碳排放量约 7 亿吨（约一半来自国际航空排放），占全球总排放的 2.4%。航空业排放在 1990—2006 年间增长了 98%，增长速度为行业之首。据估计到 2020 年航空业排放达到 8 亿吨，到 2050 年航空业排放将占全球排放总量的 2.5% ～ 10%。

UNFCCC 框架下包括了航空业排放控制，但因国际航空排放涉及多个国家，不易划分排放范畴，一直仅在技术层面探讨。京都议定书（KP）没有限制附件一国家的国际航空排放。到 2009 年哥本哈根议定书和 2010 年的坎昆会议文本中，国际航空业排放亦未有突破。“共同但有区别的原则（CBDR）”仍然是发达国家和发展中国家在国际航空排放减排分配上的主要分歧。这也正是 CATA 反对 EUETS 覆盖国际航空排放的理由之一，同时也认为欧盟违背了包含航空业的《芝加哥公约》的公平公正性问题。

在气候适应性资金问题上也涉及航空业排放。坎昆会议成立的“绿色气候基金”，计划在 2020 年全球从私人部门筹资 1000 亿美元帮助发展中国家应对气候变化，国际航空在筹资考虑范畴内。筹资方式包括航油或旅客征税，这种方式仍有诸多争议：一是这不能直接促使航空业减排；二是对国际航空业征税必须符合 CBDR，而这点目前较难解决；第三，发展中国家和行业协会还担忧此举对国际旅游业的影响。

（二）国际民用航空组织（ICAO）和欧盟推进航空业减排

UNFCCC之外，ICAO实则主要起到促进航空业减排。在KP第2条里提到附件一国家需与ICAO合作控制或削减国际航空业排放。2010年10月ICAO第37次会议上，所有成员国承诺了一个框架性减排目标：到2020年全球燃油效率平均每年提高2%，从2021—2050年争取实现每年能效提高2%；到2020年航空业实现碳中和；在2013年推出飞机引擎的国际碳排放标准。然而这些仅是整体性目标，未对单独成员国有具体限制和强制要求。另外要等到2013年的第38次会议讨论该框架的可行性（包括碳交易市场机制）。可见ICAO平台上从承诺到履约的减排还需要时日。

EUETS在航空业履约减排上走在最前面。从欧盟角度出发，其希望通过区域减排推动国际航空减排，但其包括国际航空排放的做法让一些航空发达的非欧盟国家反对。除中国外，在2009年年底美国航空业就因本国航空被纳入EUETS起诉英国。欧盟决议中称希望和非欧盟国家保持交流和协商：其决议第17条指出非欧盟国家可采纳有EUETS减排效果有对等措施（equivalent measure），并考虑将EUETS与该措施对接。另外，欧盟也希望通过推动其他国家碳交易体系发展，将ETS与其他国家连接。但从实际出发，非欧盟国家的交易体系大多未有所推迟，更何况实际交易体系对接的磨合时间。若2012年初EUETS如期纳入航空业排放，则可推测在2012年前，非欧盟国和欧盟会主要集中在“对等措施”内容的磋商谈判。

（三）限碳世界中的航空业发展

政府间谈判和诉讼仍在进行，目前尚未知EUETS是否在非欧盟航空排放交易上有调整。但可以确定一点：航空业正式进入限碳世界。航空业是一个高度竞争和资本密集的行业，任何市场结构调整和政策变动都很可能造成显著影响。若仅从行业角度思考，限碳世界中的航空业需要考虑哪些因素来调整自身发展？

首先，是碳排放成本。ICF估算在2010—2013年间EUETS对航空公司的新增成本在13亿～20亿欧元，到2020年增至65亿～130亿欧元。标准普尔近期估算2012—2013年新增成本约11.25亿欧元（以15欧元/吨CO_2）。航空业是碳交易的净需求方，若EUETS碳价格上升，碳排放成本还会增加。在航空燃油开支，飞机租赁和折旧费用上，限碳势必带来航空业整体运营挑战。然而到底是利是损，则需看每家航空企业如何优化碳资产，将成本转变成竞争优势。

其次，如何减碳。航空碳排放与航油消耗及航线路程密切相关。航空业对航油波动非常敏感，因而提高航油效率减少开支已是航空公司首要任务。行业预测未来旅客周转量会继续增长，那么只有提高燃油效率才可降低运力增长带来的碳排放。航空公司及飞机制造商需通过各种方式提高燃油效率，如减少机身重量、提高空气动力和升级引擎等。

在航线方面，未来新增航线及现有航线新增班次都会增加碳排放，航空公司短期和中长期的航线网络及机队机型组合是否需要调整。但从行业增长看，航空公司不太可能通过缩短里程来达到减少碳排放。因而从根本上讲，需要实施综合航空规划战略实现减排目标，其中包括机队的规划、机身和引擎技术改进、运营措施，以及最终采取清洁燃料。

再次，对于非欧盟航空企业，可靠辅助措施参与国内碳市场。前文提到“对等措施”，这对于发展中国家来说，可能是一个探索国内行业性碳市场的机会。如近期 CAAC 国内民航减排指导中提到，可以视国际和国内情况采取市场机制实现减排。从短期看，航空业可开展自愿性碳中和。通过开发自愿性企业碳中和或鼓励旅客碳补偿，可逐步提高航空公司参与碳市场的经验，又可帮助增加碳市场需求，推进国内碳交易发展。

最后，航空排放除了 CO_2（70%）外，还有水蒸气（约 29%），氮氧化物（NO_x）、CO、硫氧化物（SO_x）和颗粒物。非 CO_2 排放物的环境和温室气体效应不能忽略，从航空业中长期环境履约管制看，航空企业有必要尽早考虑综合污染排放控制策略。

航空业减排在业内的讨论会继续热化。在限碳时代，除了参与谈判乃至诉讼之外，更需考虑调整发展策略尽可能取得行业竞争优势。中国采取了一套务实的策略：一方面在国际航空业排放谈判上立足基本原则，推进多边谈判；另一方面，在国内建立民航业自主减排政策，从管理方式、制度结构、技术应用和市场手段上等方面做好充分准备，分阶段配合国内自主减排目标实现行业减排。这是一个积极信号，期待中国航空业的下一步进展。尽管《芝加哥公约》没有专门提到“环境”问题，但是作为唯一负责处理国际民用航空事务的机构，ICAO 似乎理所应当地作为各国谈判国际民用航空排放法律框架的平台。同时，ICAO 定期地向 UNFCCC 报告国际航空排放的二氧化碳数据，这些数据被用来评估是否应该以及在何种程度上对国际航空排放问题采取行动。对 ICAO 来说，确保评估和报告排放数据的精确性是一个挑战，因此，UNFCCC 下属的科学与技术咨询附属机构（SBSTA）在很多时候承担了评估并报告这些数据的任务。由此可以看出，ICAO 和 UNFCCC 作为联合国的两个机构在事实上是存在合作的。为了完成《芝加哥公约》所赋予的任务，ICAO 通过民用航空技术的发展，试图在人类受惠于民用航空与民用航空可能造成的环境损害之间取得一个平衡。2001 年召开的第 33 届大会第一次明确地宣告了 ICAO 意识到了航空活动可能给环境带来的损害以及它的责任，ICAO 将促使其成员国在最大限度内取得民用航空安全有序的发展与保护环境之间的和谐共处。

2004 年 ICAO 航空环境保护委员会（CAEP）认为，由 ICAO 牵头的建立于一个新的法律文件上的专门针对航空排放的交易体制似乎不具有吸引力，因此不应继续推进。但是在第 35 届大会上通过的 A35–5 决议却敦促 ICAO 各成员国应“避免采取单边行动执行与温室气体排放有关的收费”。该决议还支持进一步发展针对国际民用航空的开放的排放交易体制，这种体制可以基于自愿原则，也可以通过纳入成员国国内的排放交易体制，并遵守 UNFCCC。由此，ICAO 开始真正致力于解决国际航空排放问题。

在 2007 年 9 月份举行的第 36 届大会上，ICAO 委员会要求成立国际航空与气候变化小组（Group on International Aviation and Climate Change，GIACC），专门制订国际航空与气候变化行动计划。委员会于 2009 年 10 月份召开了国际航空与气候变化高级别会议（High-Level Meeting on International Aviation and Climate Change，HLM-ENV），此次会议审议并签署了 GIACC 制订的行动计划，批准了 ICAO 关于下列事项的声明和建议：提高燃料效率；进一步探索更有雄心的中长期目标，包括碳中性增长（Carbon-Neutral Growth，CNG）和减少排放；为航空器设定二氧化碳排放标准；在国际航空领域制定以市场为基础的措施（Market-Based Measures，MBMs）框架；精心设计援助发展中国家的措施；根据成员国提交的行动计划拟定有关政策和行动方案。这些具体建议被提交于 2009 年 12 月在哥本哈根召开的 UNFCCC 第 15 次缔约方大会上。同时，GIACC 认为这些目标应当通过各国共同完成，不能对单个国家施加任何具体的义务。

ICAO 敦促其成员国不要将其他成员国的航空器运营人纳入排放交易体制，除非双方存在双边条约。这一主张在 A36–22 决议中也得到了体现。

ICAO 国际航空与气候变化行动计划一直试图协调其 190 多个成员国之间的不同意见，希望能代表这些国家的集体意愿，表明各国在处理国际航空与气候变化问题上所采取的一贯的合作态度。

ICAO 就国际航空排放与气候变化问题所取得的最新成果是在第 37 届大会上通过的 A37–18 和 A37–19 号决议。该决议被认为是关于航空与气候变化方面的具有历史意义的文件。A37–19 决议再次确认了 ICAO 在处理国际航空排放与气候变化问题上的领导地位。其实，关于 ICAO 在处理国际航空问题方面的领导地位，《京都议定书》早已有规定，即在谋求限制或减少航空舱载燃料所排放的温室气体排放问题时，各国应当通过 ICAO 努力达成一致。因此，从 ICAO 处理国际航空排放问题的历史发展和目前的实际情况来看，有理由认为 ICAO 是联合国中最合适领导其成员国来处理国际民用航空活动所造成的环境问题的机构。

ICAO 在制定多边条约处理国际航空排放问题时应考虑的因素：

第一，发展中国家的特殊国情和减排能力；第二，各国的减排义务应当取决于各自的国情、减排能力以及已经产生的温室气体排放数量；第三，一些国家将在 2020 年前采取更有雄心的行动以减少航空排放，这正好弥补了发展中国家因航空运输增长所增加的排放；第四，各国航空市场的成熟度；第五，国际民航业的可持续发展； 第六，在低排放技术、可替代性燃料以及其他减排措施被研发和使用之前，由于国际航空运输的增长，二氧化碳排放是可能增加的。

自 2008 年底欧盟决定从 2012 年起将国际航班纳入 EUETS 以来，引起了美国、俄罗斯、中国、印度等 26 个国家的持续强烈反对，中国和印度民航主管部门先后发出了禁止本国航空公司加入 EUETS 的指令，美国参众两院也先后通过了内容相似的法案，授权交通部长可发布禁止美国航空公司参加 EUETS 的命令。

面临双方僵持不下、剑拔弩张的局面，如欧盟仍按原计划对国际航班实施 EUETS，并对违反欧盟规定的外国航空公司做出处罚，将极有可能引发其他国家的报复行动，从这一角度看，欧盟单方面推迟对国际航班实施 EUETS 的决定，也是迫于形势压力而不得不采取的“识时务”明智之举。由于欧盟航空减排问题上采取了单边行动和多边协调平行推进的策略，欧盟的这一“让步”实际上是“以退为进”，迫使各方在未来不到一年的“机遇期”内在国际民航组织（ICAO）框架下达成协议。

欧盟强调之所以做出这一决定，是因为 ICAO 在推动一项基于市场机制的全球航空减排协议方面取得了积极进展。11 月 9 日，ICAO 理事会成立了一个高级别小组，其任务是将 ICAO 当前正在讨论的三种基于市场机制的航空减排方案整合成一个合适的方案，并提交将于明年 9 月举行的 ICAO 第 38 届大会讨论通过。如果届时 ICAO 仍无法取得预期成果，欧盟将“自动”重新对国际航班执行

EUETS相关规定，到时争端将面临更加复杂的局面并存在失控的风险。因此，这的确让反对国承受着建设性参与ICAO相关讨论并尽快达成协议的道义压力。

二、国际航海减排谈判的焦点和难点

2011年7月15日，国际海事组织在其海上环境保护委员会（MEPC）第62届会议上，通过强行表决(48票对5票)，通过了《73/78防污公约》附则六修正案，为部分新造船舶制定了新的能效技术标准。该修正案是国际层面制定的第一项同时适用于发达国家和发展中国家的强制性行业减排国际法律文件，必将对气候变化国际谈判走向及各国造船和航运业产生重要影响。由于该修正案没有遵循“共同但有区别的责任”原则（简称“共区原则”），我国对该修正案投了反对票，并发表书面保留声明，强调不能接受该修正案内容。

可以预见，继该修正案后，国际海事组织将继续推动国际海运减排问题的深入讨论，并期待在市场机制上再次取得突破。我国作为发展中国家海运大国，在减限排问题上将面临更大压力，对谈判进程中的焦点、难点问题，必须进一步加强研究，妥为应对。

（一）国际海事组织在国际海运减排谈判中的任务和定位

《京都议定书》第二条规定：“附件一所列缔约方应分别通过国际民用航空组织和国际海事组织作出努力，谋求限制或减少航空和航海舱载燃料产生的《蒙特利尔议定书》未予管制的温室气体的排放。”之所以将航空和航海单独列出并交由专门国际组织研究，是因为《联合国气候变化框架公约》及其《京都议定书》只规范一国境内的减排权利和义务，而对于超越一国国境、在公海及其上空的航运排放没有包括在管辖范围之内。

虽然这一条款为国际海事组织开展海运温室气体减排工作提供了法律依据，但只要求公约附件一国家（即发达国家和经济转型期国家）减少或限制温室气体排放，并未对非附件一国家提出要求。然而，在国际海事组织研究航海减排过程中，发达国家极力曲解上述条款，并以种种技术性理由，要求所有国家共同参与减排，转嫁法律义务，并试图通过减排措施削弱正在兴起的发展中国家的造船和海运行业，维护其竞争优势。因而，对这一条款的解释便成为谈判进程中的核心与焦点问题。

很多发展中国家认为，作为一个专业技术机构，国际海事组织按照《京都议定书》的授权开展温室气体减排工作，应找准定位。国际海事组织应充分尊重并遵循国际社会在温室气体减排领域已经达成的广泛共识和基本原则，包括“共区原则”，并应忠实按照议定书要求，首先研究解决附件一国家在国际海运业的减排或限排问题。在此之前，不应将减排范围无限扩大，不应要求发展中国家共同参与减排。同时，国际海事组织应侧重于国际海运减排的技术研发和推广，通过协助成员方提高能效水平，达到减少排放的目标。

（二）“共同但有区别的责任”原则的适用

《联合国气候变化框架公约》及其《京都议定书》确定的“共区原则”是国际社会应对气候变化问题的一项基本的国际法原则，是当前国际减排制度框架的基石。《京都议定书》第二条要求附件一国家谋求航运业减排，也是这一原则的重要体现。但是，囿于国际海运业的一些独特制度、传统和做法，如何适用“共区原则”，成为国际海事组织减排谈判过程中的一大难点问题，也成为发达国家推行无差别减排的主要借口。首先，在国际海运实践中非常普遍的“方便旗”现象，为“共区原则”的适用造成了很大的技术困难。发达国家实际控制的大多数船舶都登记在发展中国家，如按船籍国国别减排，发达国家可以轻松逃避减排义务。其次，国际海事组织从成立以来一直奉行“不歧视”原则，即不论船舶在哪登记、由谁拥有或者经营，均承担相同的责任和义务。这一原则已经体现在 50 多项国际海事公约之中。发达国家为了逃避减排责任、限制发展中国家航运业发展，也以此为由，极力主张所有国际海运船舶，无论所属国籍，均参加统一的减排安排。加之国际海事组织及其秘书处急于在全球行业减排中率先取得突破，配合发达国家推波助澜，竭力否定“共区原则”在国际海运领域的适用。这些因素成为“共区原则”在国际海事组织适用的政治困难。

然而，任何问题都有可能找到解决的办法。发达国家应首先展现率先减排的政治意愿，国际海事组织也应在温室气体减排领域显示适当灵活，为这一独特问题创造性地制定特殊政策和规则。有了足够的政治意愿和灵活创新态度，法律和技术障碍才可能得到具体解决。目前已有国家建议，可参照国际船东协会等一些专业组织的做法，以实际控制人为标准确定船舶属性，从而建立区别对待不同船舶的减排制度。如果所有成员方有足够的政治意愿，并真正希望国际海运的减排取得实效，完全有可能针对温室气体这一特殊现象，制定单独的或例外的法律制度和适用原则，与“不歧视”原则共存。虽然这些设想和努力都有需要进一步改进和完善的地方，但只要各方愿意朝这个方向努力，那么，技术和法律障碍并不能阻拦国际海事组织按照国际社会普遍公认的原则解决国际海运减排问题。

（三）减排的途径和方法

目前，国际海事组织以技术、营运加市场机制三种方式大力推动国际航运业的减排工作。以新船设计标准为代表的技术方案已在多年艰苦谈判后于 2011 年取得了重大突破。以船舶运营和管理为手段的减排方案也同时得以公布，虽然这些措施不是强制性要求，但对所有现有船舶都增加了新的义务。市场机制方案则成为国际海事组织下一步将要重点研究和突破的主要方向，也将是今后几年交锋最为激烈的焦点问题。MEPC 已经为市场机制的讨论制订了详细的路线图，但围绕这一问题，仍存在诸多问题有待解决。

首先，国际海事组织目前收到的 10 多份有关市场机制的国别提案千差万别。其中有代表性的是欧盟国家提出的“上限交易”模式和以美国为代表的“碳关税”模式。此外，还有燃油附加费、专项基金、征收加返还等模式。所有这些方案，均难以解决一个根本性问题，即在征收环节难以将发达国家和发展中国家区别对待。这样的市场机制对包括中国在内的广大发展中国家来说，是难以接受的。即使有个别方案强调，在费用的使用环节上可按照“共区原则”的要求，主要用于发展中国家的能力建设和技术提高等，但该方案被接受程度和可行性仍待进一步研究。

其次，欧美等发达地区或国家极力推动国际海事组织建立市场机制，其真正目的并非为了减少碳的排放，而是欲借市场机制从国际海运业筹集大量资金，以逃避和弥补发达国家在气候变化公约中承担的巨额资金义务，并将出资义务转嫁和分摊至广大发展中国家。这一目的在许多市场机制提案中已有非常明确的表述，要求将国际航运市场机制的资金作为行业外应对气候变化整体努力的一部分。

因此，广大发展中国家对建立市场机制的目的、模式和作用提出了共同的质疑，要求国际海事组织在对所有问题得出肯定、积极的结论后，再来研究、决定是否要在国际海运业建立市场机制方案。许多发展中国家明确指出，任何市场机制都必须遵循“共区原则”，不能为发展中国家增加任何资金义务和负担，也不能将市场机制作为发达国家转嫁资金义务的手段，所有市场机制可能产生的资金都必须作为专项资金，用于发展中国家的能力建设和技术转让。

（四）国际海事组织成员方的力量对比和组织程序

海上运输兴起至今已几百年，西方发达国家一直占据着绝对主导地位。在国际海事组织成立之后，欧、美等发达地区或国家的参与程度和成员数量相比发展中国家的一直占有很大优势。由于大多数发展中国家的国际海运业比较落后，许多国家甚至完全没有自己的造船业和远洋运输业，所以对于国际海事组织的重视和参与程度相对不足，更难以在技术和规则上提出有建设性的解决方案。这就导致了国际海事组织的主导权长期以来一直由欧、美等发达地区或国家所左右，从议题设置和技术出台，从组织程序和议事规则，无不体现和维护着发达地区或国家的优势地位和利益需求。在这种力量对比情形下，只有发展中国家高度团结，积极参与国际海事组织的谈判，才有可能在相关议题等设置和规则的制定过程中努力争取相对有利的地位，共同维护发展中国家的利益，也才有可能在本已薄弱的基础上，加快发展自身的船舶工业和远洋运输业。

从讨论程序上看，国际海事组织从成立之初便确立了“简单多数”的议事规则。这种规则在以联合国为代表的其他国际机构中并不普遍。虽然该规则能有效避免议而不决现象，但却忽视了广泛参与及寻求共识的努力。在国际海事组织历史上，不乏一些重要但极具争议的问题按照“简单多数”的规则作出决定，却在之后的执行过程中不得不面临曲高和寡的窘境。如将这一规则与国际海事组织参与方的力量对比相联系，便不难看出，该规则对哪一方更为有利。在2011年7月第62届MEPC会议上，国际海事组织充分利用这一规则成功通过了《73/78防污公约》附则六关于新船设计的能效技术指标的修正案。该附则的所有64个缔约方中发展中国家数量上不占多数，而出席会议并参加投票的55个国家中，所有发达国家和一些小岛国共48个国家投赞成票，只有中国、巴西、沙特、科威特和智利5个发展中国家缔约方投反对票。

国际海事组织内部发达国家和发展中国家在该问题上仍存在巨大的政策和法律分歧，在技术和操作层面也需要克服许多现实困难。如果国际海事组织不能妥善平衡照顾各方利益和关切，而一味利用程序规则强行推动不被普遍接受的不成熟方案，非但不能完成国际海事组织在控制温室气体方面应尽的责任，反而会在成员方之间扩大分歧和制造对抗，破坏组织内的团结和合作氛围，并损害国际海事组织的对外形象。这应该是所有成员方都不希望看到的结果。

第五章　国际气候谈判格局变化的博弈分析

从 1988 年“政府间气候变化专门委员会”（IPCC）成立到 1991 年“政府间气候变化谈判委员会”的建立，从 1992 年《联合国气候变化框架公约》签约到 1997 年签订《京都议定书》，再到达成《马拉喀什协定》，可以说国际气候谈判是一个充满矛盾、一波三折的复杂过程。在这一过程中，主要国家（集团）发挥着重要而不同的作用，国际气候谈判格局变化是一个典型的博弈过程。

一、决定各国家（集团）气候谈判立场的主要因素

气候变化问题表面上是一个环境问题，实质上是政治问题和经济问题。由于气候变化在科学上还存在不确定性，以及减缓和适应气候变化对经济发展的深远影响，国家（集团）之间在许多关键问题上还存在严重利益分歧。

一般而言，影响一个国家或集团气候谈判立场的因素涉及政治、经济、技术、环境等诸多方面，概括起来有以下几个要素：

（一）对未来气候变化影响的预期

气候变化的影响具有明显的区域性特点，气候变暖可能给一些地区带来发展机遇，却给另一些地区带来灭顶之灾。

根据 IPCC 气候变化模式对世界未来 100 年由于温室气体浓度继续增加而引起的气温变化和降水变化的预测结果可见，在假定温室气体排放每年增加 1% 的速度增长条件下，俄罗斯和加拿大的温度增长最为明显，到 2050 年和 2100 年它们的增温幅度分别为 4℃和 7℃左右，同时降水量也将明显增加，也就是说未来这些高纬度国家的气候将向暖湿方向发展。尽管气候变暖对这些国家可能带来不利影响，如永久冻土融化造成的建筑物和交通设施破坏等，但从总体来看，特别是从长远来看，气候变暖将带来更好的农业生产条件，气候变化的影响可能利大于弊。

尽管加拿大已经批准议定书，但这一选择在本国经过了长时间的激烈辩论，

是非常不情愿的。反对派，主要是以能源作为经济支柱的省份和产业界，除担心减排对经济造成负面影响之外，对气候变化预期影响的良性判断也是其持反对意见的主要理由之一。俄罗斯的情况也有类似之处。人们普遍猜测其对未来气候情景及其直接影响的良性预期使俄罗斯在气候变化问题上采取拖延态度，迟迟不批准《京都议定书》。当然，俄罗斯的情况与加拿大又有所不同。从减排和增汇的角度看，俄罗斯短期内可能不会受到明显损害，而且还可能通过“热空气”贸易获利。但长远而言，经济复苏将使未来温室气体排放增加，其减排成本将上升。使预期存在不确定性，也是俄罗斯犹豫不决的原因之一。

与加拿大和俄罗斯对气候变化影响的良性预期相反，一些可能遭受气候变化不利影响较大的国家往往在气候变化问题上采取比较激进的立场。例如太平洋小岛国（AOSIS），尽管是发展中国家，但面对海平面上升的严重威胁，一直强烈呼吁全球采取更积极的减排行动。图瓦卢甚至以宣布举国搬迁计划的方式向发达国家发出严重警告。又如，欧洲国家基于科学预期，积极推进国际气候进程，尤其是西欧和北欧国家，如荷兰、比利时、卢森堡、德国、丹麦等对气候变化影响特别关注。未来气候变化的预测情景表明，这一地区尽管温度上升幅度不是很大，但温度和降水变化可能改变欧洲相对优越的气候和环境条件，增加气候灾害发生的频率和强度，这对于欧洲人来说是难以接受的。

（二）温室气体的排放特征

温室气体的排放特征包括总排放量、人均排放量、历史排放状况、未来排放趋势等多个指标。不同国家排放指标的差别很大。而采用不同的指标和分配方法来确定减排义务，结果有很大不同。因此毫无疑问，任何国家都从自身利益出发，希望选择有利于本国的分配方案，争取得到尽可能多的排放权，从而为国家的经济发展保留足够的空间。例如，发达国家排放总量和人均排放量都远远高于发展中国家，它们往往强调以现实排放为基础的分配方案，如京都模式、排放强度目标等；而人均排放量低的发展中国家则强调人均排放原则，主张以人均排放为基础分配方案。基于历史责任的减排义务分担方法，虽然相比以现实排放总量为基础的分配方案，总体上有利于发展中国家，但由于采用总量指标，而没有区分排放大国中的发达国家与发展中国家发展水平上的本质差别，因此对发展中大国是不利的。

（三）减排成本

在众多因素之中，决定一国气候谈判立场的主要因素还是温室气体减排的经济成本，因为它直接关系到国家的经济和政治利益。减排的经济成本又与该国的自然条件、人口增长、经济发展、排放趋势以及相关技术水平密切相关。以欧盟和美国在气候变化问题上的不同立场为例可以清楚印证这一点。

欧盟是欧洲发达国家推行经济、政治一体化，并具有一定超国家机制和职能的国际组织。在参加《气候变化框架公约》和《京都议定书》签约的实体中，欧盟是迄今为止唯一的非国家实体缔约方。1990—1998 年间，欧盟的能源消费缓慢增长，但温室气体排放下降了 4%。最新排放清单显示，1999 年欧盟 6 种温室气体排放量为 40.3 亿吨二氧化碳当量（不包括土地利用和森林吸收），比 1990 年减少 4%。其中二氧化碳排放占 80%，比 1990 年减少 1.6%。欧盟两个最大的排放国——德国和英国承担了主要的减排任务，共占欧盟总减排量的 40%。

欧盟之所以一直以最积极的态度参与全球环境保护，强调自己在全球环境领域的领导地位，最重要的原因是它存在较大减排潜力，且减排成本相对较低，减排对经济的负面影响相对较小。近年来，欧盟人口增长缓慢，一些国家甚至出现负增长，经济发展趋于稳定和成熟，外延型发展的余地不大。欧盟在可再生能源技术等领域拥有世界领先的技术优势。通过内部分担协议，利用德国和英国的特殊减排机会，进一步降低了减排成本。因此，与美国和日本相比，欧盟的减排成本相对低廉。根据欧洲气候变化计划（ECCP）的结论，欧盟实现承诺的总成本为 37 亿欧元，相当于届时（2010 年）GDP 的 0.06%，对经济的负面影响非常小。40 项成本低于 20 欧元 / 吨 CO_2 的减排措施，可减少温室气体排放 6.64 亿～7.65 亿吨二氧化碳当量，大约是京都目标的两倍，其中 8 项措施是优先实施的，其减排潜力为 2.4 亿吨二氧化碳当量（相当于减排需求量的 71%）。减排潜力较大的领域或部门包括：工业部门的排放贸易、建筑能效、生物燃料、公共部门节能产品采购、热电联产、节能服务、最低能效标准、电机计划、可再生能源热利用、高能耗工业部门的自愿协议、针对车辆尾气的财政措施等。由此可见，欧盟大力推进温室气体减排行动有利于提高其对其他经济伙伴的相对优势。

与欧盟情况不同的美国，人口和经济仍处于增长时期，经济对外扩张的趋势比较明显，温室气体排放呈明显的增长趋势。根据美国能源部和环境保护局的数据，2012 年美国的排放量为 57.86 亿吨 CO_2，而京都目标要求美国在 1990 年基础上减排 7%。

温室气体排放大国美国因长期拒绝加入联合国《气候变化框架公约》下针对发达国家的减排协议而饱受国际社会指责，然而这一局面或有可能得到改观。彭博新能源财经发布的一项最新报告显示，2012 年美国二氧化碳排放下降至 1994 年以来的最低值。这份受美国能源可持续发展商业委员会委托而统计撰写的报告指出，过去 5 年，由于节能技术的更新换代以及可再生能源利用率翻番，美国减少了 13% 的碳排量。

尽管美国国会没能通过气候法案，但由于污染物排放显著减少，美国要实现总统奥巴马承诺的未来 10 年在 2005 年基础上减排 17% 的目标并非难事。根据监测，目前美国正朝着这个目标稳步前进。

截至 2012 年年底，美国温室气体排放量已经比 2005 年减少了 10.7%。目前，美国正处在能源转型的阵痛期，煤炭在美国能源结构中的比例已从 2007 年的 22.5% 缩小到 2012 年的 18.1%。

因高油价，石油消费同样在下降。高油价从两个方面影响了原油消费的增长，一是促进使用成品油的汽车提高能效，二是在经济持续衰退的协同作用下导致工业生产萧条。油价网最近的分析文章指出，2012 年美国原油消费量大概仅有 1800 万桶 / 天。而如果按照 2005 年以前低油价时期原油消费量 1.5% 的年增长趋势，那么 2012 年预计消费量应比实际消费量高出 20%。

近年来另一个值得关注的现象是美国天然气产量出现爆炸式增长，主要归因于页岩气开采关键技术——水力压裂法取得的突破。数据显示，美国 2012 年电力供应的 31% 来自天然气发电。

除了天然气以外的化石能源消费正逐步减少，风能、太阳能、水力、地热能及生物质能等可再生能源装机规模增加也是美国向低碳转型的显著标志。2012 年美国可再生能源装机规模达到 86 吉瓦，投资增加至 440 亿美元，非常惊人。而 2007—2012 年，美国的总能源消费则下降 6.4%。

美国减排成效卓越的另一因素是大量写字楼安装了更加节能的采暖和制冷系统。交通也是减排的重点领域，报告统计数据显示，去年有近 5 万美国人放弃传统轿车，转而选择油电混合动力车或者插电式油电混合动力车。

美国能源信息署（EIA）数据表明，2012 年一季度全美碳排仅有 12.5 亿吨，创下 20 年来同期最低纪录，比 2011 年一季度减少 8%。一季度处于供暖季节，而化石能源发电是供暖的主要动力，因而这段时期往往是美国一年中碳排量最高的时期。根据EIA当时监测到的数据，去年一季度煤炭消费量下降18%，并预测，随着火电厂纷纷计划关停，下降趋势仍会延续。据称，2012—2016年全美将有8.5%的火电被关停，关停电厂的总装机将达27吉瓦。

美国火电自2012年起大规模退出并非产业自身调整的后果。美国环保署（EPA）制定并将颁布实施的一系列严格法规才是出现上述现象的关键原因。

2011年12月，EPA公布了汞、砷及镍等大气有害物质的火电排放标准，要求2015年年底之前必须达标。随后，2012年3月27日，EPA再出狠招，公布了碳排放新标准法案。新标准草案规定，使用煤炭及天然气等化石燃料的2.5万千瓦以上新建发电厂，每1000千瓦时发电量全年平均二氧化碳排放量应控制在1000磅（约454千克）以内。据分析，如果不采用碳封存和捕捉（CCS）技术很难达到这一标准，而CCS在技术和经济性方面仍存在诸多问题。因此如果新标准草案最终确定，在美国新建煤炭火力发电厂将变得十分困难。

另一智库欧亚集团（Eurasia Group）近日发布的研究预测，美国共有50吉瓦的火电将因严格的环保法规以及低廉的天然气价格而退出。“火电退出将使得美国每天增加50亿到60亿立方英尺的天然气需求，这将为生产过剩的天然气市场带来福音。”

日经能源环境网有文章指出，EPA曾根据美国能源部的《能源展望2011》相关数据，对新标准的影响进行分析。在电力需求低增长和页岩气增产导致天然气价格持续走低的背景下，即使没有新标准出台，预计发电企业最终也会选择符合EPA新标准的技术，给行业和经济带来的影响较小。

表4　主要发达经济体量化减排目标

	碳排放变化量（百万吨 CO_2 eq）							
	低目标情景				高目标情景			
	1990—2020	2000—2020	2005—2020	2011—2020	1990—2020	2000—2020	2005—2020	2011—2020
澳大利亚	–21.8	–28.3	–77.1	–45.9	–134.9	–141.3	–190.1	–158.9
白俄罗斯	–5.5	56.8	47.1	47.0	–11.1	51.3	41.6	41.4
加拿大	82.6	–53.3	–188.1	–177.0	82.6	–53.3	188.1	–177.0
克罗地亚	–1.4	8.7	5.0	6.1	–1.4	8.7	5.0	6.1
欧盟27国	–1 063.9	–530.6	–600.1	–4.5	–1 595.9	–1 062.5	–1 132.0	–536.5

续表

	碳排放变化量（百万吨 CO_2 eq）							
	低目标情景				高目标情景			
	1990—2020	2000—2020	2005—2020	2011—2020	1990—2020	2000—2020	2005—2020	2011—2020
冰岛	–0.7	–0.9	–0.8	–1.2	–1.4	–1.6	–1.5	–1.9
日本	–299.3	–358.3	–364.7	–334.4	–299.3	–358.3	–364.7	–334.4
哈萨克斯坦	–53.4	140.9	79.4	31.4	–53.4	140.9	79.4	31.4
列支敦士登	0.0	–0.1	–0.1	0.0	–0.1	–0.1	–0.1	–0.1
摩纳哥	0.0	0.0	0.0	0.0	0.0	0.0	0.0	0.0
新西兰	–1.6	–15.6	–25.0	–29.3	–6.3	–20.3	–29.8	–34.1
挪威	–10.5	–14.5	–3.0	–1.3	–14.0	–18.0	–6.5	–4.8
俄罗斯联邦	–515.5	1 331.9	1332.8	1 228.6	–859.1	988.2	989.1	884.9
瑞士	–10.0	–10.7	–10.2	–6.7	–14.9	–15.6	–15.2	–11.7
乌克兰	–172.0	343.2	309.3	293.8	–172.0	343.2	309.3	293.8
美国	–244.9	–1 250.8	–1 053.6	–653.4	–244.9	–1 250.8	–1 053.6	–653.4
合计	–2 318.0	–381.4	–549.1	353.1	–3 326.1	–1 389.5	–1 557.1	–655.0

	碳排放变化率（%）							
	低目标情景				高目标情景			
	1990—2020	2000—2020	2005—2020	2011—2020	1990—2020	2000—2020	2005—2020	2011—2020
澳大利亚	–4%	–5%	–13%	–8%	–24%	–25%	–31%	–27%
白俄罗斯	–5%	118%	81%	81%	–10%	106%	72%	71%
加拿大	16%	–8%	–24%	–22%	16%	–8%	–24%	–22%
克罗地亚	–5%	47%	22%	29%	–5%	47%	22%	29%
欧盟 27 国	–20%	–11%	–12%	0%	–30%	–22%	–23%	–13%
冰岛	–15%	–19%	–16%	–23%	–30%	–33%	–31%	–37%

续表

	碳排放变化率（%）							
	低目标情景				高目标情景			
	1990—2020	2000—2020	2005—2020	2011—2020	1990—2020	2000—2020	2005—2020	2011—2020
日本	–25%	–29%	–29%	–27%	–25%	–29%	–29%	–27%
哈萨克斯坦	–15%	87%	36%	12%	–15%	87%	36%	12%
列支敦士登	–20%	–28%	–33%	–18%	–30%	–37%	–41%	–28%
摩纳哥	–30%	–37%	–28%	–11%	–30%	–37%	–28%	11%
新西兰	–5%	–34%	–46%	–49%	–20%	–45%	–54%	–57%
挪威	–30%	–37%	–11%	–5%	–40%	–46%	–24%	–19%
俄罗斯联邦	–15%	84%	84%	735	–25%	62%	62%	52%
瑞士	–20%	–21%	–20%	–14%	–30%	–31%	–30%	–25%
乌克兰	–20%	100%	82%	75%	–20%	100%	82%	75%
美国	–5%	–20%	–17%	–11%	–5%	–20%	–17%	–11%
合计	–13%	–2%	–3%	2%	–19%	–9%	–10%	–4%

（四）国内压力集团的游说

一国政府在气候变化问题上的立场选择，除受到国际压力之外，还受到国内各种压力集团的游说。这些压力集团包括激进的环保 NGO、代表产业界利益的企业协会、地方政府、反映公众民意的新闻媒体等。尤其拥有雄厚经济实力的产业界对政府决策影响力很大。政府最终决策往往是综合考虑各种复杂因素、平衡各方利益的结果。

加拿大围绕是否批准《京都议定书》的激烈辩论，就突出反映了压力集团在政府决策中的重要作用。一方面，加拿大联邦政府和一部分省政府表示要积极推进议定书的批准，但另一方面，加拿大西部各省和布什一样，反对批准《京都议定书》，产业界对此也持消极态度。反对派担心议定书的效果存在不确定性，温室气体减排的成本太大，与美国相比，国内产业竞争力将会大幅下降。阿尔伯特省省长明确表示不支持《京都议定书》，因为盛产石油和天然气的阿尔伯特省每年温室气体排放量约占加拿大全国的 30%，减排将对该省经济产生严重的负面影响。加拿大“制造业出口业联盟”（CME）认为，批准《京都议定书》将会造成 400 亿加元的损失，使 45 万人失去工作。加拿大“石油生产者联盟”也极力游说政府，批准议定书将造成每年 45 亿加元的损失。但缺乏煤炭和石油资源的魁北克省则相反，以水力发电为主的能源结构使其受温室气体减排的影响很小，因此该省对批准《京都议定书》持积极推进的态度。

（五）国际谈判的妥协过程

国际气候谈判是以国家作为行为主体，兼有其他行为主体（如国际组织、国际 NGO 等）广泛参与的复杂国际政治议程。各国根据本国国情制定国家气候战略与政策，由于各国战略和策略不同，在国际谈判中必然存在利益冲突和意见分歧。各国需要通过磋商和谈判达成某种妥协，形成一定的国际共识。在国际气候谈判中，分歧对立和协商妥协的例子随处可见，而且在谈判的不同阶段、不同议题，各国采取的立场及国家间为维护共同利益而形成的联盟也会发生变化。例如，发达国家与发展中国家围绕责任、义务的分担及资金和技术转让等核心问题的南北对立是贯穿国际气候谈判的主线。但在《京都议定书》具体实施细则的谈判的最后关头，发达国家内部的欧盟与美国在灵活机制的使用范围等问题上分歧严重，并上升为主要矛盾，而发展中国家却站在了支持欧盟、推动议定书尽早付诸实施的立场上。

妥协是达成共识、促进国际合作的必要过程。一旦在各方共同努力下构建的国际制度框架形成，就具有国际法律的效力，参与各方的具体行动就必须受到国际法律规则的约束，一国气候战略和政策也必须适应国际制度建设的新发展。例如，日本的气候战略和政策的形成过程就明显反映出国际气候谈判进程的影响。早期，由于日本国内企业界的反对，日本政府一度对批准议定书有所犹豫，但出于政治原因批准议定书之后，日本不仅在国际气候谈判中积极开展外交努力，而且在国内也积极通过政策推动大企业在自愿基础上实施减排行动。日本经济团体联合会的一份资料显示，现有 35 家大企业参与自愿环境行动计划（Keidanren Voluntary Action Plan on the Environment），1990 年这些企业的排放量大约占到工业和能源转换部门排放的 82.6%，占日本总排放的 45.3%。

当然，任何一个主权国家参与国际制度都是自愿的，如果认为国际制度对本国是弊大于利，那么它可能选择不参与或退出。美国退出《京都议定书》就是一个典型的例子。作为世界第一大排放国的美国的退出给整个国际气候谈判的政治格局造成严重影响，各方都不得不重新考虑新格局下的自身利益，并对国家气候战略和政策做出相应的调整。

（六）其他社会特征

除上述因素之外，一个国家或集团在气候变化问题上的谈判立场还受该国其他问题的间接影响，例如，气候变化问题在国家政策目标中是否具有优先性影响该国政府的谈判立场。这是因为气候变化问题只是国家政策目标中的一部分，一个国家的政府要处理国内、国外方方面面、许许多多的复杂事务，其他优先事务的出现可能分散政府对气候变化问题的关注程度，从而影响国家气候战略的决策。

又如，国家内部政治经济的稳定性对国际气候谈判具有一定影响。一个国家国内的经济危机或政治动荡可能使该国政府无暇顾及气候变化问题。例如，阿根廷和韩国都曾提出过自愿减排承诺目标，然而金融危机使国家经济发展受到严重影响，原来制定的政策目标也就不再提及了。

当然，其他国际政治进程也有可能对国际气候谈判进程有促进作用。例如欧盟东扩，不仅有利于欧盟提高其在国际事务中的影响力，而且通过内部分担协议，有利于进一步降低减排成本，从而有可能使欧盟在气候变化谈判中具有更有利的地位。

二、国际气候谈判格局变化及其特征

冷战结束以后，世界政治格局发生了很大变化。国际形势跌宕起伏，新的不确定因素增多，大国关系互动频繁，地区热点此起彼伏，世界经济前景扑朔迷离，国际关系进入了一个历史性的调整期。虽然世界多极化的发展趋势不可逆转，但美国的单边主义政策走向却不可忽视。自全球气候变化问题登上国际政治舞台以来，国际气候政治格局不断分化重组。国际气候政治格局变化在某种程度上反映了国际政治格局的变化，是影响国际政治格局的重要因素之一。

纵观国际气候谈判进程及发展态势，国际气候谈判格局呈现出四大特征：首先，自公约谈判以来的南北对立格局在一定程度上有所模糊，但至少在第二承诺期的谈判尘埃落定之前难以维持；其次，自《京都议定书》签署以来的国家集团分化重组之势仍将继续；再次，美国的气候政策对国际气候格局具有重要影响，其单边主义行为必将受到国际社会的抵制；最后，受国际政治经济格局影响及自身国情的限制，发展中国家在气候谈判中采取被动防御的战略。

（一）南北对立的基本格局

回顾国际气候谈判的发展进程，大体经历了四个阶段。第一阶段：从1991年联合国启动国际气候公约谈判开始，发展中国家团结一致，强调发达国家在气候变化问题上的历史责任，要求在公约有关对策条款中明确体现南北间公平和“共同但有区别的责任”原则；第二阶段：公约通过以后，尽管缔约方内部的矛盾分歧在加剧，但依旧维持了南北对立的基本格局。在反对为发展中国家增加新义务的斗争中，“77国集团加中国”模式取得极大成功；第三阶段：《联合国气候变化框架公约》第3次缔约方会议（即京都会议）通过了《京都议定书》，在为附件一国家（发达国家和经济转型国家）规定了具有法律约束力削减目标的同时，也引入了三个灵活机制（联合履行、排放贸易和清洁发展机制）。由此，发展中国家集团内部出现分化趋势；第四阶段：在妥协基础上达成的《马拉喀什协定》为《京都议定书》的生效铺平了道路。有关后续承诺期谈判（主要是发展中国家参与问题）的准备工作已经开始。

从经济学意义上讲，大气作为全球“共有财产”，具有消费的“非排他性”和“非竞争性”。在减排问题上，各国都有“免费搭车”的倾向，即希望自己国内不积极采取行动，而期望直接享受他国实施环境政策所产生的效果。鉴于此，全球气候变化问题的最终解决离不开国际合作。

发达国家与发展中国家之间在如何分担减排义务及实现减排途径方面一直存在分歧。南北对立的实质在于在减排问题上存在利益冲突。根据《气候变化框架公约》，解决气候变化的最终目标是将大气中的温室气体浓度稳定在一定的危险水平以内，但危险水平的确定本身就是一个尚未解决的问题。同时，目前尚未找到一套公平合理的分配方法。如果采用450mg/m^{3}或550mg/m^{3}作为一个固定的排放上限，那么就决定了整个全球的排放空间。

发达国家的减排力度和发展中国家的参与程度是相互影响的两个重要方面。发展中国家承担减排义务是南北利益冲突的关键问题。发展中国家希望争取发展空间（温室气体排放涉及发展水平与前景），而且历史累积排放有限，不愿过早承诺减排或限排；而部分发达国家则坚持认为，如果没有发展中国家的参与，全球温室气体排放难以得到有效控制。美国退出《京都议定书》，几乎把《京都议定书》逼上了绝路。虽然在妥协基础上达成了《马拉喀什协定》，但大大弱化了《京都议定书》的减排义务。发展中国家有效参与减排承诺注定要与美国的行动联系在一起。另外，国际制度框架只关注了减排的公平问题，而忽略了适应性公平问题。所有这些问题表明，南北分歧将长期存在。

（二）国家利益集团的分化与重组

尽管国际气候谈判中南北对立的基本格局得以维持，但谈判过程中国家集团分化重组的实例随处可见。气候公约相关议题所产生的利益集团主要包括：伞形国家集团、欧盟、77 国加中国、小岛国联盟、石油输出国、中欧 11 国集团、环境完整性集团、中美洲集团、非洲国家集团等。在国际气候谈判中，以美国为首的伞形国家集团、欧盟和 77 国集团加中国一度呈三足鼎立之势。

伞形国家集团（Umbrella Group）以美国为首，集结其他非欧盟发达国家和俄罗斯、乌克兰等组成，经常一起讨论各种议题以寻求共识。集团初期名称为 JUSCANZ，为日本、美国、加拿大、澳大利亚、新西兰的国名缩写简称。在第 4 次缔约方会议上瑞士 (S)、挪威 (N) 加入，成为目前的 JUSSCANNZ。后来，冰岛、俄罗斯和乌克兰加入，成为伞形集团。加拿大占世界人口的 0.5%，而 CO_2 排放量占世界第八位，以人均排放量而言，为全球第一。加拿大能源使用量大，且国内资源丰富，为石油、天然气输出大国。日本也是 CO_2 排放大国，总量仅次于美国、中国、俄罗斯，居世界第四位。但日本与美国、加拿大不同，石油多依赖进口，能源效率很高，因此，未来排放增长的空间不太大。澳大利亚是煤炭输出国，挪威、冰岛两国能源以水力为主，CO_2 排放基准量很低，未来发展需要依赖石油和天然气。而瑞士 2/3 的能源需要依赖进口。俄罗斯和乌克兰等国家，由于经济衰退握有大量“热空气”排放权。

总之，在这个集团内部，各国国情虽各不相同，但均赞成弹性机制，通过排放贸易和吸收汇缓解本国减排压力。看重灵活机制的作用，主张对灵活机制的运用不加任何限制，它是美、日、加、澳、新等伞形集团国家的主要利益交汇点。

欧盟是一个区域经济与政治联盟，其成员对外不可表达不同立场，发表意见或声明都保持一致。由于成员国的部分主权已转移至欧盟，欧盟本身具有参与公约的权力，并以法人身份签署及批准气候公约。欧盟的经济发展处于较成熟的阶段，人们对环境议题较为关切，对政府的监督也较积极。欧盟作为国际气候谈判的发动者，一直是全球温室气体减排的最主要的推动力量，并力图担当谈判领导者的角色。欧盟希望凝聚多年艰辛谈判而达成的《京都议定书》能够获得批准生效，而不是半途而废。当然，欧盟积极推动国际气候谈判也有抬高自身竞争力的考虑，目标主要是美国。欧盟的成员国多属于成熟乃至过熟经济，土地空间有限；人口密集，人口数量稳定甚至有下降趋势；经济增长只能以内涵为主，外延扩张的空间十分有限。欧洲联盟、统一货币、启动欧元仍然难敌美国。德、英、法等国温室气体排放有了明显下降，欧盟希望减缓全球气候变化和减少温室气体排放能够成为其增强经济发展和竞争能力的新契机。欧盟如果能够利用环境保护牵制美国，维持甚至缩小与美国之间的差距，理直气壮，何乐而不为？

当然，由于欧盟各成员国具体国情不同，在欧盟内部仍存在不同的利益子集团，不同子集团的外交策略又有差异。奥地利、英国、丹麦、芬兰、德国、荷兰和瑞典等国为第一子集团，该集团既有较强的减排能力，又有较强的政治意愿，是富有的环保主义者；比利时、法国、意大利和卢森堡属于第二子集团，该集团虽然有较强的减排能力，但政治意愿较弱；爱尔兰、葡萄牙、希腊和西班牙属于第三子集团，该集团是欧盟内较穷的国家。很显然，第一子集团不仅在欧盟内部充当倡导者和领导者角色，在国际谈判中也发挥着积极的作用。

77 国集团于 1967 年在联合国贸易与发展会议支持下成立，属于发展中国家联盟，其宗旨和主张是：寻求对外谈判立场的一致；支持《京都议定书》中“共同但有区别的责任”原则；认为发达国家对全球变暖负有历史责任，并要求发达国家对发展中国家提供资金和技术支持。在灵活机制方面，要求设定排放贸易的上限，以“补充”国内实际减排为原则。根据《京都议定书》规定，非附件一国家的义务仅限于提交国家信息通报、制订减缓和适应气候变化的计划、加强能力建设等非核心义务，尚未承担具体的限排或减排义务。促进《京都议定书》批准生效，使发达国家确实在全球减排行动中担负率先减排的责任，并履行其在资金援助和技术转让方面的义务，是符合发展中国家一贯立场的。

其中，中国和印度是该集团排放量最高的国家，它们要求经济发展空间；阿根廷和韩国是减排目标全球化的推进者，曾经或者有意作出限排或减排自愿承诺；南美的墨西哥和巴西对清洁发展机制兴趣浓厚；石油输出国（OPEC）由于能源输出在其国民经济中占据主导地位，它们担心全球减排会引起全球能源市场的紧缩，会给本国经济带来负面影响；小岛国联盟环境脆弱，海平面低，是受气候变化影响最大的国家，且自身排放量小，它们提出的减排目标最严厉，迫切要求世界各国大力减排温室气体，当然也包括发展中国家，尤其是发展中大国。

总的看来，自第4次缔约方会议之后，发达国家和发展中国家阵营南北对立的基本格局日渐模糊，集团多样化的趋势在不断增强。如土耳其以难以承担减排义务为由多次申请退出附件一国家行列，哈萨克斯坦为了参与排放贸易又要求加入附件一国家行列，阿根廷和韩国退出自愿承诺，等等。在海牙气候会议上又出现了两个新的国家集团：由波兰等国组成的中欧11国集团，由韩国、墨西哥和瑞士三国组成的“环境完整性集团”。伞形国家集团在《京都议定书》批准生效问题上因意见分歧而瓦解。美国退出《京都议定书》，澳大利亚完全追随美国，日本和加拿大批准《京都议定书》，而俄罗斯左右权衡。集团多样化趋势使国际气候谈判格局更加复杂多变。

（三）发展中国家的被动防御性气候战略

发展中国家由于利益不同，在国际气候谈判中立场也有所差异。在公约谈判中，发展中国家倾向于采取被动的和防御性的谈判战略。发展中国家在国际气候谈判中往往处于劣势地位。这是因为：他们的代表团规模小；缺乏谈判经验和技巧；缺乏信息和知识支撑；环境问题的国内地位低；财力有限；语言障碍较大等。

对大多数发展中国家来说，参加国际气候公约谈判的主要目标是保持对附件一国家的压力，促使它们履行公约，减少温室气体排放。支持《京都议定书》的目标是确保三个灵活机制的运用和碳汇不要危害真正的和可认证的排放削减。这与欧盟的立场十分接近，希望保持议定书“环境完整性”。发展中国家参加国际气候谈判的次要目标和期望包括：

对国内经济发展限制最小或没有限制；

最大限度地有利于可持续发展目标；

为能力建设和适应气候变化获取最大的财政援助；

最大限度地从发达国家获取技术转让和资金援助。

然而，对公约结果的分析表明，发展中国家通常是失败者，总有被欺骗的感觉。典型案例就是巴西在京都会议上提出的建立“清洁发展基金”（对不履约者征收罚金），在谈判的最后却变为“清洁发展机制”——通过此机制发达国家可以获取碳减排信用。发达国家通常利用信息和高超的谈判技巧，使公约的结果向有利于他们自己的方向转化，这不能不使发展中国家常常怀疑并防范发达国家的倡议。

发展中国家的谈判立场通常是被动的和防御性的。谈判者苦于“空洞的谈判授权”（Hollow Mandate），不清楚什么是他们想要的东西。这样，谈判战略必然是被动和防御性的。其特征是：

谈判者的发言准备不充分，往往重复政府在其他领域谈判中的思想、原则和立场，与谈判讨论的问题关系不大。

谈判者不敢提出新提案，或对新提案不感兴趣，他们往往过分小心谨慎。如果谈判者在没有政府授权下提出新提案，一旦出了问题，谈判者无法向政府交代。

谈判者虽然没有能力提出新提案，但有权反对。他们通常反对其他缔约方的提议，尤其是来自发达国家的提议。

谈判者往往把议题简化为几个概念，以便能够做出反应。他们关注的是如何控制损失，而不是使收益最大化。

如果在谈判中出现财政利益诱惑，谈判者往往犹豫不决。

谈判者从历史的角度、用联系的方法看问题，国际气候与国际债务的关系、国际气候与国际贸易的关系、国际气候与荒漠化的关系等。

谈判结果往往使谈判者感觉被欺骗。因为谈判过程很快，而且发展中国家谈判者自身存在缺陷，所以其谈判目标主要是控制损失的程度；而发达国家代表知道什么是他们在谈判中想要得到的东西，因此极力使谈判结果向有利于发达国家方向转化。

三、国际气候谈判格局变化的博弈分析

国际气候谈判是在气候变化问题尚具科学不确定性、必须采取“预防原则”（precautionary principle）和“无悔对策”（no regret policy）应对的背景下，由多个主体参加的连续博弈过程。博弈的最终目标是“把大气中温室气体的浓度稳定在防止气候系统受到危险的人为干扰水平上”。在这种情况下，如何实现国家利益与全球利益的均衡、当前利益与长远利益的均衡以及国家与国家间利益的均衡是博弈的主要内容。从长远看，各国都希望保护气候，从而使自己免受气候变化带来的灾难。但从近期看，谁都不愿意自行减少温室气体排放，因为减排会使本国经济和社会发展受到影响。每个国家都希望其他国家采取更多减排行动而使本国受益。正是因为减排事关各国的经济利益和今后的发展权益，因而在如何解决气候变化问题上，各国家利益集团之间存在着分歧，发挥的作用和影响也各不相同。各国（或国家集团）在谈判中采取什么立场，主要取决于其国内政治经济

状况和外交上的考虑。

（一）气候保护的全球公共产品特性

所谓公共产品，是指这样一种产品，即每个人对它的消费并不减少任何其他人也消费这一产品的机会。公共产品既可以是有形的产品，也可以是无形的制度、措施等。公共产品有两个特性，一是消费上的非竞争性；二是享受上的非排他性。正是这两个基本特性，导致了公共产品所谓的“搭便车”问题。

经济全球化日益把全人类联系在一起，各国之间的广泛交往和提供全球性公共产品，成为保证人类发展的迫切需求。但是，全球性公共产品的提供远比国内公共产品的提供更复杂、更有特殊性，从而使目前全球公共产品的提供严重不足。

全球性公共产品的复杂性和特殊性主要表现在：全球性公共产品的筹资目前主要源自参与者（政府、社团、企业与个人）的自愿贡献；提供全球性公共产品的主要机制是谈判，而不是垂直型的决策方式；全球性公共产品的主要组织实施形式是契约，即以各种国际公约和协议的形式规定各个参与者的权利与义务。由于全球性公共产品是在尊重各国主权的前提下、由各国根据自愿参与的原则来提供的，因此它更多地带有“俱乐部产品”的性质，即只有交纳了一定的规费和会费、并承担公共产品的社会边际成本，成员国才有权享用这一公共产品。另外，由于参与者之间存在主权差别、参与差别及动力机制的差别，从而使全球公共产品的“搭便车”问题很严重。

减缓气候变化很显然是一个全球公共产品，因为温室气体减排的收益是非竞争性和非排他性的，世界上所有的人都有权享受由一个国家或地区削减排放带来的气候改善，承诺削减排放的国家和地区不可能阻止其他国家或地区从中获益。气候变化问题存在“供给不足”和“免费搭车”有三个原因：（1）不能排除非行动者享受其他国家减排努力带来的收益（非排他性）；（2）减少排放的单位是完全可以替代的（在任何地方减排的效果相同）；（3）一个国家的努力收益可能被其他国家的行为侵蚀，一个国家减少温室气体排放的环境效率最终依赖于其他国家的行为。例如，当碳限制导致以下两种情况时碳泄漏将发生：（1）增加能源密集产品的生产成本，鼓励企业重新选址，这样就增加了非参与地区的排放；（2）减少减排地区的能源需求，引起世界能源市场价格的显著下降，反过来将刺激非减排地区的能源需求。

作为纯粹的全球公共产品，减缓气候变化存在的问题是供给不足。解决气候变化是以大气中总的温室气体为依据，而不是以单个国家的排放为依据。即使所有国家都愿意参与全球协议并承诺减排，但每个国家都从自身利益出发，希望将本国的减排数量压到最低。因此，“免费搭车”问题在国际气候谈判中是一个值得关注的严重问题。这是因为：首先，它使《京都议定书》的前途处于危险之中。美国退出《京都议定书》、澳大利亚存在批准障碍，表明这个议定书的前景不乐观。其次，它在减排问题上对现有协议向发展中国家延伸提出挑战。

从长远看，缓解气候变化问题很可能使发展中国家承受更大的负面影响，因为削减全球排放和稳定温室气体浓度不可能没有发展中国家的参与。按基线情景测算，发展中国家的排放将从 1990 年占全球的 31% 上升到 2030 年的 60%。因而，寻找发展中国家参与的合适方案事关《京都议定书》能否发挥重要的作用。美国前总统布什认为《京都议定书》存在严重缺陷，因为它没有规定发展中国家承担减排义务。按照他的说法，《京都议定书》的排放削减目标只适用于工业化国家，而解决全球变暖问题需要所有国家百分之百的努力，不仅是美国，也包括世界其他国家。从各国温室气体排放看，像中国和印度这样的排放大国就不能排除在参与减排之外。

但是，只要工业化国家没有做出真正的减排努力，发展中国家就不会做出任何绝对排放上限承诺。根据“共同但有区别的责任”原则，所有国家都有保护和恢复地球生态系统健康和完整性的责任，由于各国情况不同，承担的责任也应有所不同。发达国家应该支持发展中国家追求可持续发展。气候变化问题在发展中国家的环境和经济政策日程中还没有占据一个显著位置。发展经济和消除贫困是发展中国家政策制定者优先考虑的问题。发展中国家参与减排问题被排除在国际气候谈判之外，例如在《德里部长宣言》中没有提及发展中国家参与减排问题，而是坚持让附件一国家承诺减排并援助发展中国家。

（二）义务分配和时间表与智猪博弈

智猪博弈讲的是这样一个故事：猪圈里有两头猪，一头大猪，一头小猪。猪圈的一边有一个食槽，另一边安装有一个按钮，控制猪食供应。按一下按钮会有 10 个单位的猪食进槽，但谁按按钮谁就需付 2 个单位的成本。若大猪先到，大猪吃到 9 个单位的猪食，小猪只能吃 1 个单位；若同时到，大猪吃 7 个单位，小猪吃 3 个单位；若小猪先到，大猪吃 6 个单位，小猪吃 4 个单位。其博弈支付矩阵如下（见表 5）。

表 5 智猪博弈矩阵

	B1（按钮）	B2（等待）
A1（按钮）	（5，1）	（4，4）纳什均衡
A2（等待）	（9，–1）	（0，0）

分析该矩阵可以看出，博弈双方都只有一个主导的占优战略选择，即只有一个纳什均衡 A1B2。国家 A 是大国，其收益次序是（9，5，4，0）；国家 B 是小国，其收益次序是（4，1，0，–1）。从表中可见，国家 B 只能选择收益 4，即什么也不做，因为如果它选择去做，就不可避免地遭受损失 –1。国家 B 的占优战略决定了国家 A 的最佳选择只能是去做，否则博弈双方都将一无所获。除非国家 A 和国家 B 另有约定，国家 A 给予国家 B 一定的补偿或承诺，而国家 B 也相信国家 A 会信守合同，在这样的情况下，两个国家才有可能一起去做。所以，智猪博弈的结局应该是大国 A 提供公共产品，而小国 B 搭便车。有趣的是，小国 B 什么也不做，却能和大国 A 的收益一样多。这是一个“多劳不多得，少劳不少得”的纳什均衡，也是一个严重的收益分配先天不公的典型案例。

在气候变化谈判中，发达国家和发展中国家的总体经济发展水平存在巨大差异，这就好比是智猪博弈中的大猪和小猪。从历史责任来看，自工业革命以来的 200 年间全球温室气体排放的绝大部分源自发达国家，至今大部分温室气体仍在其存留期内，并持续不断地通过累积效应对今天的气候产生影响。从现实责任来看，发达国家温室气体年排放量仍占全球总排放的 70% 以上，而亚、非、拉美发展中国家的排放量仅占 17%。同时，发达国家的人均排放也远远超过发展中国家。因此，发达国家对全球变暖具有不可推卸的历史责任。目前发达国家比发展中国家更具有减排的资金和技术能力，而广大发展中国家面临的迫切任务是发展经济和消除贫困。从未来排放趋势看，发达国家人口增长率低甚至出现负增长，与高人均收入相对应的人均碳排放量也逐渐进入稳定阶段；而发展中国家人口增长率相对较高，为满足摆脱贫困和社会经济发展的需要，人均碳排放量呈现增长趋势，发展中国家温室气体排放量在全球总排放量中所占份额将会增加。然而发达国家明显从维护自身既得利益出发，撇开历史责任不谈而极力主张以现实排放作为衡量相对义务的标准。发展中国家为了维护公平和自身发展的正当权益，在气候变化的国际谈判中一直将“历史责任”原则作为与发达国家展开外交斗争的重要武器之一，敦促发达国家率先承担减排义务，并为发展中国家提供必要的资金援助和技术转让。

《联合国气候变化框架公约》承认世界各国在全球变暖中所负的责任有区别，充分考虑了发展中国家的具体需要和特殊情况，提出了“共同但有区别的责任”原则，由于以前发达国家自身经济发展过程对全球环境造成了破坏而负有历史责任，《公约》明确规定发达国家应率先采取保护全球环境的措施，应对气候变化及其不利影响，并向发展中国家提供必要的资金和技术支持。这就产生了智猪博弈中的纳什均衡解。

（三）美国的退出与囚徒困境博弈

著名的囚徒困境博弈描述了这样一个故事：两个囚徒共同犯了一起严重罪行。如果两个囚徒都保持沉默，就难以取得他们犯罪的证据，在这种情况下，他们会被判较轻的刑罚，判入狱 1 年。如果他们其中的一个人坦白了，并提供另一个人犯罪的证据，那么，坦白者就会被立即释放，而另一个囚徒就会面临入狱 8 年的刑罚。如果两个囚徒都坦白，并互相提供对方犯罪的证据，那么，两个囚徒都会被判入狱 5 年（见表 6）。

表 6　囚徒困境博弈矩阵

罪犯 A / 罪犯 B	B1（不坦白）	B2（坦白）
A1（不坦白）	（–1，–1）	（–8，0）
A2（坦白）	（0，–8）	（–5，–5）纳什均衡

两个囚徒具有共同利益，因为当他们都保持沉默时，他们只会被判较短的 1 年刑期。这时他们达到了帕累托最优的福利最大化（–1，–1），因为提高一个囚徒的福利水平不可能不降低另一个囚徒的福利水平。但是这个结果并不稳定，作为理性人，每个囚徒都有坦白的愿望。对于 B 的收益顺序是：B2A1>B1A1>B2A2>B1A2，而对 A 来说，他的收益顺序是：A2B1>A1B1>A2B2>A1B2。因此，博弈双方的最优理性战略都是背叛，纳什均衡结果 A2B2（–5，–5）。这就是哈丁在《公用地的悲剧》一书中阐述的“个体理性行为的总和导致集体非理性的反论问题”。这是国际合作中存在的一个关键问题，即在以逐利原则为主导的个体行动组成的世界中，即使存在共同的利益，

个体往往也不会主动为这种共同利益去努力。所以造成非合作的囚徒困境博弈的原因，主要是由于个体不能正确地处理自身利益和整个社会利益的关系。

美国在气候谈判过程中一直坚持发展中大国“有意义地参与”减排，它担心减排目标会大大损害美国经济，使美国企业丧失国际竞争力。布什前总统在2001年3月13日给四名共和党参议员的一封信中指出：“我之所以反对《京都议定书》是因为世界80%的国家包括中国和印度这样的人口大国不实行减排，会对美国经济造成严重伤害。参议院95票对0票的结果表明我们一致认为《京都议定书》是解决全球气候变化问题不公平和无效率的协议。”发展中国家则因为自身经济发展的迫切要求，坚持“共同但有区别的责任”原则，主张发达国家应承担历史责任并率先减排。最终美国宣布退出《京都议定书》，国际气候谈判因此而陷入了囚徒困境，理性个体追求利益最大化最终并未导致整个社会利益的最优结果。

表7　美国与发展中国家之间的博弈

发展中国家（B） 美国（A）	B1（承诺）	B2（不承诺）
A1（批准）	（3，3）	（1，4）
A2（退出）	（4，1）	（2，2）纳什均衡

表7显示了国际气候谈判陷入囚徒困境的原因。美国和发展中国家如果都采取合作战略（发展中国家承诺减排义务，美国批准《京都议定书》），双方收益都是3。但这个结果并不稳定，博弈各方都有意愿选择背叛，美国单方面退出，收益会从3增加到4，而发展中国家不承诺减排义务，也会增加1个单位的收益。而美国在得知发展中国家拒绝承担有约束力的减排义务时，拒绝批准《京都议定书》，从而获得2个单位收益而不是1。这就是哈丁在《公用地的悲剧》一书中阐述的“个体理性行为的总和导致集体非理性的反论问题”。

要克服非合作的囚徒困境的关键在于如何使个体理性与集体理性统一起来。由于囚徒困境博弈中存在个体理性行动与集体理性需求内在背离的刚性，因此为了实现最大化的公共利益，必然需要有一个有约束力的机构，它迫使个体理性的行动接近集体理性的需求。这种具有惩罚、制裁性质的约束力成为克服囚徒困境中非合作行为的关键。

但是当今的世界并不存在一个能够强制执行《京都议定书》的中央集权的“世界政府”，《气候变化框架公约》也仅是一个明显带有软法特点的国际协议，只是笼统地规定了实行控制温室气体浓度的最终目标，没有对各国应当承担的减排或限排义务、时间期限、监督、违约制裁措施等做出具体的规定，从严格意义上说不具有法律约束力。而具有法律约束力的《京都议定书》一直没有生效，还不具有国际法的效力，所以美国批准《气候变化框架公约》但不批准议定书，其行为并不受国际法的约束。

第二种办法就是在没有强制力量介入的情况下，重复进行囚徒困境博弈，这种方法可能使博弈各方的不合作战略变为合作战略。

囚徒困境隐含的假定博弈是一次进行的，而不是重复进行的，因此一次囚徒困境博弈下的均衡解（不合作）并没有考虑到时间因素的意义。但是，如果博弈是动态、重复进行的，任何博弈者现在的行动都会受到“未来效应”的影响，这就为集体合作提供了可能性，博弈者的理性要求根据自己未来的支付成本大小来决定是否选择背叛战略。显然，一次博弈时，在给定的支付结构下，博弈方可能只考虑“眼前利益”而采取不合作战略；但当重复博弈时，博弈方将更多地考虑到“未来效应”，从而为了长远利益而牺牲眼前利益，采取相互合作的战略，达到纳什均衡结果。

由于美国的温室气体排放量占附件一国家总量的36.1%，美国退出《京都议定书》，加之澳大利亚等国又迟迟不批准，要达到《京都议定书》中规定的生效条件非常困难。假设《京都议定书》达不到生效的要求，即使附件一国家中批准的国家自愿实施规定的减排义务，第一承诺期（2008—2012 年）的减排目标仍然无法兑现。在此期间，发展中国家借助附件一国家提供的技术转让、能力建设、CDM 等项目以及全球环境基金的支持，经济得到一定发展，与此同时温室气体排放也会相应增加，国际社会要求发展中国家参与减排的呼声将会更高，如果发展中国家继续以要求发展空间和“共同但有区别的责任”原则为借口拒绝减排或限排，另一博弈方美国也会以发展中国家没有“有意义地参与”为由而继续不批准，其他发达国家甚至可能退出《京都议定书》成为第二承诺期的“搭便车者”，《京都议定书》就将成为一纸空文，国际社会数十年的努力将付之东流。

（四）性别战博弈与附件一国家义务分摊

在性别战博弈中，一对恋人都想结伴出去玩，但两人的爱好不同，男的希望去看球赛，而女的希望去看芭蕾。如果男的牺牲看球赛陪女的去看芭蕾，男的愿望就不能满足；而如果女的牺牲看芭蕾陪男的去看球赛，女的愿望就不能满足。不过，在爱情博弈中，两人首先希望在一起，然后才是参加能给他们带来快乐的活动。因此双方为了“在一起”的这个更高的愿望，而自愿地在活动安排上作出妥协。所以，在性别战博弈中，有两个纳什均衡解：一个是都去看球赛；一个是都去看芭蕾。纳什均衡解是 A1B1 或 A2B2（见表 8）。

表 8　性别战博弈

女（B） 男（A）	B1（球赛）	B2（芭蕾）
A1（球赛）	（2，1）纳什均衡	（0，0）
A2（芭蕾）	（0，0）	（1，2）纳什均衡

性别战博弈是一种混合策略的博弈，即在这种博弈状态下存在两种纳什均衡结果。但究竟哪一种均衡结果会出现取决于谈判的过程、行为主体的实力、信息的质量等因素。博弈双方的主导战略都不是背叛或欺骗，因为背叛或欺骗带来的收益（0，0）对双方来说都不是最优的。既然存在两个最优均衡结果，博弈双方重复博弈就没有必要，问题在于如何协调两种均衡结果，以达到共同收益的目的。所以，性别战博弈的关键问题不是时间问题，而是对最终收益如何分配的问题。只要博弈者的偏好（合作）是相同的，那么博弈者对结果就不会存在太大的争议，重要的是双方到底能够达成哪一种纳什均衡解。

由此看来，性别战博弈具有重要的分配性含义。“虽然博弈双方都认为有协议总比没有协议要好，但是，在具体采取什么样的协议问题上会存在争端”。一方面，在性别战博弈中，博弈双方面临着绝对收益或共同收益的问题，即双方各自获益到底是 1 还是 2。如果博弈双方关注的主要问题是绝对收益，不管我的收益是 1 还是你的收益是 2，那么在博弈的某个时间点上，双方总会达成合作性的协议。但是如果双方关注的主要是相对收益，彼此在意我必须获得最大的收益 2，那么，收益的分配就成为博弈双方谈判的最关键因素。

分配问题是达成气候变化有效协议的关键问题，它围绕着分配什么、分配给谁、如何分配等展开。在什么是合理分配及如何实现合理分配的问题上，各国产生了较大的分歧，不同国家深刻的历史和文化差异又加剧了这种分歧。《气候变化框架公约》的目标是保证人类当代和后代能够生活在一个允许社会经济可持续发展的环境之中。这在某种意义上创造了一种新的公共产品，它不再是纯粹的公共产品，因为一些国家和地区的“使用”（排放）将减少其他国家或地区从中获得的利益。这就不可避免地提出了对这种产品进行合理分配、管理和合作的问题。公约的最终目标是将大气中温室气体的浓度稳定在防止气候系统受到危险的人为干扰的水平上。因此分配问题就是一个如何分配排放权（或者反过来说是减排目标）问题，这是一个十分困难的问题，涉及如何定义温室气体、如何分配排放权、如何设定期限等。

《京都议定书》的减排数量目标似乎考虑到了各个国家的特殊经济状况和国家之间的公平性，但给人的印象还是数量目标的决定过程是草率的。甚至连京都会议的执行主席阿根廷大使埃斯特拉达都不能解释目标设定的合理性。由于没有哪个国家能够确切预知其未来的排放水平或控制排放的成本，因此谁也不可能确切知道它需要多少排放配额。外交官们的任务是必须维护本国的国家利益，因此，他们将尽一切努力在最坏的情况下争取更多的排放配额。在他们的想象中，其国家未来的排放量和控制成本比预计的高得多。利益与义务的分配是一项难度很大的工作，分配问题使国际气候谈判的过程变得非常艰难。对此有学者指出，减排目标的确定并没有科学依据，它更多地取决于各国的政治意愿和谈判技巧，是谈判各方博弈的结果。

《京都议定书》中分配的不仅仅是减排目标，它相当于对国际公共财产的分配，因此配额的多少直接涉及各国的经济利益（未来的发展空间以及在国际排放权市场上的收益）。鉴于此，各国政府和外交官们更多地考虑的是如何最大限度地保护本国利益（尽管国内环境部门的代表大多考虑采取更主动的态度，但在谈判中他们只能靠边站），即获得较低的减排目标甚至增加排放量。这样，国家就可以轻松完成承诺的义务而无须付出沉重的经济代价，同时可以在排放权交易市场上占据有利地位并获得利益。

在“零和”博弈（ZSG）的情况下，国家利益是排他的，一国之所得即另一国之所失，利益总和为零。这种博弈的理性战略建立在最小化—最大化原则基础上，也就是说每个国家都尽量把最小收益最大化，或者把必须承担的最大损失最小化。但是温室效应是全球性的，并不局限于某个国家或地区，所以它的后果需要所有国家来承担。如果国家为了维护自身的经济利益和国家的竞争力而不采取积极的减排政策，就会加剧全球温室效应，各国都要受害，全球的共同利益也无法维护。如果国家利益可以包容减排，得失不互相抵消而产生“非零和”博弈的结果，那么随着温室效应的减弱，博弈各方都可能不同程度地获得收益。

因此，在目前主权国家体制下，要达成有效的减排协议的唯一途径只能是寻求某种程度的妥协。这虽然有可能降低协议的实际效果，但“有协议总比没有协议要好”。正如性别战中，男女博弈双方为了“在一起”的愿望，其中一方必须自愿放弃自己的偏好，做出牺牲，才能达到双方都愉悦的纳什均衡解。

（五）捕鹿博弈和阿根廷自愿承诺

卢梭在《论人类不平等的起源和基础》一书中提到“捕鹿游戏”（stag bant）。按照简单的博弈论语言，在捕鹿博弈中，每个猎手都面临着以下四种策略选择：第一，都合作，绝不背叛，捕到鹿后大家美餐一顿；第二，采取不合作手段，在其他人捕鹿时自己去捉兔子，只追求个人利益；第三，所有的人都去捉兔子；第四，在他人捉兔子时，自己仍然守在捕鹿的位子。在这四种选择中，第一种情况对集体来说是最优策略，捕到鹿（合作）后每个人都可以饱餐一顿免于饥饿；第二种情况对捉兔人来说，是不错的策略，但其行为（背叛）造成的后果是严重的，集体中的其他人可能因为捕不到鹿而挨饿；出现第三种情况（全部背叛）对集体合作是最坏的后果，但是，对个人可能不是最坏的后果，因为每个人都去捉兔，结果虽然是捕不到鹿，但捉到兔子的概率提高了，当然即使捉到兔子，与捕到鹿的收益相比，显然是小的；最后一种情况对个人是最差的，对集体来说也不是最优的选择，当别人舍鹿求兔时（背叛），自己仍然坚守捕鹿岗位（合作），那肯定是既捕不到鹿，也捉不到兔子，从追求个人效益最大化的理性动机上，这种选择几乎是不可能的，因为这种策略不符合理性人的假设。捕鹿博弈的纳什均衡是：A1B1 或 A2B2，即，要么都去捕鹿，要么都去捉兔子（见表 9）。

表 9 捕鹿博弈

	B1（合作）	B2（不合作）
A1（合作）	（4，4）纳什均衡，最优	（1，3）
A2（不合作）	（3，1）	（2，2）纳什均衡，次优

捕鹿博弈是一种合作性的博弈过程，它具有两个纳什均衡的混合战略（相互合作）选择。但是，存在合作的共同利益并不意味着双方的合作就一定能成功，双方合作是否成功的关键取决于谈判的成效。在谈判过程中，信息的沟通与传递则是关键因素。通过信息的充分交流，可以避免相互之间不必要的欺瞒行为，减

少环境的不确定因素，降低博弈方的机会主义倾向，使合作保持在信任过程中。

在捕鹿博弈中，个体利益与共同利益不存在严重的背离状况，博弈者对个体利益的追求，与博弈双方之间存在的共同利益是一致的。所以，博弈双方的纳什均衡解对于个体来说是最优的，对整个社会利益来说也是帕累托最优的。

在捕鹿博弈中，博弈双方都不存在主导的战略（背叛或者合作），各自的战略随对手的战略而定，但是双方却存在两种纳什战略均衡 A1B1 或 A2B2。第一，只要国家 B 选择第一种战略 B1（合作），那么，国家 A 就选择同样的战略 A1，而如果国家 A 选择 A1，那么国家 B 就选择 B1，这样均衡结果就是 A1B1，国家 A 和国家 B 都能达到各自最大的收益 4，这是理想的帕累托最优状态。第二，另一种均衡结果是 A2B2，该结果是在这种战略选择下产生的，即当国家 A 选择第二种战略（背叛）时，国家 B 只能同时选择第二种战略。因为当国家 A 选择第二种战略时，其收益是 3，而此时国家 B 若仍保持第一种战略，其收益只能是 1。所以，由于各方在战略上的相互依赖性，国家 A 和国家 B 只能同时选择第二种战略，他们的收益结果正好成为另一种纳什均衡解。不过，这种纳什均衡结果对国家 A 和国家 B 来说，都是帕累托次优的甚至是帕累托最差的。

捕鹿博弈式合作在国际气候谈判中可以体现在阿根廷自愿承诺减排义务与发展中大国的反对上。在 COP4 上，阿根廷以东道国身份提出自愿承诺减排义务，77 国集团加中国因担心此项先例一旦形成，发达国家便会向发展中国家施加压力，因此对阿根廷的主张表示强烈的反对。阿根廷和发展中大国在自愿承诺问题上的争执就好比是选择捕鹿还是捉兔的博弈。双方可选择的行动过程（或称为战略选择）以及支付结果如下表所示（见表 10）。

表 10 阿根廷自愿承诺之捕鹿博弈

发展中国家（B） 阿根廷（A）	B1（不承诺）	B2（承诺）
A1（不承诺）	（4，4）纳什均衡，最优	（1，3）
A2（承诺）	（3，1）	（2，2）纳什均衡，次优

在阿根廷选择承诺时（背叛），发展中大国可以选择下述两种策略：

不承诺（B1）：反对其承诺，不给其创造先例的机会，坚持“共同但有区别的责任”原则。（合作）

承诺（B2）：发展中大国或者支持阿根廷的自愿行动，或者效仿此例，屈服于发达国家的压力。（背叛）

阿根廷有两种战略选择：

不自愿承诺减排义务（A1）。（合作）

自愿承诺减排义务（A2）。（背叛）

阿根廷之所以提出自愿承诺减排义务出于多方面的原因，既有来自美国等发达国家的压力，又有避免与主要发展中国家在CDM项目上的竞争，利用自愿承诺减排义务来获取在《京都议定书》谈判中得到原始排放配额，从而通过排放权交易吸引发达国家的投资，实现改善国内经济的目的。但阿根廷的自愿承诺方案存在诸多缺陷，如缺乏政策一致性、可操作性以及国内支持等。即便发展中大国赞成或支持阿根廷的方案，最终实施效果对阿根廷来说也并不乐观，甚至可能因此使已经陷入危机的经济捉襟见肘。而发展中国家会因为是否支持阿根廷的方案而导致77国集团加中国的严重分化，一些在利用CDM上缺乏竞争力的国家会愿意效仿。事实上，选择自愿承诺方案既违背了《联合国气候变化框架公约》中确定的公平原则和“共同但有区别的责任”原则，又会限制本国未来经济发展的空间。这与捕鹿博弈中的支付结果（3，1）是一致的。

捕鹿博弈合作的关键在于如何使博弈双方的行为处于相互合作的状态，即怎样达到帕累托最优解。在此博弈中，最佳方案就是让阿根廷放弃自愿承诺的义务，回到77国集团加中国中来。而关键是在于通过谈判和沟通使其了解经济发展与环境保护之间在目前情况下的优先顺序，并帮助其对自愿承诺的利弊得失进行完善的技术评价等。因此，面对国内的重重困难，阿根廷政府明确认识到当时的优先任务是致力于恢复国内的社会秩序和经济发展，因而放弃自愿承诺的减排目标，回到了与大多数发展中国家合作的轨道上来。

第六章　国际气候谈判的焦点

一、减缓

在国际气候谈判中，温室气体的排放与有关社会经济和技术等驱动因子直接相关，减少温室气体的排放，需要考查技术潜力，明确主要障碍因素，采取相应的政策措施，以实现减缓气候变化的目标。

（一）温室气体减排的技术潜力

减少大气中温室气体的浓度主要有两种途径：减少温室气体的排放和以生物或（和）工程措施将二氧化碳固定储存起来。措施包括提高终端利用效率，采用节能技术，转向低碳和可再生生物质燃料，采用零排放技术，改善能源管理，减少工艺过程排放，碳分离和储存等。

根据 IPCC 减缓气候变化工作组对 2020 年温室气体减排潜力进行的估算，各个行业部门均有可能以较低的成本甚至是净收益实现较大幅度的减排。建筑部门通过提高电器、设备和建筑结构的能源效率技术和措施，可减排 15% ～ 30%。工业部门采用提高能源和原材料效率，到 2020 年的减排潜力可达 700 ～ 1500MtC / 年。

开发利用新能源和可再生能源，替代高碳密度的化石能源，也是实施温室气体减排的重要手段。根据估算，从长远看，这些低碳或无碳的清洁能源的技术潜力十分巨大，每年可提供的能源可达 3200EJ / 年。而 IPCC 排放情景所估算的 2100 年全球能源需求总量约为 515 ～ 2737 EJ / 年。但这一巨大潜力，受到资源约束和市场竞争力的影响，很难在可以预见的将来能够得以充分实现。

（二）减排的主要障碍

由于技术、经济、政治、文化、社会、行为和（或）体制上的种种壁垒，阻碍了温室气体减排巨大技术潜力的实现。各地区各部门所存在的潜在减排机会和障碍类型各不相同，并随时间变化。造成这种差异的主要原因，是减排能力的不同。在任何国家，穷人采用技术或改变其社会行为的能力有限，因而获取各种减排的机会也就不多。

在工业化国家，未来的机会主要来自于消除社会和行为障碍。例如美国人如果改变其生活方式，其人均能源消费和碳排放水平，完全可以减少一半，与欧洲水平相当。对于经济转型国家，温室气体减排的机会主要来源于能源价格的合理化和能源效率的提高。在发展中国家，能源价格存在扭曲现象，数据和信息的获取困难，不容易得到先进技术。因而需要一定的资金，技术，并通过培训和能力建设，来克服温室气体减排的各种障碍。对于任何国家，消除障碍也就意味着得到新的机会。

（三）政策措施

减缓气候变化需要采取一定的政策措施。国内的政策手段，包括一系列的限制或减少温室气体排放的经济和管制政策。经济政策手段包括征收排放税，碳税或能源税，可贸易碳排放许可，补贴，储蓄 / 返还系统。政府的强制性政策手段涉及技术或性能标准，产品禁令等。政府还可以通过自愿协议，政府支出和投资，环保标志以及绿色市场，支持研究和开发等手段，促进温室气体减排。在实践中，气候变化的政策可能是多种手段的组合。在许多情况下，市场手段的成本可能较低，但是，强制性的能效标准和性能规定的环境保护效果较好。

气候政策可能产生改善污染状况和提高人民福利水平的附带效益。同样，非气候政策也会产生气候效益。例如控制大气污染的政策，在减少大气二氧化硫的同时，二氧化碳的排放量也得到大量削减，尽管后者并非是污染防治政策的初衷。因此，气候变化政策需要与其他的经济和环境政策结合起来，促进长期的社会和技术变革，以满足可持续发展和减缓气候变化的要求，使温室气体减排变得更加有效。国际、地区和部门间的政策协调对于降低减排成本、解决潜在的国际贸易规则冲突及避免碳泄漏等有着十分积极的意义。例如《京都议定书》中规定的排放贸易、联合履行（JI）、清洁发展机制（CDM）等措施，主要目的在于降低减排成本。其他国际措施包括协调或和谐的排放税，碳税和（或）能源税、单一的排放税，碳税或能源税，国际技术和产品标准、行业的自愿协议、资金和技术的直接转移、削减化石燃料补贴等。但由于没有一个有效的国际政府的存在，国际措施的实施比较困难。

（四）经济影响分析

减缓气候变化的经济影响分析，因方法和目标的差异很可能导致结果上的不同。不同减缓气候变化的目标选择，对不同地区和部门的经济影响也非常明显。

1. 经济分析方法考虑

对减排行动的成本和效益的估算，因分析方法和界定的范围不同，会使其结果相去很远。目前，经济分析的方法大致有两类，自上而下的宏观经济模型和自下而上的技术经济模型。前者的技术细节内容较少，但对于国民经济各个部门各个方面的联系和相互影响在总体上把握得当。后者考虑的技术细节较为具体，包含项目和社区水平的内容，但对宏观经济联系注重不够。当然，许多分析试图将两者结合起来，因而也有一些过渡性的分析模型。与排放情景分析一样，经济分析也需要对有些社会经济参数进行选择并作出假设，包括人口变化，经济增长的速度和结构；技术进步（提高能效和获得低成本能源）；资本和劳动力市场特征，财政和价格扭曲情况。不同的减排目标和时间考虑，也会导致分析结果的差异。有关政策措施的假设也十分重要，如排放贸易的范围，清洁发展机制和联合履行，法规以及自愿协议，以及实施这些机制的交易成本。由于减缓气候变化是一个较长期的目标，时间跨度较长，贴现率的选择对计算的结果影响巨大。

实施温室气体减排，有时并不需要很高的社会成本。相反，有些切实可行的政策措施有可能使温室气体减排的社会净成本为零甚至为负数，即不仅没有成本，还可能带来收益。例如，减少市场或体制失灵和其他阻碍经济运行效率的障碍，将降低企业的减排成本。

气候政策的主要目标是减缓气候变化，但它还会产生一些附带效益。例如，减少温室气体的排放将同时减少地区的和区域的大气污染。还将对交通、农业、土地利用方式，废弃物管理和其他社会关注的问题产生影响，如就业和能源安全。如果在计算中包括附带效益，将降低减排成本。此外，一些可以增加政府收入的政策手段（如税收或拍卖排放许可），可以得到“双重红利”，因为将这些收入用来降低现在的扭曲性税收，可以进一步提高系统的经济效率，减少温室气体的减排成本。这种抵消的程度取决于现在的税收结构，减税的类型，劳动市场条件和税收用于财政循环的方法。在某些情况下，减排的经济效益超过减排成本。

2. 实施《京都议定书》目标的经济影响

1997年在日本京都签署的《京都议定书》，对工业化国家温室气体的排放规定了减排和（或）限排目标。这一目标并非是为了将大气二氧化碳浓度稳定在某一特定水平，但却是人类社会减缓气候变化所迈出的第一步。围绕这一目标的实现，各国开展了大量的经济学分析，尤其是对各国的经济影响。在分析中，一般将工业化国家分为两组：经济合作与发展组织国家（多称发达国家或《京都议定书》附件二国家）和经济转型国家。前者主要指欧盟，北美，日本，澳大利亚和新西兰等发达国家，后者主要为前苏联东欧国家。

（1）对工业化国家的影响

工业化国家实施《京都议定书》的成本，主要取决于《京都议定书》灵活机制的使用以及它们与国内措施相互作用的假设。多数研究采用自上而下的国际能源经济模型，分析并比较了对世界各个主要地区GDP的影响。

发达国家：在不同的假设条件下，分析估算所得到的经济成本差别较大。OECD国家中，美国的损失相对于欧洲和日本来说，略为高些。但从各个国家温室气体减排的边际成本看，由于日本的能源效率已经处于较高水平，因而日本减排温室气体的单位成本较高。分析表明，《京都议定书》机制对控制一些国家可能产生的高额成本风险可以起到重要作用，可以补充国内机制，降低成本。在没有排放贸易的情况下，执行《京都议定书》目标的成本约为20～600美元/吨碳。排放贸易可以使减排成本降至15～150美元/吨碳。这些机制能够降低多少成本取决于实施的细节，国内机制与国外机制的互补，约束条件及交易成本。

经济转型国家：对于绝大多数经济转型国家，实现《京都议定书》的目标，对GDP的影响从忽略不计到增加几个百分点不等。这是因为，这些国家自1990年以来，经济一直处于下滑状态，能源效率偏低。假设能源效率大幅度提高和（或）一些国家经济继续衰退，《京都议定书》对这些国家的规定目标，实际上会超过预期排放量。这样。这些国家不仅不用减排，还可以大量出卖其多余的排放额度。结果显示，这些国家通过对分配数量进行排放贸易获得收入，因而GDP还会有所增长。

（2）对发展中国家的影响

根据“共同但有区别的责任”原则，《京都议定书》不仅没有规定发展中国家减少和（或）限制排放温室气体，而且还要求发达国家通过资金与技术援助，帮助发展中国家在实现可持续发展的前提下，提高能源效率，减少温室气体的排放。但这并不意味着对发展中国家没有经济影响。在经济全球化的时代，发达国家的经济影响可以通过国际贸易直接传递到发展中国家。而且，清洁发展机制还会对发展中国家的可持续发展和能源效率的提高产生积极影响。然而，由于发展中国家的经济差异巨大，对不同的发展中国家，经济影响也有所不同。

欧佩克石油输出国家：这些国家以石油出口为主要收入来源，而石油是含碳量高的化石能源，因而发达国家减排或限排温室气体，必然要影响石油的进出口。由于发达国家是石油的主要需求方，石油消费的减少，必然导致这些国家的GDP降低，预期的石油收入减少。此外，欧佩克国家可以通过取消化石燃料补贴，根据碳含量调整能源税收，增加天然气的使用以及经济多元化，进一步减少可能受到的不利影响。

其他发展中国家：由于OCED国家对包括石油和天然气在内的高碳产品进口的减少，发达国家对高碳产品的出口价格将有所提高，对发展中国家的进口造成不利影响。但是，发展中国家将从燃料价格降低，增加高碳产品的出口和转让环境友好技术中受益。按《京都议定书》规定，通过参与实施CDM项目而获得资金和技术转让，发展中国家是受益者。

3. 实现不同大气浓度目标的经济影响

从减少人类对大自然的干预考虑，最好维持当前较低的二氧化碳浓度。但如果这一目标的社会经济代价太大，人们的决策将只好在大气温室气体浓度和经济代价之间做出选择。一般的经济规律是，目标越严格，成本就越高。如果目标为750mg/m^3，则相对于2050年的基线，除高化石能源的情景外，全球GDP的下降幅度几乎可以忽略不计。但是，如果我们将目标确定在较为严格的450mg/m^3，则全球GDP的下降幅度可高达4%。即使是强调经济全球化和环境友善型的情景，全球GDP的损失也将超过1%。可见，将大气中CO_2浓度稳定在越低水平，成本越高。将大气中CO_2浓度从750mg/m^{3}降低到550mg/m^3，成本有所增加但较为平缓；但从550mg/m^{3}降低到450mg/m^{3}时，成本增加的幅度会很大。

上述分析结果没有考虑碳汇和非CO_2气体等因子。分析中所考虑因素，包括贴现率，随着时间减排的分配，采用的政策和措施，特别是对基线情景的选择等，对结果的影响也较大。因此，少数经济损失的估算有可能偏高，但不确定性非常大。

4. 部门经济影响

由于温室气体的排放主要来自于化石能源的燃烧和森林碳库的减少，因而，实施温室气体减排，化石能源生产、消费以及森林采伐部门受到的不利影响较为直接。一旦采取减排政策，石油和天然气行业，尤其是煤炭行业，以及产品能源强度高的原材料部门如钢铁、水泥、其他建材，将更可能遭受经济损失。由于限制森林采伐以减少植物碳素释放到大气，森林采伐和木材行业的发展将受到限制。

但是，造林和森林保护将受到社会关注，从而吸收大量的公共和私营部门的投资。而其他产业，包括可再生能源产业和服务业将可能得到政策鼓励，在价格和税收上得到优惠待遇，因而竞争性增强，可以获得本来会投向碳强度大的部门的更多资金和资源，而得到长足发展。

二、适应

尽管《联合国气候变化框架公约（UNFCCC）》和《京都议定书》始终在努力建立一个国际气候制度，以推动世界各国真正走上减排的道路，但是由于气候系统的时滞效应，气候变化的影响已经真切地发生并将在未来持续存在。实际上，气候变化不但已经成为一个“不可忽视的真相”，而且还将在未来很长一段时期给人类带来许多环境与发展挑战。不可避免的气候变化使得适应成为一种必需的选择。

（一）适应是必要的选择

适应是一个长期的持续的过程。实际上，适应气候变化并非是我们这一代人的新话题，在人类社会的整个发展历程中，人类一直在适应着不同类型的自然环境和气候的变迁。适应行动的前提是对气候变化影响的评估。IPCC先后发布了四次评估报告，深入研究了气候变化对农业、水资源、海岸带、生态系统、生物多样性，以及人体健康和环境、重大工程、区域发展的影响，并为人类适应气候变化提出了许多具体的措施和技术。

面对气候变化的挑战，适应是必要的选择，但并非唯一的选择。适应的最终目的并非消除负面的气候影响，而是通过人类社会的努力将气候变化的影响程度降到最小水平。要减小气候变化对人类社会的不利影响，除了适应已经发生的变化之外，还应当努力将人类活动对气候与环境的影响减小到最低程度。这需要国际社会和各国政府共同努力，从制度环境、政策立法、市场机制、公众参与、技术研发和国际合作等多个方面入手，寻找发展成本最小的方式解决气候变化问题。

1. 什么是适应？

人们对气候变化的应对能力不但受到科学认知水平的影响，也取决于我们所采取的适应行动的效果。根据 IPCC（2001）的定义，所谓“适应”，就是自然或人类系统对新的或变化的环境的调整过程。对气候变化的适应，就是自然或人类系统为应对现实的或预期的气候刺激或其影响而做出的调整，这种调整能够减轻损害或开发有利的机会。适应有三层含义：一是对气候风险进行管理并减小脆弱性；二是涉及从政府到个体的全社会多个参与方；三是适应具有多样化的表现形式[1]。适应行动可分为短期适应和长期适应，自发性适应和计划性适应，预防性适应和反应性适应，个体性适应和集体性适应，等等。与适应有关的概念包括[2]：

- 气候敏感性（Sensitivity）：指系统（国家、社区或家庭）遭受气候冲击影响的程度，包括有利影响和不利影响。例如，某种作物的产量受到气温、降水变率的改变幅度。

- 脆弱性（Vulnerability）：指系统受到气候变化不利影响的威胁程度的一种综合度量。脆弱性一方面取决于外部因素的影响，即系统暴露于气候风险的程度，另一方面取决于系统内部特性，即敏感性及适应能力。

- 影响（Impacts）：指气候变化对自然和人类系统造成的后果。潜在影响（potential impacts）是指未考虑适应行动可能造成的所有影响；残余影响（residue impacts）是经过适应之后依然存留的某些影响。

- 风险暴露水平（Risk exposure）：指某种不利的气候变化带给自然或人类系统的风险严重程度，风险暴露水平是风险发生概率、持续时间，系统生产总量的函数。

- 适应能力（Adaptive capacity）：指系统适应气候变化（包括气候波动和极端事件）以减小潜在损害、应对不利后果或利用有利机遇的能力。经济能力是影响适应能力的主要因素。

- 适应不良（Maladaptation）：指人类或自然系统针对气候刺激的反馈导致

---

[1] Center for European Policy Studies，“Adaptation to Climate Change: Why is it needed and how can it be implemented?”，*CEPS policy brief*，No.161.May 2008，http://www.ceps.eu.

[2] “Climate Change 2001: Impacts，Adaptation，and Vulnerability”. Working Group II Contribution to the Intergovernmental Panel on Climate Change Third Assessment Report，Cambridge，Cambridge University Press.

了脆弱性的增加，即某项适应活动并未按照预期成功地减小脆弱性，反而使之增加。

• 灵活性和自我恢复能力（Resilience）[1]：系统不改变其状态就能经受气候与环境冲击的程度。一般具有两个层面的含义，一是系统承受扰动的能力；二是系统从影响中重新恢复的能力。

• 适应问题有三个关键特征：一是适应具有地域性（Locally driven），二是适应途径具有综合性和整体性（Integrated approach），三是适应必须与发展目标相契合。对适应问题的认识和研究经历了一些不同的阶段，最早是对气候变化影响的简单评价，其次深入到生态系统和社会经济系统应对气候变化的脆弱性评价，第三阶段则考虑了适应政策的选择、制定和评价。适应的目标选择也从减小气候变化的风险和损害，走向将适应与可持续发展协同考虑。根据 UNFCCC 对各国提交的《国家信息通报》的要求，各国推行适应行动可以分为三个由浅入深的阶段。早期阶段的工作主要是开展气候变化影响研究，初步拟定适应气候变化的规划；中期阶段是明确适应的政策、行动和具体措施，推进能力建设；适应的高级阶段则涉及适应政策和行动的深入实施，并与其他气候政策和发展战略相结合。

适应问题虽然非常重要，但是这一议题在长期由发达国家主导的国际气候变化谈判中一直有意无意地受到忽视。部分原因在于适应问题的复杂性，此外也在于适应问题主要与发展中国家密切相关，并非发达国家关注的重点。直到 2007 年 11 月的巴厘岛气候变化大会上，通过了《巴厘行动计划》，第一次将适应列为解决气候变化问题的四个重要支柱之一，从而将适应议题也提到了气候变化谈判的议事日程。

2. 为什么需要适应？

（1）气候变化的科学事实

2007 年 2 月，政府间气候变化专门委员会（IPCC）发布了第四次评估报告。在《气候变化 2007：自然科学基础》[2] 的决策者摘要中，更加详尽、明确地指出全球变暖造成的潜在恶果，并向各国政府提出具体的适应和减缓等应对建议。报

[1] Hunt，A.，and P. Watkiss. 2007. Literature Review on Climate Change Impacts on Urban City Centres: Initial Findings. ENV/EPOC/GSP（2007）10. Paris: OECD.，p11.

[2] Parry，M.L.、O.F. Canziani、J.P. Palutikof 和联合作者，2007：技术摘要。气候变化 2007：影响、适应和脆弱性。政府间气候变化专门委员会第四次评估报告第二工作组的报告 . [M.L. Parry、O.F. Canziani、J.P. Palutikof、P.J. van der Linden 和 C.E. Hanson（编辑）]。英国，剑桥，剑桥大学出版社，41.

告指出，全球气候系统变暖的客观事实是不容置疑的。大陆和多数海洋的观测证据表明，许多自然系统正在受到区域气候变化，特别是受到温度升高的影响。过去30年的人为变暖可能已在全球尺度上对许多自然和生物系统产生了影响。极端天气和海平面上升事件发生频率和强度的改变，将主要对自然和人类系统产生负面影响。报告警告，如果不采取行动，人类活动导致的气候变化可能带来一些“突然的或不可逆的”影响。这份报告成为联合国气候变化大会的指导性文件，也成为国际社会和各国政府应对气候变化的重要参考。

（2）气候变化对全球经济发展的影响

气候变暖对于生态系统和环境的影响会波及社会经济系统，引起一系列的经济、社会后果。气候变化对社会经济系统及具体行业的影响虽然难以准确地量化，但是气候变化对于全球经济体系的影响是不容忽视的。IPCC第四次评估报告指出，如果全球气温在1990年的水平上升高1～3℃，某些行业或地区会有正的影响，而某些行业或地区会有负面的效应；如果全球气温升高幅度超过2～3℃，则很可能所有区域都会遭受负面的影响，而且发展中国家将承受大部分的损失；如果全球变暖4℃，则全球平均损失可达全球GDP的1%～5%[1]。

斯特恩报告指出，气候变化会对经济增长和发展带来非常严重的影响，持续的气候变化会改变地球的总体状况，它所带来的危害相当于每年约损失全球GDP的20%。所有的国家都会受到气候变化的影响，越贫困的国家受到的影响越早而且损失也会越大。适应具有非常重要的社会经济含义，适应能够在减小不利影响的同时挖掘潜在的发展机会。如果人类采取行动，减少温室气体排放，以避免气候变化引起的最坏影响，那么每年所需的花费仅占全球GDP的1%。

值得注意的是，气候变化带来的自然灾害对发展中国家尤其是贫困人群的影响是最为巨大的。据联合国环境规划署的报告，世界总人口中有75%生活在受自然灾害影响的地区。迄今为止，世界上因自然灾害导致的人员生命损失有97%发生在发展中国家。举例而言，2000—2004年，发展中国家每年平均有1/19的人口受到气候灾害的影响，而在OECD国家，这一比例只有1/1500。相比之下，发展中国家居民面临的气候变化风险是发达国家的79倍[2]。因而，对发展中国家而言，适应气候变化更为紧迫和必要。

---

[1] 气候变化2007：影响、适应和脆弱性，IPCC第四次评估报告决策者摘要和技术摘要，UNEP，2007，65.

[2] 2007年世界人口状况报告[R/OL]，http://www.un.org/chinese/esa/swp/2007/swp2007.pdf.

3. 适应的主要领域

（1）健康

气候变化能够通过多种途径对人类健康产生影响。气候变化是全球问题，而其带来的健康影响则因地而异。IPCC 第四次评估报告认为，气候变化对于人体健康的影响以负面为主[1]，这些负面影响包括：老年人、体弱多病者及呼吸系统病人等人群因高温热浪或冰雪严寒等极端天气导致不适，使得心脑血管疾病的发病率和死亡率提高；干旱、洪水、高温带来疟疾、登革热、流脑、腹泻等水媒和虫媒疾病的传播；全球变暖加剧城市热岛效应，造成电力、供水短缺，空气污染加剧，使得城市的暴雨、洪涝等极端气象灾害增多，等等。据研究，热浪期间的总死亡人数可达非热浪期间的 2 ～ 3 倍；2003 年在中国发生并蔓延的非典也被认为与某些气象条件有一定的关系。目前，气候变化造成的很多健康危害已经得到了充分显现，迫切需要加强气候变化对健康的影响研究，同时推进公共卫生、医疗保健和健康保险等方面的适应手段。

（2）水资源

水资源和淡水生态系统是人类赖以为生的重要自然资源，也是人居环境得以建立的物质基础。全球升温将引起全球水资源分布在时间和空间上的变化，引发地区水资源供需失衡，加剧某些干旱地区的水资源短缺。从全球范围着眼，由于人口增长和财富增加，全球需水量在未来几十年将出现上升。从地区范围来看，气候变暖导致的灌溉需水量可能会出现较大的变化。气候对水资源的影响不但会导致生态系统多样性的变化，而且还会引起社会经济系统的关联效应，例如造成沿海沿江地带的洪涝灾害，威胁到人居环境的安全和人类健康，甚至危及社会经济系统的可持续发展。受到水资源影响的主要部门有：农业（灌溉用水的增加）、能源（减少了水电的储量和冷却水的获得）、卫生防疫（水质恶化和水媒介传染病）、旅游和娱乐业、渔业及航运业等。

（3）气候灾害

气候对水资源和淡水系统的不利影响加剧了社会经济系统自身发展带来的一些问题，诸如人口增加、经济活动的改变、土地利用变化和城市化。在这种情况下，当前的水资源管理政策和机制很可能不能满足变化了的需求，一些易受灾

---

[1] Parry，M.L.、O.F. Canziani、J.P. Palutikof 和联合作者，2007：技术摘要。气候变化 2007：影响、适应和脆弱性。政府间气候变化专门委员会第四次评估报告第二工作组的报告 . [M.L. Parry、O.F. Canziani、J.P. Palutikof、P.J. van der Linden 和 C.E. Hanson（编辑）]。英国，剑桥，剑桥大学出版社，43.

地区的基础设施如供排水、污水处理、公共卫生等相关基础设施的功能和运行也往往不能满足要求。联合国环境规划署（UNEP）2006 年发布的一份报告指出，气候变化导致的极端天气事件造成的经济损失，每隔 12 年就要增加一倍，今后 30 ～ 40 年，干旱、风暴、洪水等造成的损失将可能高达每年 1 万亿美元。此外，水资源短缺或洪涝灾害会引发许多次生环境问题和灾害，如水污染、疟疾、腹泻等疫病和传染病。对于各国而言，有必要根据当前的气候变化趋势来考虑水资源管理、风险控制和适应政策设计等问题，以便增强对未来气候变化的适应能力。

（4）海平面上升

海平面上升给沿海城市地区可能造成许多不良的后果，包括海水入侵、地下水沉降，使得原本脆弱的水资源和生态系统更加不堪重负。更加严重的是，气候变化带来的海平面上升，在出现风暴潮、飓风、海啸等极端气候事件时，会淹没沿海低洼地带的人类居住区。《2007 年世界人口状况报告》中就敏锐地指出海平面上升可能带来的人口迁移问题。随着全球升温的幅度增加，沿海人口的迁移数量也越大。海平面上升对于小岛国和发展中国家沿海地区的贫困群体影响最为显著，未来海平面上升可能导致这些地区的人口大量迁移，形成气候难民，甚至引发国际争端和外交冲突。

4. 适应的主要方式

基于人们对气候冲击（climatic stimulus）的反应方式、采取行动的时间、行动时效、适应涉及的地域范畴和群体范围等，可以将适应区分为不同的方式。表 11 列出了适应的几种不同类型：

表 11　适应的不同类型 [1]

<table>
<tr><th>分类原则</th><th colspan="3">适应类型</th></tr>
<tr><td>行动意图</td><td colspan="2">自发的适应
（Autonomous Adaptation）</td><td>有计划的适应
（Planned Adaptation）</td></tr>
<tr><td>行动时间</td><td>反应性适应（事后）
（Reactive Adaptation）</td><td>当前的适应（事中）
（Concurrent Adaptation）</td><td>预防性适应（事前）
（Anticipatory Adaptation）</td></tr>
<tr><td>行动时效</td><td colspan="2">短期适应（Short Term Adaptation）</td><td>长期适应（Long Term Adaptation）</td></tr>
</table>

[1]　“From Impacts to Adaptation: Canada in a Changing Climate 2007”, *Natural Resources Canada*, www.nrcan.gc.ca.

续表

分类原则	适应类型	
适应地域	地区性适应 (Localized Adaptation)	广泛的适应 (Widespread Adaptation)
适用对象	个体性适应 (Individual adaptation)	集体性适应 (Collective adaptation)

自发的适应是生态系统和社会经济系统中的个体或群体有意识或无意识地适应变化了的环境的一种行动结果。自发适应有直接和间接两种形式[1]，直接的自发适应如：无人管理的自然生态系统面对气候刺激进行自我修复，农民自发地改变耕作方式或种植结构，雨天增多使得人们放弃步行和自行车选择公共交通方式等。间接的自发适应如：农林渔业产量变化影响到加工产品的价格变化。有计划的适应是针对新的变化主动采取政策、措施来减小未来的可能风险，例如，农业、水资源、灾害预防等公共部门的适应政策。

反应性适应实际上可以包括当前和事后的适应，即在变化之后采取行动（事后适应），或针对正在发生的变化采取的适应措施（当前适应），目的是尽量减小损害程度，同时最大限度地利用正在出现的有利机会。例如随着气候变暖和热岛效应增强，中国许多大中城市普遍出现夏季高温，广州、杭州、福州等城市甚至被列为新的火炉城市，为了渡过酷夏，许多城市居民增加了游泳、沐浴的次数，海滨浴场、森林公园等商家也借机开展消夏旅游活动，这就是一种当前的适应。事后适应是指影响已经发生，采取措施尽量减小这种影响。例如，因高温酷暑导致老人、儿童中暑或罹患腹泻等疾病，就需要在医院就诊。预防性适应是在气候与环境变化被观测到之前，事先预计可能出现的风险，并采取有针对性的行动。例如，沿海城市针对日益增加的气候风险，加固建筑物、输电线路等基础设施，提高堤防、水库的防洪标准；或在台风到来之前，安排疏散人员和财产。2008年8月底，飓风古斯塔夫登陆美国西海岸之前，当地政府发布预警信号，下达强制疏散命令，仅路易斯安那州就有200万人撤离。

短期适应是适应主体对于眼前出现的短期影响而采用的一种较为主动的、迅速的调整，例如，某个夏季持续高温会增加特定地区的空调销售量和电力消费；

[1] Center for European Policy Studies, "Adaptation to Climate Change: Why is it needed and how can it be implemented?", *CEPS policy brief*, No.161.May 2008, http://www.ceps.eu.

长期适应是针对长期的环境变化采取一系列的政策、措施，表现为一种具有累积性的行动和政策。例如，各国政府制定的适应战略如减灾、可再生能源发展战略等，制定相关法律推动可持续的森林管理，防洪和跨流域调水等基础设施建设，等等。

地区性适应是在特定地区（一般指的是省市、村镇等较小范围的地区）采取的政策或行动，如跨流域水资源管理、制定地方适应与发展战略等。广泛的适应则涉及全球、大洲或国家范围的适应行动，如建立小岛国或最不发达国家（LDCs）适应基金，开展适应技术研究开发与转让的国际技术合作等。

其他维度的适应还包括：临时性适应（Temporary Adaptation）和永久性适应（Permanent Adaptation）；可逆的适应（Reversible Adaptation）与不可逆的适应（Irreversible Adaptation）；主动的适应（Active Adaptation）和被动的适应（Inactive Adaptation），等等。主动适应比较接近有计划的适应和预防性的适应，被动适应较接近自发适应和事后适应。一般而言，反应性适应和预防性适应都可以是主动的有计划的适应，不过反应性适应也可以是在未计划的前提下进行的自发性适应。有计划的预防性适应会降低长期成本，因而比反应性适应更加有效。

（二）适应气候变化的目标选择

IPCC（2001）指出适应有三个主要目的，一是增强适应能力，二是减小脆弱性，三是开发新的机会。如果适应的成本小于收益，即适应投入低于因适应行动而导致的损失减小或收益增加，则适应就是有效率的。

促进适应能力的措施包括：提高公众意识、能力建设、制度建设、信息网络建设、法律框架，等等。

适应气候变化的主要目的是减小气候变化带来的脆弱性，同时增强对气候风险的适应能力。适应问题与许多相关议题有着千丝万缕的联系，例如适应与减缓，适应与可持续发展，适应与公平，适应与减少贫困，适应与贸易和全球化的关系等等。目前，从国际气候变化谈判中的动向来看，适应与发展、减贫的整合已经成为国际社会较为普遍接受的共识。此外，气候变化作为重要性居于首位的全球环境问题，也需要与其他全球和地区环境问题一起综合考虑。

- 短期目标：抵御气候系统可能带来的各种风险，增强适应能力，并与减缓结合考虑；
- 长期目标：为了实现发展、减灾和消除贫困的最终目的，与联合国千年发展目标相一致。

1. 减小脆弱性

气候变化导致的脆弱性有几种不同的表现形式：（1）地域上的脆弱性：是因气候与地理环境差异而造成的脆弱性，如中国的青藏高原和沿海地区分别具有不同的气候脆弱性；(2)技术上的脆弱性：是指由于人员和资金短缺，技术不发达，或者道路交通不便，在一些容易遭受极端天气灾害侵扰的地区，监测和预警体系未能有效覆盖，造成监测网络的盲点区域，在灾害发生时难以预报预警，也难以及时救援，造成这些脆弱地区损失更大；(3)经济上的脆弱性：因为地区发展水平、人均收入和消费能力差异等导致的脆弱性；（4）社会文化因素导致的脆弱性：如社会阶层差异、性别差异、教育水平差异等因素导致不同群体之间的适应能力差异。

减小脆弱性有不同的实施途径：一是基于部门途径，提高脆弱部门抵御气候风险的能力，具体措施包括：如加强农业水利设施建设，培育和引进抗旱、防洪、耐盐碱地和适应新气候条件的作物，提高畜牧业、渔业养殖和耕作技术，增加粮食储备；控制水土流失，加强土地管理及土地利用；增强能源电力、交通运输、建筑、海防堤坝等基础设施的建造标准，提高基础设施对气候灾害的防御能力；二是多部门的综合适应途径，如探讨水资源保护、土地利用、气候灾害、健康和生物多样性等不同系统的相互关联，从系统整合角度减小脆弱性，具体措施包括：流域保护和综合管理，现有供水系统的改进与维护，限制地下水过采，降水收集与循环水再利用；洪水控制与干旱监测；开展气候变化与人类健康的脆弱性评估，建立环境与疾病监测系统，消除气候与环境变化对人类健康的不利影响等。三是以生态系统保育的方式促进适应，如通过保护生态系统和生物多样性增强社会经济发展的资源与环境基础，增强森林、湿地等生态系统调节气候和环境的潜力。

2. 增强适应能力

欧盟欧洲政策研究中心（CEPS）分析了适应的经济含义，认为适应能够减小气候变化对经济系统的影响；增强适应能力的努力，能够增加地区的灵活应对能力，同时也能促进经济增长。在适应行动中，私人部门和公共部门都可以起到积极的作用，例如，私人部门的自发适应行动能够发现适应行动中的潜在机会并从中获得收益，但是在许多领域，适应要求采取集体行动（collective action）以便能够应对更大的气候变化挑战，包括政府部门的介入和公共资金投入等。

气候变化带来的各种灾害都会威胁到最贫困人口的健康、生计，减小他们的作物收成、经济收入甚至接受教育和技术培训的机会，从而进一步削弱他们适应气候变化的能力。因此，基于地方和社区发展层面促进可持续生计（sustainable living）就成为提高脆弱群体适应性的最重要的手段。在宏观政策上主要是改善贫困群体的社会保障水平，提高脆弱地区的交通、通信、公共卫生等基础设施投入，合理开发地方资源以发展经济，改善制度环境，等等。具体措施包括：提供安全的食物、饮用水和居住条件，改善能源的利用方式及效率（如在乡村地区发展沼气、太阳能和小水电等），建造更安全便捷的地方运输系统，生态环境改善，依靠森林管理提供可持续收益，采用适用农业技术，清洁技术转让、灾害管理和预防等多重手段来保障可持续生计，等等。

加强气象预警、防洪等基础设施建设是增强适应能力的主要途径。发达国家与发展中国家在适应能力上存在着巨大的差距，以气象监测基础设施为例，非洲一些区域的气象台站分布密度是世界上最低的，平均每25460平方公里只有一座气象监测站，这一比例比世界气象组织规定的最低数量还要低8倍，而荷兰每716平方公里就有一座[1]。

建立有效的风险分担机制也是抵御气候风险，增强适应能力的重要手段。世界银行认为，由于发展中国家尤其是这些国家的穷人，受到气候灾难的冲击最大，因此各国政府及全球保险市场应该共同努力，将贫困人群和脆弱地区纳入解决大规模气候变化危机的风险管理中[2]。目前，国际社会一方面在积极筹措适应基金，并建立适应气候变化的国际资金机制；一方面也在积极探索适应灾害风险的全球保险机制，即借助资本市场、国际国内再保险市场及政府公共福利支出实现风险分担，同时呼吁发达国家和私营部门帮助发展中国家建立新型的保险和融资服务体系。有些发展中国家已开始采取行动，例如，在埃塞俄比亚，世界粮食计划署（WFP）协助其建立了一种专门为农民提供的天气保险（weather index-based insurance），如果3～10月的降雨量没有达到保险合同的规定，农民就能得到相应的赔偿；在印度，一些小额贷款机构与瑞士再保险公司合作，为农民提供与季风和降雨量相关的“天气保值”（weather hedges）保险，一个社区每年只要支付1600美元的保险费，就可在灾情发生时获得最高金额为15万美元的赔偿。

此外，由于认识到保护全球生态系统对于增强适应能力的积极作用，国际社

[1] UNDP，“2007—2008年人类发展报告——应对气候变化：分化世界中的人类团结”，联合国开发计划署，2007，165.

[2] 世界银行．2003年世界银行发展报告：变革世界中的可持续发展[M]. 北京：中国财政经济出版社，2003，182.

会已经开始采取行动。印度尼西亚政府宣布将建立一个面积达 2000 万公顷的世界上最大的海洋保护区；挪威政府承诺在未来 3 年内每年提供 6 亿欧元用于森林保护；德国政府拟在 2013 年之前出资 5 亿欧元保护全球森林，同时提供 4000 万欧元启动资金用于“生命网络倡议”行动，为发展中国家建立新的海洋和陆地保护区提供资金和技术支持。

（三）适应气候变化的政策需求

面对气候变化给社会经济和全球可持续发展带来的深远影响，适应气候变化已经成为各国政府、环保组织、企业界和社会公众的共识。不论是发达国家还是发展中国家，都意识到了应该采取积极的政策和行动，以应对未来可能面临的气候变化风险。尽管国际社会和各国政府都已经努力或者开始关注适应问题，目前看来，适应还存在着许多障碍因素，例如：对影响机制的深入了解不足，影响在时间与范围上的不确定性，利用历史信息推断未来决策，关注短期适应成本甚于长期适应，难以在政治层面推动决策者的行动或促成利益相关方的协商，不同行业与级别的政府部门的协调存在问题，短缺的一次性资源(one–off resources)等等。适应气候变化是发展中国家最为关心的问题，如何利用国际机制和国内政策弥补发展水平、资金投入、基础设施、科学研究、公众意识等方面的不足，是提高发展中国家适应能力的重要前提。

1. 适应的政策设计

适应被界定为个人、机构和政府为了减小气候变化的损害（或扩大其潜在收益）而进行的一种政策调整或行为变化。欧洲政策研究中心（CEPS）分析了多个适应项目的案例之后指出，作为公共政策的适应行动，应该基于以下 7 个主要目标来进行设计[1]：①气候变化科学信息与相关知识的教育和传播；②气候灾害的早期预警和灾害救助（early-warning & disaster relief）；③促进适应研究和技术的市场化；④对关键的脆弱部门提供气候防护（climate-proofing）；⑤水利、交通、能源等基础设施的发展与规划；⑥合理调节适应的溢出效应（regulating adaptation spillovers），避免脆弱群体承受更多的社会成本和经济风险；⑦在公共健康和环境政策领域促进气候影响的公平补偿。

由于气候变化风险发生的不确定性，在不同地区和社会群体间影响分布的不

[1] Center for European Policy Studies，“Adaptation to Climate Change: Why is it needed and how can it be implemented?”，*CEPS policy brief*，No.161.May 2008，http://www.ceps.eu.

均衡性，单一群体或区域的适应行动可能存在的负的外部性等因素，使得适应政策具有环境公共产品的性质，因此，大多数领域的适应政策主要是以政府提供的公共产品为主，例如农业、生物多样性、水资源管理、卫生保健、环境基础设施、扶贫、减灾和社会救助等等。但是，在某些领域也可以充分发挥私人部门和市场机制的作用，包括新能源开发、保险、商业气象服务、生态旅游等等。以风险分担机制为例，需要从个人、社会、企业和政府的不同角度进行考虑。例如，我国的农业保险因为灾害频发损失巨大导致商业保险逐渐退出这一领域，造成大部分损失都不得不由农户自己承担。近些年，我国许多城市因为台风、暴雨、高温、雷电、大雾等导致的疾病、交通事故和意外事件增多，人们的风险保障意识和对保险的需求也随之增加，但是商业保险还远不能满足现实的需要。对于中国这样的发展中国家而言，除了鼓励商业保险进行保险创新开发与气候风险有关的保险产品，还应当利用政策保险的优势，扶植日渐脆弱的农业保险，同时还需要进一步提高医疗、失业、养老等各种社会保险的覆盖水平，从而建立起多层次的、广泛覆盖的风险分担机制，以普遍增强社会公众应对风险的能力。

2. 将适应纳入发展战略

对发展中国家而言，为了减小日益增加的气候风险和损失，增强适应能力，应当对适应进行持续的、有计划的政府投入，“着眼长远，促进可持续发展”应当被作为发展中国家适应气候变化的基本原则之一。此外，各国应将适应气候变化作为落实千年发展目标的重要组成部分，推动将适应问题纳入国家经济和社会发展战略。国际社会，特别是发达国家应本着共同发展的伙伴精神，根据公约原则，帮助发展中国家提高适应能力，增强应对气候灾害的能力。

适应与发展目标的协同实现，就是要在制定具体政策时，综合考虑多个社会发展目标，包括：适应气候变化、经济增长、缩小贫富差距、促进社会资源的公平分配、保障弱势群体利益等等。这需要尽可能地充分利用现有的政策立法体系和制度优势，在改善制度环境的同时，提升整个社会应对风险的灵活性和适应能力。一方面，有针对性地选择重点领域，将适应活动与关键行业的政策相结合；另一方面，从国家或地区发展战略的角度制定一系列的配套政策，促进适应行动在国家和地方层面的主流化。例如，除了资金渠道之外，发展中国家的适应重点应该放在信息公开、基础设施和社会保障等方面，这些既是增强适应能力的措施，也是增进可持续发展能力的途径。对于中国而言，适应战略与可持续发展战略的整合，可以从现有的政策和工作重点出发积极推进，这些政策包括：建设资源节约型和环境友好型社会，发展循环经济，加强生态保护和建设，促进经济发展与人口资源环境相协调等。

3. 适应的资金机制

适应问题的核心是资金问题，考虑到气候变化的长期影响，国际社会正在积极推动全球适应的资金机制，并努力将适应纳入各国的发展政策之中。与减缓相比，适应所需的资金更加庞大而且难以准确估计，而且适应资金常常会“挤出”部分发展投资，这为通过适应来推动全球经济的可持续发展带来了一定的难度和不确定性。适应的成本与收益分析有助于以符合成本有效性的原则采取行动。

目前，UNFCCC 的适应项目主要是以全球环境基金（GEF）作为资金渠道实施的，预计可获得的多边援助资金总额可达到 2.79 亿美元，但是与一些发达国家的适应资金比较，这些渠道提供的资金只不过是杯水车薪。例如，德国一个城市的防洪资金就是这一总数的两倍；意大利威尼斯市为保护城市免遭海平面上升的威胁，计划投入 38 亿美元[1]。据 UNFCCC 秘书处估计，发展中国家到 2030 年至少需要 280 亿～ 670 亿美元的适应资金，这大约相当于未来全球每年投资的 0.2% ～ 0.8%，或者 2030 年 GDP 的 0.06% ～ 0.21%。UNDP 指出，气候变化将促使援助转换成灾难救济，到 2015 年，每年至少需有 440 亿美元（2005 年价格测算）用作“气候防护”发展投资，需要 400 亿美元用于加强国家减贫策略，还需要 20 亿美元用于救灾和灾后恢复[2]。

4. 适应能力建设

能力建设不仅是适应气候变化的要求，也是促进可持续发展目标的要求。对于发展中国家而言，加强影响机制研究，开发适应技术、加强科普宣传、提高公众意识、改善机构设置、培训决策管理者和技术人员、加强国际合作与交流等等都是提高能力建设的有益途径。

根据国情需要，中国在增强适应气候变化能力方面提出了一些重点任务[3]。首先，在增强适应能力和生态脆弱性方面，要加强农田基本建设，合理开发和优

[1] 世界银行 . 2003 年世界银行发展报告：变革世界中的可持续发展 [M]. 北京：中国财政经济出版社，2003，180.

[2] 世界银行 . 2003 年世界银行发展报告：变革世界中的可持续发展 [M]. 北京：中国财政经济出版社，2003，184.

[3] 胡锦涛：走可持续发展道路加强应对气候变化能力建设 [R/OL]. http://news.xinhuanet.com/newscenter/2008–06/28/content_8454350.htm，2008-06-28.

化配置水资源，继续开展生态保护重点工程建设，加强气候变化综合影响评估。其次，发挥科技进步和创新的作用，加快适应领域重大技术的研发和示范，加强应对气候变化基础研究，加强气候变化领域国际科技合作。再次，要健全应对气候变化的管理机构和制度体系，完善相关的法律法规，建立多部门参与的决策协调机制，建立、完善多灾种的监测预警应急机制，建立全社会广泛参与应对气候变化的行动机制，特别是要提高应对极端气象灾害的综合监测预警能力、抵御能力、减灾能力。最后，提高全社会参与的意识和能力，培育适应气候变化的社会基础和制度环境。

三、技术

作为应对气候变化的实用工具，技术发挥了决定性的作用。开发温室气体排放量较低的技术以及传播创新以减缓及应对气候变化对于发展中国家及发达国家减排十分关键。因此技术创新及其后续传播为当前有关后京都议定书时期气候管理谈判的核心内容。由于存在“共同但差别化的责任及各自的能力”，尽管应主要由发达国家承担这方面的主要工作，但不应低估发展中国家作为气候相关技术来源及传播工具的潜在作用。

发展中及新兴国家在对抗全球变暖问题方面采取切实措施方面正面临日益增强的国际压力，特别是温室气体减排。发展中国家在限制全球变暖方面所遇到的障碍为其所获得的有限的气候友好型技术及其所造成的问题。《联合国气候变化框架公约》第 4.5 条建议采用南北技术转移机制作为发展中国家应对气候变化挑战可能采用的解决方案。它要求发达国家签署国“推动，促进及资助（如适当）向其他方，特别是发展中国家转移，或提供具有环境安全性的技术及专有技术”。一些发展中国家在一些关键气候相关技术方面正成为世界领导者，涉及多个项目中的其他发展中国家，并通过贸易及投资流传播清洁技术。

在分析国家或国际层面上所实施的减缓及适应策略时应考虑可持续发展框架及对于经济增长，平等以及减贫可能的影响。至今，有效地转移气候相关技术并非易事，其进程也比较曲折，而且还面临需要回应在有效传播及吸收新技术方面所涉及的不同接受国的特定经济状况的挑战。此外，技术转移还应涉及适应发展中东道国特定状况的长期能力建设目标，而这是一个有时对于常规发展援助而言过于繁杂的过程。这些原因导致在常规机制（《联合国气候变化框架公约》清洁发展机制）下进行的技术转移无法获得进展，或者按照传统的南北方式进行。作为具有某些类似性的发展中国家间外国直接投资及技术传播创新方式的南南技术转移方法可消除一些困难，并且可获得有关其市场，金融及社会状况的相互了解。

（一）技术转移定义

技术转移现象的定义为“从开发及产生创新技术的国家及公司转移至接受及促进其有效实施及传播的国家及主体的过程”。除在公共领域可获得所交易的信息的情况外，技术转移包括费用非常高昂的学习过程，而此费用实质上涉及合作伙伴间信息交易的方式。实际上，技术转移为一个综合性的概念，包括隐性知识，以及涉及通过不同途径流动的专有技术，经验及设备的广泛的过程，而不同的实体干预及影响这些过程。技术转移包含在广泛的活动之中，但仅有三大方式可跨国利用及获得技术：贸易，许可及对外直接投资。通过购买接受国无法通过商业途径获得的设备及知识进行货物及服务交易为国际技术传播途径，同时借此可获得往往存在于公司内部或无关公司间的技术信息，专有技术，创新技术生产及分销权的技术许可。与此相对照的是，通过对外直接投资进行的技术转移（其定义为外国公司对本地公司的生产型资产所进行的投资——不仅包括提供中间产品及服务的公司，或处于相同生产链阶段的公司之间的横向及纵向联系，还包括跨国人员流动以及研发活动本土化过程）。由于为应对气候变化而进行的技术转移过程的复杂性，可通过审视实际技术流动中所涉及的不同部门及特定的技术传播融资模式来进行分析。例如，可通过公共部门资助及投资的方式支持技术传播。实质上为支持气候变化项目而开展的双边及多边政府发展援助项目所采用的南北技术及资金流代表了这种传统的技术转移方式，并且在《联合国气候变化框架公约》中有关清洁发展机制的技术转移项目之中也采用了这种技术转移方式。确立公共及私人部门在特定环境友好型技术项目中的合作关系的国际协议中展现了气候变化相关技术的另一种传播方式。

目前，欧盟正在其与中国及印度签订的双边协议中，以及美国在亚太清洁发展及气候合作伙伴计划中推行及制定这些不仅涉及政府而且还涉及公司及行业协会的特定技术协议。尽管如此，尚不清楚通过公私合作而进行的有效的技术传播是否从属于合作关系中所涉及的国家的政治优先级，并因此而受到损害。第三个可行的技术转移方式为完全基于其市场及竞争业务策略运作的、但可作为有效的技术传播媒介（特别是通过商品及服务交易以及对外直接投资）的跨国公司。本人在研究中重点关注私营部门的技术转移，因为“在应对气候变化方面考虑提升投资及资金流动方的方式时，很重要的一点是注重私营部门投资的作用，因为它们在投资及资金流量中占据了最大的份额”。这个私营行业中的国际技术传播示例特别有趣，因为这种技术转移模式利用了发展中国家在作为私人投资以及气候友好型技术来源方面的作用。正是这个示例引起人们对于当前传统技术转移地理特征方面所出现的变化，即南南技术转移，因为至今人们还只是注重南北流动模式而未能考虑发展中国家正成为气候友好型技术日益重要的来源国这一情况。

（二）应对气候变化方面的创新趋势及投资

发展中国家间具有环境安全性的技术转移不仅是有关当前知识交换方面可能的解决方案的一个诱人的建议，而且说明了国家间技术合作方面重要的现实情况。一些发展中国家及新兴国家正以气候友好型技术的首要出口国的身份登上国际舞台，而这些技术来自于南南及南北技术转移。最近几年跨国创新水平变化迅速，特别是气候问题缓解创新的地理分布情况及其国际传播。专利数据可较好地说明创新活动的地理及临时趋势，从而可以进行跨国比较。

因此，欧洲专利局 / 组织为经济合作及发展世界专利统计数据库有关 1978—2005 年 13 个气候问题缓解领域方面专利应用存档资料而收集的结果特别有趣。在创新活动地理分布方面，专利统计数据库明确表明创新水平高度集中：前 12 大国家占世界气候相关发明的约 90% 的份额。

四、资金

共同愿景、减缓、适应、资金与技术转移是气候变化谈判中的主要议题，由于减缓、适应和技术转移都有赖于资金的落实，因此，建立资金机制成为气候谈判的关键问题之一。目前 UNFCCC 内的资金机制主要有全球环境基金（GEF）、气候变化特别基金（SCCF）、最不发达国家基金（LDCF）和适应基金（AF）。此外，UNFCCC 外也存在通过多边机构或双边渠道成立的多边和双边资金机制，这些资金机制独立于 UNFCCC，不受其指导。

（一）《联合国气候变化框架公约》内的资金机制

《联合国气候变化框架公约》内的资金机制主要由全球环境基金（GEF）、气候变化特别基金（SCCF）、最不发达国家基金（LDCF）和《京都议定书》下的适应基金（AF）构成。其中，GEF 是资金机制的主体，不论从职能上还是增资规模上都发挥着主要作用。

1. 全球环境基金

全球环境基金由联合国开发计划署（UNDP）、联合国环境规划署（UNEP）和世界银行于 1991 年共同成立，是多个多边环境协议和公约（包括 NFCCC）的资金机制。目前，GEF 主要在七个项目领域进行资助，分别是生物多样性、气候变化、国际水域、土地退化、臭氧层破坏、持久性有机污染物等重点领域。

2. 最不发达国家基金

最不发达国家基金（LDCF）于 2002 年 11 月成立，以帮助经济和地理环境最不发达的国家应对全球气候变暖带来的脆弱性影响。LDCF 由 GEF 管理，主要领域为支持这些国家进行适应气候变化行动计划（NAPA）的编制，并为 NAPA 的紧急和优先适应措施提供资助。

3. 气候变化特别基金

气候变化特别基金（SCCF）于 2004 年 11 月成立，也由 GEF 托管。SCCF 对 GEF 信托基金和其他双边与多边基金起补充作用，在与气候变化相关的活动、计划和措施方面提供资助，优先资助领域为适应问题。

4. 适应基金

为支持缺乏资金、技术、基础设施和人力资源的发展中国家应对气候变化带来的生态风险，在 2007 年巴厘岛气候变化大会上，联合国宣布批准成立气候变化适应基金（AF）。2008 年，波兹南气候变化会议启动了适应基金，并通过 2009 年的工作计划。与 SCCF 和 LDCF 不同，适应基金的资金来源并非由发达国家提供，而是由通过拍卖《京都议定书》下清洁发展机制（CDM）的经核实的减排量（CERs）所得资金的 2% 而来。适应基金由世界银行托管。

5. 快速启动资金

2009 年，哥本哈根气候变化大会提出建立“快速启动资金”。发达国家承诺在 2010—2012 年，每年向发展中国家提供 100 亿美元，到 2020 年每年提供 1000 亿美元。快速启动资金旨在为短期内的 300 亿美元做出贡献。截至 2011 年 5 月底，共有 22 个发达国家承诺捐资，承诺金额约为 260 亿美元，其中兑现资金约为 57 亿美元。目前这些资金还没有落实到任何发展中国家。

（二）《联合国气候变化框架公约》外的资金机制

全球环境基金、最不发达国家基金、气候变化特别基金和适应基金是UNFCCC 内的资金机制。发展中国家坚持公约内的资金机制应在气候变化资金来源中占主导地位。实际上，在公约外已经出现了一些通过双边或多边渠道而建立的资金机制。

1. 公约外的双边气候基金

气候双边机制指由一个国家向另一个国家提供资金资助，以支持受援国适应和减缓气候变化的行动。目前，欧盟、英国、日本和德国等国都成立了气候双边基金或倡议，如欧盟的全球气候变化联盟（GCCA）、英国的环境转型基金国际窗口（ETF–IW）、日本的“凉爽地球”合作计划和德国的国际气候倡议等。这些双边基金旨在为应对气候变化减缓和适应行动提供直接或间接的资金支持。

所有这些双边基金都对受援国家进行了区域选择或指定了捐赠标准。比如，英国的 ETF–IW 将面向中等收入国家开展基于借贷的援助；而欧盟的 GCCA 则以最不发达国家和小岛国为主要的支持对象；挪威的 NORAD 基金将支持的重点区域定为刚果盆地，亚马逊流域和东南亚；澳大利亚 GIFC 则支持东南亚的印尼和太平洋的巴布亚新几内亚，在未来可能设定可持续指标方面的标准进一步限定资助范畴；西班牙 MDG 基金通过制订合作计划对制定的 59 个国家进行支持；日本的“凉爽地球”计划要求合作国家承诺发展低碳经济。

需要指出的是，在这些双边基金的资金构成中可能将传统的政府官方发展援助（ODA）包含在内。随着气候变化受重视程度日益增加，很多 ODA 和双边合作都将气候变化领域作为援助对象。

2. 公约外的多边气候基金

多边气候基金是由国际捐资国依托国际机构提供的资金，用于支持气候变化行动。UNFCCC 外存在多个多边资金机制。2007 年以来成立的主要基金有世界银行森林碳合作基金、世界银行清洁发展基金、世界银行战略气候和气候恢复指引计划、亚洲开发银行的清洁能源融资伙伴关系等。亚洲开发银行 2007 年建立的清洁能源融资伙伴计划，在 2008 年筹资 2.5 亿美元。

由美国、日本和英国联合发起的气候变化投资基金（CIF），在 2008 年由世界银行和多边发展银行合作成立。该基金包括两个子基金——战略气候基金（SCF）和清洁技术基金（CTF）。SCF 在可持续发展的框架下，帮助发展中国家应对气候变化，促进该领域的投资，同时也设立了其他三个子资金——气候恢复指引计划（PPCR）、森林投资计划（FIP）和扩大低收入国家可再生能源计划（SREP）。CTF 旨在推动低碳技术发展规模，并以成本有效的方式减少受援国的温室气体排放。

（三）CDM 私营部门融资

在国际碳市场，如果碳减排量能够通过认证，则该碳减排信用可以通过市场交易进行买卖。碳市场融资指通过碳市场买卖减排信用额获得的资金。目前主要有三类碳市场，一种是 UNFCCC 下《京都议定书》中的联合履行（JI）和清洁发展机制（CDM）形成的市场，一种是欧盟的配额交易市场（EU ETS），一种是自愿碳交易市场。

第七章　温室气体排放趋势与碳预算管理

一、温室气体排放趋势

温室气体种类很多，目前人们通常所关注的温室气体涉及《京都议定书》中所列的6种，分别是二氧化碳（CO_2）、甲烷（CH_4）、氧化亚氮（N_2O）、氢氟烃（HFCs）、全氟烃（PFCs）及六氟化硫（SF_6）。为简化分析，这里分析的温室气体排放仅指二氧化碳（CO_2），并按照《京都议定书》口径，把国家划分为附件一国家（发达国家）和非附件一国家（发展中国家）。由于数据可获得性，将工业化革命以来，即1860—1990年的排放称为历史排放；将1990年以来的排放称为现实排放。

（一）全球 CO_2 历史排放轨迹（1860—1990）

发达国家人均历史排放和累计历史排放都远高于发展中国家，发达国家对全球温室气体历史排放负有不可推卸的责任，并应该承担更多减排义务。

图1表示了1860—1990年附件一国家与非附件一国家以及全球 CO_2 年排放量增长情况。对于附件一国家，在这130年间的前65年，CO_2 年排放量只增长了9亿吨碳，而后65年却增长了28亿吨碳，约是65年前增长量的3倍。对于非附件一国家，前65年的排放极其微小，其排放量在后65年才有明显的增加，从1935年的0.7亿吨碳增加到1990年的19.6亿吨碳[1]，但仍远低于附件一国家的排放量。

温室气体在大气中具有一定存留期，某一时点的排放在存留期内对未来浓度都会产生影响，而且影响程度随时间的推移逐渐衰减。例如，二氧化碳的存留期为140年。30年后对浓度影响将衰减为原来的81%，经过100年则衰减为49%。同时，地面增温速率（即辐射强迫，radiative forcing）与温室气体浓度成正比，而全球平均地面增温又与辐射强迫的时间累积成正比。由此，在某一时段内，由已知时段起点的初始温度和时段内每年温室气体排放量的情况下，通过"排放—浓度—辐射强迫—增温"之间的定量关系，可以得出该时段终点由温室气体

[1]　1吨碳等同于44/12=3.667吨二氧化碳。

排放引起的全球地面平均增温，即温室气体的“有效排放”。通过这种方法计算，1860—1990年累积排放量居前10位的国家是：美国31.03%、前苏联16.20%、德国7.01%、中国6.08%、英国5.15%、日本3.84%、法国2.79%、加拿大2.29%、波兰2.15%、印度1.75%。这10个国家的碳排放约占全球80%。

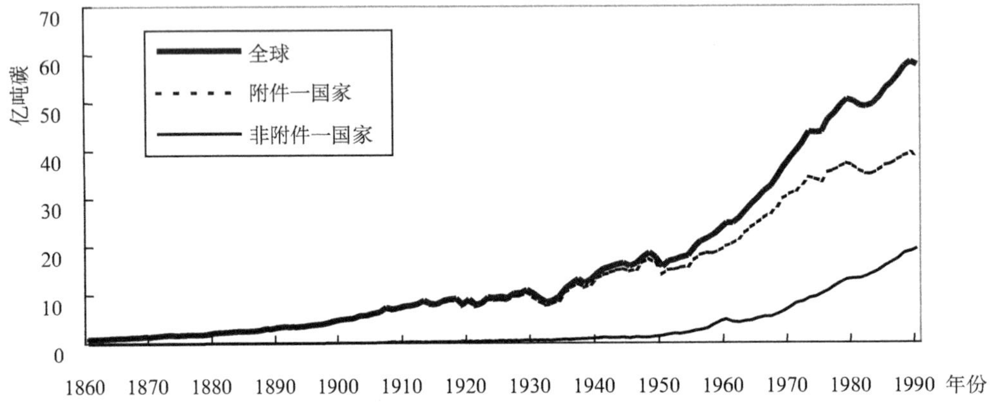

图1　1860—1990年全球及附件一和非附件一国家的 CO_2 年排放量

为了对二氧化碳历史排放责任有更清晰认识，有必要对附件一国家与非附件一国家这两大集团的累计排放情况进行比较（将1990年数据与历史排放数据相比较）。考虑历史责任后，附件一国家与非附件一国家的排放比将由1990年的66%：34%变为78%：22%，中国碳排放占全球比例由1990年的11.1%降至6.05%，亚洲其他国家的碳排放比例也将由12.2%降至5.96%，而北美与西欧将分别由25.5%、15.5%升至33.32%、21.72%。这更加说明了发达国家是二氧化碳排放的主要贡献者，而发展中国家的排放只是在近年来随着经济的迅速发展才有所增加。

从总量上看，一些发展中大国如中国、印度在全球温室气体的排放中也占较大份额。但这种总量指标忽略了一个基本事实，就是发展中大国人口众多。如果按人均温室气体排放计，发展中国家的排放远低于发达国家水平。图1表示了1860—1990年全球、附件一国家和非附件一国家人均 CO_2 年排放量。1990年全球人均排放量为1.01吨碳/人，附件一国家的为3.25吨碳/人，比全球平均值高2.2倍，而非附件一国家1990年的人均排放量仅为0.48吨碳/人，不及附件一国家的1/6。实际上，附件一国家1880年人均排放就达到0.56吨碳，比非附件一国家1990年的水平还高。若考虑累积人均排放，则1860—1990年全球累积人均排放量为78吨碳/人，附件一国家为231吨碳/人，为世界平均水平的3倍，非附件一国家为15吨碳/人，仅相当于世界平均水平的1/5。美国高达453吨碳/人，是世界平均水平的6倍，而中国为13吨碳/人，仅相当于世界平均水平的1/6，是美国的1/35。虽然中国目前是仅次于美国的第二大排放国，但无论年人均排放还是历史累积人均排放都远低于世界平均水平，更低于美国[1]。

美国迟迟未签订《京都议定书》，其原因之一就是认为像中国、印度这样一些发展中国家，其绝对排放量大，而且排放量增长极快，应承担减排责任；而这些发展中国家认为像美国等发达国家应承担更多的历史责任。究竟谁是谁非，我们以中国和美国这两个最大碳排放国家从1860—1990年的排放绝对量进行比较。美国的排放量自1860年就开始了较快增长，而中国的排放量从1950年起才开始有较大增长。美国在1937年的排放就达到了6.3亿吨碳，相当于中国1990年的排放水平（见图2），如果考虑人口因素，则中国人均历史排放远低于美国。

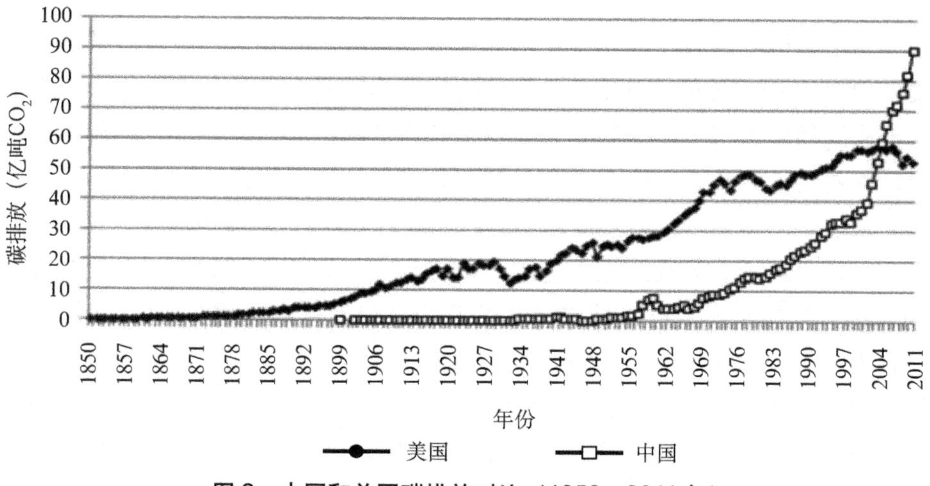

图2　中国和美国碳排放对比（1850—2011年）

数据来源：世界资源研究所，CAIT，Country Greenhouse Gas Emissions Data

以上分析可以看出，附件一国际对全球温室气体历史排放负有不可推卸的责任，其应该承担更多减排义务。

[1]　以上分析数据来自中国社会科学院城市发展与环境研究中心陈洪波博士后出站报告。

（二）全球 CO_2 现状排放格局与未来趋势

1. 1991—2005 年全球二氧化碳排放状况

从现状排放来看，发达国家无论是人均排放还是绝对排放都远高于发展中国家，但发达国家排放趋势已比较平稳；而发展中国家由于存在经济快速发展和人口增长双重动因，其人均排放和绝对排放在近年来呈现明显上升趋势。

人类活动排放的温室气体最主要部分是消费化石能源而排放的二氧化碳，这里我们使用 1991—2005 年与能源消费有关的二氧化碳排放量来分析全球温室气体现实排放状况，以下分析所用的原始数据均来源于美国能源信息局（http：//www.eia.doe.gov/environment.html）[1]。

由于各国数据量庞大，这里我们仅选择主要经济体和排放量大的国家作为分析案例，将未列入的国家全部纳入“其他国家”一类。为说明发展中国家和主要发达国家近年来的排放状况，我们选定中国、印度、巴西三国为一类，代表发展中国家，暂称为“发展中三国”；同时，选取美、英、德、日、法、意、加、俄等 8 个主要经济体国家为一类，暂称为“G8”。

从以上分析可以看出，工业化国家现状人均排放和历史累计排放都远远高于发展中国家，发达国家对减缓世界气候变化应承担更多历史和现实责任。发展中国家排放虽然属于“生存排放”，但由于其人口基数大、增长快，绝对排放量增长快，本着对世界负责的态度，这些国家也应转变经济形式和控制人口增长，在发达国家的帮助下走可持续发展之路。

由于技术进步、低碳或无碳能源比例的提高，能源供应的碳强度逐渐降低，对 CO_2 的排放起到一定抵消效应（这种抵消效应不可能长期存在）。发达国家由于拥有先进的技术和生产力，能源利用效率高，低碳或无碳能源比例大，因此其 GHG 排放强度低于发展中国家。2004 年，附件一国家占全世界人口的 20%，创造了 57% 的世界总产值，GHG 排放占全球 46%；而非附件一国家占世界人口的 80%，创造了 43% 世界总产值，GHG 排放占全球 54 %。如果采用每个 GDPppp 单位 GHG 公制排放量计算，则附件一国家产生的 GHG 强度为 0.68 公斤 CO_2 当量 / 美元 GDPppp，而非附件一国家则为 1.06 公斤 CO_2 当量 / 美元 GDPppp。

---

[1] 根据美国能源信息局提供的数据信息，此处的二氧化碳排放量是指与煤、石油、天然气等化石能源有关的二氧化碳排放数据。

2. 未来 20 年全球二氧化碳排放趋势

延续现行的气候减缓政策和相关的可持续发展做法，未来几十年全球温室气体排放将继续增加，且与能源相关的 GHG 排放增量主要来自于非附件一国家。

根据 IPCC 第四次评估报告，在 SRES 非减缓情景下[1]，预估在 2000—2030 年间全球 GHG 排放量将增加，增幅区间为 97 亿～ 367 亿吨 CO_2 当量（2000 年温室气体排放量为 398 亿吨 CO_2 当量）。在 SRES 各情景中，预估到 2030 年甚至更长时间，化石燃料仍在全球混合能源结构中占主导地位。因此，预估在 2000—2030 年间能源利用过程中的 CO_2 排放量将在这一期间增加 40% ～ 110%。预估在能源领域 CO_2 排放增量的 2/3 ～ 3/4 将来自非附件一区域，预估到 2030 年这些区域的人均能源 CO_2 排放（2.8 ～ 5.1 吨 CO_2/ 人均）在可持续性方面仍处在低于附件一区域的人均排放水平（9.6 ～ 15.1 吨 CO_2/ 人均）。根据 SRES 情景，预估附件一国家的经济的人均 CO_2 排放量将有偏低的每 GDP 单位能源利用率（6.2 ～ 9.9 MJ/ 美元 GDP），低于非附件一区域的能源利用率（11.0 ～ 21.6 MJ/ 美元 GDP）。

3. 能源供应、交通运输、民用和商用建筑、工业、农业和林业成为 GHG 主要排放行业

能源供应。除东欧、高加索和中亚各国之外，全球能源行业碳排放一直持续上升，如果不采取有效的政策行动，预计来自化石燃料燃烧的全球 CO_2 排放至少将增加 40% 以上，即从 2000 年的大约 25GtCO_2 当量 / 年增加到 2030 年的 37 ～ 53GtCO_2 当量 / 年。2004 年，发电和热力供应的排放仅为 12.7GtCO_2 当量（占总排放的 26% 左右），到 2030 年，这些排放将增加到 17.7GtCO_2 当量。

交通运输。全球交通运输活动随着经济的增长日益增多，在发展中国家许多地区尤为如此，贸易量扩大和个人收入增长强化了对交通运输的需求。2004 年，交通运输能源占世界能源利用总量的 26%，占与总能源有关的 GHG 排放的贡献率约为 23%（2004 年交通行业的 CO_2 排放为 6.2GtCO_2 当量）。预计在今后几十年，交通运输活动将强劲增长。如果不对当前能源利用模式做出重大调整，各预估结果显示：世界交通运输能源的利用将继续以每年 2% 的速度增长，到 2030 年，能源利用和碳排放比 2002 年的水平要高出约 80%。

民用和商用建筑。2004 年，建筑行业的 GHG 直接排放（不包括用电产生的

[1] SRES 情景不包括额外的气候政策干预，这意味着不包括明确假定执行《联合国气候变化框架公约》或《京都议定书》排放目标的各种情景。

排放）约为 5GtCO_2 当量 / 年；当包括用电产生的排放时，建筑行业产生的与能源有关的 CO_2 排放大约为 8.6Gt/ 年。对于 2030 年建筑行业的 CO_2 排放量，第四次评估报告根据不同情景做了分析，包括用电产生的排放在内，其变化区间大约在 11.4 ～ 15.6Gt CO_2。

工业。工业 CO_2 排放量（含用电）从 1971 年的 6.0GtCO_2 增长至 2004 年的 9.9GtCO_2（约占当年总排放量的 20%）。根据第四次评估报告的情景分析，2030 年工业 CO_2 排放预估大约为 14GtCO_2（包括用电）。

农业。2005 年，农业排放估算为 5.1 ～ 6.1GtCO_2 当量（占全球人为 GHG 排放的 10% ～ 12%），其中 CH_4 产生了约 3.3GtCO_2 当量，N_2O 产生了约 2.8GtCO_2 当量。在 2005 年全球人为 GHG 排放中，农业 N_2O 排放占 60%，CH_4 占 50%。农业 GHG 排放趋势是对全球变化的响应，随着饮食变化、人口的增长和对粮食需求的增加，预计排放将增加。新兴技术也许减少粮食产量单位的排放量，但绝对排放量有可能增加。如不出台其他政策，到 2030 年预估农业 N_2O 和 CH_4 排放将分别增加 35% ～ 60% 和 60%，超过 1990—2005 年观测到的 14% 的非二氧化碳 GHG 排放增幅。

林业。全球森林覆盖面积约为 39.52 亿公顷，约占全球陆地面积的 30%，林业碳排放主要来自于毁林。在 2000—2005 年间，全球毁林总速率约为 1290 万公顷 / 年，由于造林、景观恢复以及森林的自然扩大，森林面积的净损失为 730 万公顷 / 年，低于 20 世纪 90 年代的 890 万公顷 / 年（20 世纪 90 年代，毁林造成的碳排放估计在 5.8GtCO_2/ 年)。关于林业的碳排放趋势，由于各种原因目前缺乏公认的研究。第四次 IPCC 报告显示，2030 年土地利用变化和林业的基线 CO_2 排放将与 2000 年持平或略有下降。

二、公平与效率问题

（一）气候变化中的公平要求

气候变化的公平主要体现为国家间责任分配的公平，因此目前是以国家为主体的形式实现的。大体而言，和其他环境问题一样，气候变化问题中的公平也包括代际公平和代内公平两个方面。

1. 代际公平

代际公平的理论最早由美国学者埃迪·维丝提出。她认为每一代人都是后代人的地球权益的托管人，并提出实现每一代人之间在开发利用自然资源方面的权利的平等。代际公平由三个基本原则组成：首先，每一代人均应在享受自然和文化多样性的同时保留后代人在解决他们的问题和满足他们的价值时可以得到相应的多样性的选择。其次，每一代人均应在享有前一代人所享有的自然环境质量的同时保证后一代人也能事受不比现在更糟糕的环境质量。再次，每一代人应对其成员提供平等取得和利用前代人的遗产的权利并为后代人保存这种取得和利用权。

代际公平理论是可持续发展思想的基础。在气候变化国际立法中，代际公平理论是重要的指导思想。框架公约规定"各缔约方应当在公平的基础上，并根据他们共同但有区别责任和各自的能力，为人类当代和后代的利益保护气候系统"。可见公约把代际公平共同作为了整个框架公约的立法目标。也可以说，实现代际公平是整个气候变化国际立法的最终目标。

2. 代内公平

代内公平是指同一时代的所有人对于自然资源和清洁环境享有平等的利用权。然而可以说在历史上和当今时代，发达国家和发展中国家在自然资源和环境的利用上存在着严重的不公平，这种不公平是由不平等的国际政治经济秩序所造成的。代内之间对自然资源和环境利用的不公平不仅造成了发达国家与发展中国家之间经济水平的差异，也制造了人类的环境危机，一方面发达国家凭借经济优势消耗浪费了大量的自然资源，另一方面贫穷的发展中国家为了谋求发展不得不大量开采资源和破坏环境。

在气候变化国际立法中，代内公平的思想主要通过共同但有区别原则和污染者负担原则体现出来。框架公约规定各缔约方应在公平的基础上，并根据他们共同但有区别的责任和各自的能力，为人类当代和后代的利益保护气候系统。因此，发达国家缔约方应当率先应对气候变化及其不利影响。《京都议定书》将这种思想转化成了具体的制度安排。其规定发达国家和经济转型国家要根据各自能力承担强制减排义务，而发展中国家无须承担强制减排任务。议定书还建立了有助于发达国家向发展中国家提供资金和技术援助的清洁发展机制（CDM）。这是区别责任原则的体现。但发达国家的率先行动并没有否认发展中国家在控制温室气体排放上的责任，不过这个责任主要体现在发展中国家对自身减缓和适应能力的建设上。这又体现了共同责任原则。

污染者负担原则是代内公平的另外一个体现。这一原则的现实基础是温室气体排放在地域、人口以及行业上的严重分布不均，继而要求不同国家、地区和行业承担相应的责任。不过近年来污染者负担原则有了新的发展，即所谓受惠者负担原则，受惠者负担原则的提倡者认为污染者负担原则不能体现真正的公平，在污染源即产品生产已经被大量转移到发展中国家，而产品真正的受惠者却在发达国家，而消费者在选择产品的同时也应当承担所选择产品包含的环境责任。然而笔者认为受惠者负担原则也不能真正体现公平的价值，因为一方面生产者即污染者在选择生产方式时仍然有较大的选择余地，故而也应该承担部分责任，另一方面一旦选择消费者承担责任，这种责任也必然通过市场机制部分转移到生产者即直接污染者身上。因此，污染者负担原则和受惠者负担原则应该相互补充，共同适用。

（二）气候变化中的效率要求

减缓和适应气候变化是对各国原有经济和社会发展模式的重大挑战，一方面各国的经济增长会因此而遭到抑制，另一方面各国居民原有的生活方式也必须改变。在目前看来，这个转变过程充满了阻力，各国均希望以最低的成本履行减缓和适应义务。从这个角度出发，气候变化国际立法中的效率要求应包括两个方面：

1. 减缓和适应气候变化的目标实现

减排目标的实现和各国适应气候变化能力的建设是效率要求的基础和前提条件。要实现框架公约及其下其他协定中确立的气候变化减缓目标，减排指标的分配必须要立足于各国环境技术水平，其各种规定应当考虑到技术和经济上的可行性。但要注意当今世界环境技术和经济的发展是极不均衡的，环境技术的交流也是很不充分的，不能用全球整体的技术和经济发展水平来衡量每个国家的相应水平。另外，减排目标的实现与各国生产和生活特点有密切关系。不同的生产和生活习惯会导致截然不同的减排可能性。

2. 减排义务履行的成本控制

以最低的代价实现目标，这是效率的核心要义。使各国减缓和适应行动对经济发展造成的负面影响降到最低是气候变化国际立法的又一重要准则。具体而言，需要考虑以下几个因素：

其一，温室气体减排不能过度影响经济的发展速度。实现环境与经济协调发展是当今时代为大多数国家所采纳的发展思想。温室气体减排必然会影响经济的发展，如何使影响降低到履约各方都能接受的合理程度大体上也就决定了各国对应对气候变化的接受程度。美国拒绝签署《京都议定书》的重要理由之一就是减排对美国经济发展影响过大，而现在许多国家要求中国等发展中排放大国承担强制减排义务的要求很难实现的根本原因就是作为技术装备落后的国家，强制减排必然要求全国各行业机器设备的大规模更新，发展中国家无力也不愿承担这样的巨大投资。履约成本过高会使任何立法失去合理性。

其二，预防措施为主，降低治理成本。事后治理的成本要远远高于预防的成本，而且某些环境危害具有不可逆转性，事后治理是徒劳无功的。从这个角度出发，强调预防是控制减排义务履行成本的有效措施。就温室气体减排来说，要将大气层中的温室气体浓度降低，几乎为人力所不能及。有学者认为，人类目前有效的办法只能是控制排放和适应气候变化。《气候变化框架公约》第 2 条规定，公约的目标是将大气层中温室气体的浓度稳定在防止气候系统受到危险的人为干扰的水平上。公约第 3 条第 3 款又规定当存在造成严重或不可逆转的损害的威胁时，不应当以科学上没有完全的确定性为理由推迟采取这类措施。这两条规定反映的正是环境立法中的损害预防原则和风险预防原则。即有损害将发生或存在不确定的损害危险时，各国均应采取有效措施预防。

其三，寻求低成本的替代性履行途径。这种方法实际上是将环境责任加以软化，力求在不过于影响立法目标实现的基础上，降低和分散缔约国的履约成本。例如鼓励多国合作，在技术和资金上取长补短。还有用其他替代性方式来弥补其对环境的损害。用这种方式的缺点是容易为缔约国制造规避责任的途径。

三、碳预算管理框架

一些学者建议将累积排放作为反映与气候变化有关的全球可持续程度的首选指标。这一思路恰好吻合公平实现可持续发展的要求，而采用累积排放水平与全球大气层承载力之间的关系，也能确定为保证全球温升不超过 2℃ 未来各地区所允许的排放水平。

采用累积排放的方法[1]，结合已经发生的 CO_2 实际总排放水平，当确定一个最高温升（即相对工业革命前的温度提高）目标，就可以估计出全世界在 2000—2049 年间所能排放的 CO_2 总量。由于各种科学上的不确定性，对任一给定的排放水平所能引起的最高温升幅度，只能以概率的方式来加以预测（一般

[1] 下文将介绍如何根据巴西方案来计算历史责任。

表述为“不超过最高温升的可能性为……”）。表 12 总结了各种概率下的 CO_2 排放总量。同时也列出了 2000—2049 年间所允许的所有温室气体的累积排放总量。

未来的全球碳预算取决于我们希望以何种概率实现最高温升控制目标。如果在未来还剩下 1000 Gt CO_2 的碳预算意味着大约有 25% 的可能性超过 2℃目标（这里暂不考虑这种预算总额的政治可行性）。而如果选择看似可行的 1440 Gt CO_2 碳预算（要保证该预算也需要实现大幅减排），将使温升超过 2℃的概率均值立即提高到 50%。

表 12　全球气温在工业革命前水平上提高 2℃的各种概率所对应的未来全球碳预算

指标	排放水平	温升超过 2℃的概率	
		范围	默认值
2000—2049 年期间累积排放的 CO_2 总量	886 Gt CO_2	8% ～ 37%	20%
	1000 Gt CO_2	10% ～ 42%	25%
	1158 Gt CO_2	16% ～ 51%	33%
	1437 Gt CO_2	29% ～ 70%	50%
2000—2049 年期间温室气体累积排放总量（《京都议定书》确定的各种气体）	1356 Gt CO_2 当量	8% ～ 37%	20%
	1500 Gt CO_2 当量	10% ～ 43%	26%
	1678 Gt CO_2 当量	15% ～ 51%	33%
	2000 Gt CO_2 当量	29% ～ 70%	50%

来源：Meishausen et al.（2009）.

从表 12 中可以清楚地看出，在 2000—2049 年期间全球到底可以排放多少温室气体并没有明确的答案。但同时也应看到，仅在 2000—2007 年间，全球累积 CO_2 排放 [不包括土地利用和土地利用变化和毁林（LULUCF）带来的排放] 就达到了 210 Gt CO_2。因此，很难预计哪个碳预算（如 1000 Gt CO_2）是可行的。

即使这些科学不确定性能够在政府间气候变化专门委员会（IPCC）第 5 次评估报告或之后的报告中逐步减少，预防性原则也要求我们尽可能地控制排放水平。如果是在 1000 Gt CO_2 和 1440 Gt CO_2 中进行选择，显然后者才是一个可接受的预算总量，但我们还需要研究 10 年或 15 年后的技术进步情况，并确定是否更快地向低碳发展转型能够保证这种预算规模可以实现。

公平的过程与公平的结果同等重要。很显然，一条简单的准则是无法解决所有国家所关心的各种问题的，这种准则也无法在多边进程中为所有的国家所接受。因此，采取一种“准则+”（formula–plus）的方法或许更为实际，在这种方法中，本节所介绍的公平分配碳空间的方法将作为谈判进程的基准起点。在谈判中，每个国家不同的资源禀赋以及其他的具体国情都将纳入政治考量范围，通过这种方式，在简单准则的基础上附上了“+”的因素。基于公平的方案不仅在开始时可以用，而且可以作为一个持续的参照，来确定在理想状况下每个国家应该做些什么。

上述两种主要的方法都需要具备可操作性。在执行环节，关键的步骤在于确定能够准确量化的具体标准，并以此作为计算分析的依据。在本节，我们将研究各种方法所参考的三个指标，即：人均原则、历史责任和可持续发展。

（一）人均原则

在各种方法中，反映公平原则的标准要求必须有效区分国家规模的大小，因为大国需要更多的碳空间。印度方案的核心在于按照人均累积排放相等的方法来分配全球碳预算，这个总预算包括历史排放（从某个具体的起始年份开始）和未来可能的排放（到某个具体的截止年份），将人均累积排放作为碳公平的基础，并以此来分配全球碳预算。

人均方法不仅能有效保障公平，而且能区分国家的大小。采用该方法，公平获取排放空间指的是将碳空间平等地分配给地球上的每一个；然后将每个国家的个人碳空间相加，就能得到一国在全球碳空间中所占的公平份额。对碳空间进行这样的人均分配可以基于排放流量或存量。目前，仅以流量为基础的人均分配方法还无法令人满意，因此以下讨论的是基于累积排放的人均分配方法。

许多人或许会认为，像中国或印度这样的人口大国将会从人均原则中获得较大的利益，但事实并非如此。根据人均原则分配给中国和印度的碳排放空间，只够它们实现低碳发展模式。因为根据该原则，这两个国家的未来人均累积排放水平也仅能达到世界平均水平，远低于工业化国家当前的高排放水平。以上观点都能在以人均原则为基础的方法中得以验证。

只有广大发展中国家都能获得足够的技术和资金，以补偿它们在短期或中期内所损失的公平碳排放空间，才能实现公平。这点与下文即将讨论的公平实现可持续发展的其他方面也有着密切的联系。

（二）历史责任

公平原则所要求的另一个重要的标准是历史责任，该概念在非常广泛的领域内被应用，在这里我们需要对局部污染物和温室气体排放之间的差异进行区分。在处理城市大气污染和水污染等问题时，都是用排放水平作为核定污染者责任的度量指标。在这些情况下之所以可以采用这种方法，是因为这些污染物存续的时间非常短，而且污染物的浓度与排放水平成比例，因此可将排放水平作为确定减排责任的合适指标，因为污染造成的任何影响都与这些（存续期较短的）污染物有关。但是，在气候变化问题中，因为温室气体的生命周期很长，这种方法将不再适用。分配气候变化的减排责任一直是公约谈判进程的中心任务，而这也就使得当前人类活动造成的温室气体排放成为气候变化问题争议中的核心议题。但是，历史排放和这些排放所造成的长期影响同样值得我们注意。

为了使公约能更加全面、有效和可持续地得以执行，需要根据发达国家和发展中国家对造成全球平均地表温度提高的贡献将它们各自的相对责任量化；公约各缔约方都已经意识到必须要以一种公平的方式来实现科学研究所确定的长期性的目标——将全球平均温升保持在低于工业化前 2℃的范围内。[1] 当前大气层中的温室气体是自工业革命以来的历史排放累积的结果。而当前生活在地球上的这代人却因为两个世纪以前的人类活动（主要来自于发达国家）对气候系统所造成的干扰而承担后果。与之类似，当前这代人在世界各地所进行的人类活动也会对未来的气候造成影响。但是，对排放增长进行限制（尽管必须要对排放进行这样的控制）无疑会影响发展中国家的发展。因此，发达国家对发展中国家所承担的这种额外的负担应负有责任，故发达国家必须在减排时率先垂范。公约第 3.1 条第 2 句已经清楚地阐明了这一点。

历史责任是巴西方案解决公平问题的核心。在该方案中，每个国家对温升应负的责任是由双重积累过程方法学所确定的。下表列出用该方法计算确定一些国家对温升贡献的例子，并且将结果与只由累积排放决定的历史责任进行了对比。

---

[1] 在首次审阅以温升形式表示的长期目标的背景下，我们也认识到可能还需要基于最新的科学研究结论进一步强化长期性目标，包括将全球温升幅度控制在 1.5℃内。

表 13　巴西方案和历史数据所分别确定的温升贡献结果比较

	1850—2005 年 CO_2（能源使用）	1850—1990 年 CO_2（能源使用 + 水泥）
国家	世界资源研究所 CAIT（%）	巴西方案（%）
中国	8.39	3.05
印度	2.22	0.90
南非	1.10	0.21
巴西	0.80	0.32
基础四国	12.51	4.48
非附件一国家	26.48	10.35
附件一国家	73.52	89.65

根据该方案，各缔约方需要就各自未来所应承担的减排责任——该责任应该与各缔约方对温升的相对历史贡献相一致——达成协议。因为每个国家的实际排放会随时间而变，各自的相对历史责任也会随时间而变，因此需要对各国应承担的减排责任进行定期核定和更新。历史责任方法强调需要关注以缔约方对全球平均温升的贡献而不是以排放流量形式表现的公平。如果在关于减排方案的讨论中只关注排放流量或未来流量的变化，那么这种方案对历史责任的理解是存在偏差的。

而在以人均水平为基础的方法中，所考虑的历史责任只是每个国家的累积排放水平。

（三）能力和可持续发展指数

每个国家保护气候系统的责任都是不同的。公约呼吁那些更有能力的国家做出更大的努力以保护气候系统这种全球性公共品。

从执行角度来看，保持可持续性（即实现可持续发展）的责任不能只落在发展中国家头上，只要求发展中国家向低碳发展转型。那些在过去以不可持续方式发展的国家，才最应该推动全球向低碳经济和社会方向发展。但是，发展中国家也需要尽己所能，在消除贫困和填补发展赤字时尽量保持发展的可持续性。

四、公平获取可持续发展的途径

为了避免全球温升幅度提高到令人无法接受的程度，需要将温室气体排放水平控制在防止气候系统受到危险的人为干扰的水平上，这是一个极为重要的全球问题。没有一个国家能单独解决该问题。大部分国家同意签署公约，表明该事实已经被全球广泛认可。

许多全球性问题都无法由某些国家独立解决，主要是因为这些问题在解决过程中无法获得足够的支持，而且难以对全球性的行动进行协调并取得进展——控制全球变暖问题就是一个实例。发展中国家清楚地意识到，在一个无法保证平等的世界里要解决全球性公共物品[1]（特别是大气层）供给不足的问题，需要在各方面不断努力。

确定全球公共品属性的一个显著的好处是可以用客观的标准来定义它。正如在该领域内里程碑式的研究成果《全球公共物品》中所提及的那样，在分配对发展中国家至关重要的资源时，这些客观标准能够帮助发展中国家以更为公平的方式分得资源。此外，这种标准能使一些容易产生冲突的问题——尤其是那些容易引起发达国家与发展中国家之间矛盾的问题——变得更具可比性，因此也容易通过协商方式得以解决。

对于控制全球变暖这个具体问题而言，目前对其可持续性属性的宽泛认识并不足以建立起一系列定义该问题以及明确其性质所需的客观性标准。尤其是涉及公平以及如何解决公平与可持续性之间存在的明显矛盾，急需明确定义这两种标准，并将公平概念具体化、可操作化，从而融合两者之间的矛盾。

虽然发展中国家对公平和可持续性的需求非常明显，但在一个不公平的现实世界里，针对公平和可持续性的客观标准，或兼顾这两者的极端必要性并不是对每个人都显而易见的。

在解决全球变暖问题时，针对该问题的全球公共物品属性，深化和阐明确定该属性所应具备的客观标准。在逐步深入到细节时，我们发现寻找这类客观标准是很有必要的，因为它不仅能弥合南北双方（发达国家和发展中国家）在该采取什么样的行动上所存在的巨大分歧；同时也能提供一个基础，使得发展中国家为确保未来全球的可持续发展也承担起自身应负的责任。

“公平实现可持续发展”的概念包含三个要素：获取碳空间、可持续性及发展所需的时间。

---

[1] 本文中，全球公共物品（global public good）和全球公共资源（global commons）仅指那些不限于一国管辖范围之内的资源。

（一）获取大气排放空间

毫无疑问，从可持续的角度来看，要实现温室气体尤其是二氧化碳减排必须依靠全人类共同的努力。这意味着没有哪个国家可以无限制地排放温室气体，或通过无限排放温室气体给世界造成伤害；而该原则背后更重要的含义是：大气层作为全人类所共享的公共空间，必须同时考虑其历史和未来承载力。对利用这种公共空间的限制就是对利用大气层（事实上是包括岩石圈和生物圈的整个全球系统）来吸收温室气体的限制。

从这个角度来看，我们所提到的公平实现可持续发展的各个方面的重要性就凸显出来。一方面，发展中国家为了实现发展需要一定的碳空间，因此需要公平地分配这种稀缺资源；另一方面，显然发展中国家当前还无法立即减少温室气体排放需求，这里面既有技术和资金成本的原因，也因为目前这些国家无法获得降低温室气体排放强度的技术，因为这种技术通常与成熟的低碳经济密切相关，因此发展中国家更难以获得这些技术。当然，对碳排放空间的需求并不能等同于有权利通过排放给地球造成污染。发展中国家因为需要发展，因而需要使用大气层吸收温室气体的能力，或以各种方式增加排放，但这并非意味着发展中国家希望一直维持高排放的增长方式。

在确定如何保证各国公平地获取全球排放空间这种公共资源时，必须考虑各国在历史上是如何使用和获取这种资源的。就气候变化问题而言，由于在这个不平等的世界中，各国的历史排放水平本身就呈现不公平状态，在公平分配未来排放权时显然必须将这点考虑进去。这既是历史责任概念的本质要求，也是本书中所收集的所有方案的共同特征。我们在解决涉及未来的问题时必须考虑历史状态。

一旦各方能够接受这里确定的公平分配原则，接下来的问题就是该如何执行这一原则。

（二）实现发展和获得支持所需的时间

公平实现可持续发展问题所涉及的一方面是获得碳空间，与此密切相关的另一方面是实现可持续发展所需的时间。公约目的部分的文字表述已反映出这两者之间的平衡，即：“将大气中温室气体的浓度稳定在防止气候系统受到危险的人为干扰的水平上。”但公约第 2 条中的第二句话却常常为人所遗忘，这句话明确界定了实现该目的所需的各种条件，包括生态、社会（粮食）和经济因素的时间范围——换句话说，即实现可持续发展所需要的时间。在进行温室气体减排时，必须考虑发展的权利。

那么公平如何与实现可持续发展所需要的时间相联系呢？向低碳和能抵御气候变化的经济和社会转变需要一定的时间，而公平原则能够提供时间来实现这种转变。对所有的发展中国家来说，有足够的时间去发展是非常重要的，因为它们需要处理的首要问题仍是消除贫困和实现发展。

我们生活在一个不平等的世界中，这一事实使得全球变暖所带来的挑战变得更为复杂。实现“温室气体公平”需要人类共同努力，同时又要考虑各种不同的情况。这要求排放增速减缓，同时使社会更能抵御气候变化带来的各自冲击。对于那些高度依赖高排放部门的发展中国家而言，这些要求意味着需要时间来实现产业结构调整，使经济重心转向低排放的部门；而对那些还未走上高排放路径的发展中国家而言，所面临的挑战则是如何避免增加排放——无须提高排放水平就可以顺利达到高福利水平。发展路径越是可持续，排放就越低；经济和社会越是多样化，对气候变化影响的适应性就越强。如果不能对减缓责任或碳预算进行公平分配，那么很可能没有国家会采取行动。而如果没有相应的行动，那么将不可能使全球温升幅度控制在2℃以内——而这会给穷人带来更大的不利影响。公平要素也是适应气候变化中极为重要的要素之一，因此对公平的讨论也应延伸到适应领域的公平。

实现可持续发展所需要的时间又是如何与获取碳空间相联系呢？两者是通过所需的各种支持（包括资金、技术和能力建设）联系起来的，这些支持将能帮助发展中国家走上更加可持续的发展之路。

第八章　中国履行气候变化条约的政策与行动

一、中国参与应对气候变化国际谈判的原则立场

中国以高度负责任的态度，在气候变化国际谈判中发挥积极建设性作用，推动各方就气候变化问题深化相互理解、广泛凝聚共识，积极推动建立公平合理的国际气候制度。

（一）积极参加联合国进程下的国际谈判

中国坚持以《联合国气候变化框架公约》和《京都议定书》为基本框架的国际气候制度，坚持公约框架下的多边谈判是应对气候变化的主渠道，坚持“共同但有区别的责任”原则、公平原则和各自能力原则，坚持公开透明、广泛参与、缔约方驱动和协商一致的原则。中国一贯积极建设性参与谈判，在公平合理、务实有效和合作共赢的基础上推动谈判取得进展，不断加强公约的全面、有效和持续实施。

中国积极参与联合国进程下的气候变化国际谈判，与各国加强沟通，增进理解，扩大共识，为多哈会议取得成功做出积极努力。中国全面参与了多哈会议的谈判和磋商，坚持维护谈判进程的公开透明、广泛参与和协商一致，以积极、理性、务实的态度推动各方形成共识。在中国等广大发展中国家努力下，多哈会议取得了一揽子平衡成果，既全面落实了“巴厘路线图”的谈判任务，基本确定2020年前应对气候变化国际合作行动相关安排，又对“德班平台”的谈判进行了规划设计，明确了2020年后进一步强化行动所应遵循的原则，维护了联合国多边谈判进程的有效性，提振了国际社会合作应对气候变化的信心。

（二）广泛参与相关国际对话与交流

加强高层对话和交流推动谈判进程。中国国家主席习近平在出席金砖国家领导人会议、“二十国集团”领导人峰会、亚太经合组织领导人峰会等重大多边外

交活动中，多次发表重要讲话，与各国元首共同推动积极应对气候变化。中美两国元首均高度重视气候变化问题，在2013年两次会晤中就加强气候变化对话与合作以及氢氟碳化物（HFCs）问题形成重要共识。2013年7月第五轮中美战略与经济对话期间举行了两国元首特别代表共同主持的气候变化特别会议，深化了两国国内气候变化政策和双边务实合作的交流。2012年6月，时任总理温家宝在出席2012年联合国可持续发展大会期间，呼吁各方按照“共同但有区别的责任”原则应对气候变化，发展绿色经济，推动可持续发展。

积极参加公约外气候变化会议和进程。中国参加了“里约+20”联合国可持续发展大会、经济大国能源与气候论坛领导人代表会议、彼得斯堡气候变化部长级对话会、华沙会议部长级预备会等一系列气候变化相关的对话和磋商。积极参与国际民航组织、国际海事组织、关于消耗臭氧层物质的《蒙特利尔议定书》、万国邮政联盟等国际机制下的谈判。中国还积极参与“全球清洁炉灶联盟”“全球甲烷倡议”“全球农业温室气体研究联盟”等活动，多方推动公约主渠道谈判取得进展。

广泛开展双边多边气候变化对话与磋商。继续加强“基础四国”“立场相近发展中国家”等磋商机制，与发展中国家开展联合研究，积极维护发展中国家利益。通过中美、中欧、中澳等气候变化部长级磋商开展与发达国家的双边磋商，就气候变化国际谈判、国内应对气候变化政策和相关务实合作深入交换意见。积极推动中国与其他国家智库之间开展交流。

2014年11月12日，中美两国在北京共同发表《中美气候变化联合声明》，受到国际社会和舆论的广泛关注与积极评价。中美气候变化合作始于20世纪80年代。迄今为止所发表的涉及气候变化合作的双边协议主要有：《能源和环境十年合作框架》（2008年6月）、《关于加强气候变化、能源和环境合作的谅解备忘录》（2009年7月）、《中美联合声明》（2009年11月）、《中美联合声明》（2011年1月）、《中美气候变化联合声明》（2013年4月）等。此次《中美气候变化联合声明》意义主要体现在四个“第一次”上。

其一，中美两国元首“第一次”宣布了两国各自2020年后应对气候变化行动，影响深远。声明宣布，美国计划于2025年实现在2005年基础上减排26%～28%的全经济范围减排目标并将努力减排28%；中国计划2030年左右二氧化碳排放达到峰值且将努力早日达峰，并计划到2030年非化石能源占一次能源消费比重提高到20%左右。中美两国气候合作的重要性充分反映在“二分之一”“三分之一”“四分之一”和“五分之一”这几个简单的数字里面，即两国每年的碳排放总量和能源消费总量接近世界的二分之一、经济总量占世界的三分之一、人口占世界的四分之一、贸易额占世界的五分之一。因此，这次声明首次明确了2020年后中美的减排目标和时间表，即使中美两国未来实施低碳发展的国家战略高度契合，又能对全球温室气体减排产生实质性的推动作用，同时还能对其他国家产生强大的示范效应，最终为2015年在巴黎举行的国际气候谈判注入强大推动力。

其二，中美两国“第一次”将气候变化视为“人类面临的最大威胁”，将气候变化问题的重要性和紧迫性提升到最高层面。在此前的中美气候合作协议中，对气候变化的重要性，都是用“最大的挑战之一”或“一大挑战”来表述，而这次表述的变化蕴藏深意。它充分显示出中美双方同意将应对气候变化置于全球议程上更加优先的位置。

其三，中美两国“第一次”将气候变化与国家安全和国际安全紧密联系在一起，对气候变化问题的性质有了更具体更全面的认识。声明指出：“应对气候变化同时也将增强国家安全和国际安全。”20世纪90年代以来，伴随着国际气候谈判进程的演进，气候变化问题的性质一直处于不断的推断变化之中，从当初的环境和技术问题逐渐演变为当今世界重大的发展问题和重大的国际政治与安全问题。中美两国与时俱进，在气候与安全的关联性问题上达成共识，深化了对气候变化问题的认识，无疑将进一步有力推动两国的气候变化合作。

其四，中美两国“第一次”就“共同但有区别的责任”原则（简称“共区”原则）达成了政治层面的共识。长期以来，中美应对气候变化合作的一个主要障碍就是对国际气候谈判中“共区”原则的严重分歧。美国更多地强调发达国家与发展中国家之间责任的共同性，中方则更多地强调责任的差异性。如果说在2009年举行的哥本哈根国际会议之前，美国对这一“共区”原则还是持形式上肯定、实际上否定之态，那么，在哥本哈根国际会议之后，美国对这一原则的态度则干脆在形式上也予以拒绝了。这与中国坚持“共区”原则的基本主张尖锐对立。因此，中美在过去的国际气候谈判中合作相当有限，中美气候合作一定程度上仅集中在双边领域。

如何打破这个僵局，寻求双方都能接受的结果，一直是近些年来中美两国官员和专家学者们认真思考的问题。联合声明中，中美两国第一次就这一问题取得政治层面的真诚谅解并达成共识。谅解与共识主要体现在两方面：一是措辞，从过去的“在共同但有区别的责任原则基础上”改为“体现共同但有区别的责任原则”，使“共区”原则的约束性有所减弱；二是双方所提目标，在指标类型和时间尺度等方面加以区别，使“共区”原则的区别具体化，兼顾了双方的具体诉求，显得更为平衡且全面。此外，这次联合声明还新增了能源与水的关联性研究和启动气候智慧型、低碳城市倡议等合作议题，进一步扩大了中美气候变化合作的领域和范围。

二、中国应对气候变化的政策与行动

（一）完善顶层设计和体制机制

中国加强了应对气候变化重大战略研究和顶层设计，进一步完善了应对气候变化的管理体制和工作机制，应对气候变化在国民经济社会发展中的战略地位显著提升。

1. 健全管理体制和工作机制

完善领导机构。2013 年 7 月，国务院对国家应对气候变化工作领导小组组成单位和人员进行了调整，李克强总理任领导小组组长，并增加了部分职能部门。目前中国已经初步建立了国家应对气候变化领导小组统一领导、国家发展改革委归口管理、有关部门和地方分工负责、全社会广泛参与的应对气候变化管理体制和工作机制。全国各省（自治区、直辖市）均成立了以政府行政首长为组长的应对气候变化领导机构，建立了部门分工协调机制，明确了应对气候变化职能机构，部分城市也成立了应对气候变化或低碳发展办公室。

2014 年 5 月出台了《2014—2015 年节能减排低碳发展行动方案》，明确提出单位国内生产总值二氧化碳排放今明两年分别下降 4% 和 3.5% 以上；2014 年 9 月印发了《国家应对气候变化规划（2014—2020 年）》，明确了 2020 年前中国应对气候变化工作的指导思想、主要目标、总体部署、重点任务和政策导向；2014 年 9 月在联合国气候峰会上，中国国家主席习近平特使、国务院副总理张高丽全面阐述了中国应对气候变化的政策、行动及成效，并宣布中国将尽快提出 2020 年后应对气候变化行动目标，碳排放强度要显著下降，非化石能源比重要显著提高，森林蓄积量要显著增加，努力争取二氧化碳排放总量尽早达到峰值。

建立碳强度下降目标责任制。国家对“十二五”单位国内生产总值二氧化碳排放下降目标进行分解，确定了各省（自治区、直辖市）单位国内生产总值二氧化碳排放下降指标，并建立了目标责任评价考核制度。2013 年，国家发展改革委会同有关部门，制定了考核办法，对省级人民政府 2012 年度控制温室气体排放的目标完成情况、任务与措施落实情况、基础工作与能力建设情况等进行了试评价考核。

2. 加强战略研究和规划编制

开展应对气候变化重大战略研究。国家发展改革委、财政部组织开展了中国低碳发展宏观战略研究，系统分析和研究中国 2020 年、2030 年和 2050 年低碳发展的总体目标、阶段任务、实现途径和保障措施，为制定中国低碳发展路线图奠定基础，目前已经取得阶段性成果。同时，国家发展改革委组织编制了国家适应气候变化战略，在评估气候变化对我国经济社会发展影响基础上，明确了国家适应气候变化的指导思想和原则，提出了适应目标、重点任务、区域格局和保障措施等。浙江、河南、辽宁等省开展了本地区应对气候变化战略研究工作。

加强应对气候变化规划编制工作。国家发展改革委组织开展了《国家应对气候变化规划（2013—2020 年）》编制工作，在充分分析中国气候变化趋势及影响、应对气候变化工作现状、应对气候变化面临形势的基础上，提出了中国到 2020 年前应对气候变化主要目标、重点任务及保障措施，对中国开展应对气候变化工作进行了整体部署。全国各省（自治区、直辖市）积极组织开展了省级应对气候变化中长期规划的编制，目前江西、天津等省（直辖市）已发布了本地区应对气候变化规划，四川、云南、广西、安徽、重庆、甘肃、宁夏、新疆、青海、辽宁等省（自治区、直辖市）已经完成了规划编制工作，拟于今年正式发布实施。

3. 推动气候变化立法

国家发展改革委、全国人大环资委、全国人大法工委、国务院法制办和有关部门联合成立了应对气候变化法律起草工作领导小组，加快推进应对气候变化法律草案起草工作，目前已初步形成立法框架。山西、青海省出台了《山西省应对气候变化办法》和《青海省应对气候变化办法》，四川、江苏省应对气候变化立法正在稳步推进。2012 年 10 月，深圳市人大通过《深圳经济特区碳排放管理若干规定》，加强对深圳市碳排放权交易的管理。

4. 完善相关政策体系

2012 年，国务院办公厅印发了《“十二五”控制温室气体排放工作方案重点工作部门分工》，对方案的贯彻落实工作进行全面部署。中央政府发布了一系列应对气候变化相关政策性文件，包括《工业领域应对气候变化行动方案（2012—

2020年)》《“十二五”国家应对气候变化科技发展专项规划》《低碳产品认证管理暂行办法》《能源发展“十二五”规划》《“十二五”节能环保产业发展规划》《关于加快发展节能环保产业的意见》《工业节能“十二五”规划》《2013年工业节能与绿色发展专项行动实施方案》《绿色建筑行动方案》《全国生态保护“十二五”规划》等，应对气候变化政策体系得到进一步完善。

（二）减缓气候变化

中国政府通过调整产业结构、优化能源结构、节能提高能效、增加碳汇等工作，完成了全国单位国内生产总值能源消耗降低及单位国内生产总值二氧化碳排放降低年度目标，控制温室气体排放工作取得积极成效。

1. 调整产业结构

推动传统产业改造升级。国家发展改革委会同工业和信息化部印发《关于重点产业布局调整和产业转移的指导意见》，提出了推动重点产业布局调整和产业转移的指导思想、基本原则、主要任务和政策措施。对于具体行业，国务院印发了《船舶工业加快结构调整促进转型升级实施方案（2013—2015年)》，国家发展改革委会同工业和信息化部编制了《石化产业规划布局方案》，开展了《造纸工业“十二五”规划》和《食品工业“十二五”规划》的中期评估工作。

加快淘汰落后产能。按照《国务院关于化解产能严重过剩矛盾的指导意见》工作要求，围绕控增淘劣、提质增效、转型升级、低碳发展，继续积极推进化解产能过剩矛盾各项工作。2013年10月，国务院办公厅印发《关于进一步加强煤矿安全生产工作的意见》，提出到2015年年底在全国范围内关闭2000处以上小煤矿。工业和信息化部为落实《关于下达2013年19个工业行业淘汰落后产能目标任务的通知》，2013年7月及2014年8月，分别公布了第一批及第二批炼铁、炼钢、焦炭等19个工业行业淘汰落后产能企业名单。2014年3月，国家能源局、国家煤矿安全监察局联合印发了《关于做好2014年煤炭行业淘汰落后产能工作的通知》；6月，国家安全监管总局、国家煤矿安监局、国家发展改革委等12部门联合发布《关于加快落后小煤矿关闭退出工作的通知》。国家质检总局会同国家发展改革委等9部门联合部署建材专项整治工作，对照钢材、玻璃、水泥、陶瓷等产品的国家标准要求，加强执法检查，将生产、流通、使用三个环节紧密结合起来，严惩生产、销售不符合标准产品的违法行为。2013年，共关停小火电机组447万千瓦，淘汰炼铁618万吨、炼钢884万吨、电解铝27万吨、水泥（熟料及磨机）10578万吨、平板玻璃2800万重量箱，涉及企业1500多家。

扶持战略性新兴产业发展。战略性新兴产业发展环境进一步改善，创新成果不断涌现，优势资源加快汇集。国家发展改革委会同有关单位对《“十二五”国家战略性新兴产业发展规划》提出的20个重大工程编制了实施方案，启动实施了智能制造、生物育种、北斗卫星导航发展应用等重大工程；继续实施“国家低碳技术创新及产业化示范工程”，已累计安排中央产业技术研发资金10.6亿元，支持了54个示范工程建设。2013年8月，国务院发布《关于加快发展节能环保产业的意见》，提出要促进节能环保产业技术水平显著提升。工业和信息化部会同有关部门出台了《关于继续开展新能源汽车推广应用工作的通知》等一系列文件，扶持节能与新能源汽车产业发展。新能源产业发展企稳回升，光伏设备及元器件制造、风能原动设备制造的主营业务收入增速从2012年的负增长上升到2013年的13%和21.5%。2013年以来，新兴产业创投计划支持设立创业投资基金已达190只，基金规模达516亿元，已经投资超过500家创新型中小企业，其中投资于节能环保和新能源领域的基金有44只，规模约126亿元。

大力发展服务业。2014年8月，国务院印发《关于加快发展生产性服务业促进产业结构调整升级的指导意见》，首次对生产性服务业发展做出全面部署，指出要以推动生产性服务业加快发展作为国家产业结构调整的重要任务，明确了鼓励企业向价值链高端发展、推进农业生产和工业制造现代化、加快生产制造与信息技术服务融合的生产性服务业三大发展导向，提出了研发设计、第三方物流、融资租赁、信息技术服务、节能环保服务、检验检测认证、电子商务等11个重点领域的主要任务。

经过各方努力，中国产业结构不断优化，截至2014年，三次产业结构优化为9.17% ： 42.64% ： 48.19%，服务业增加值比重比2013年提高1.27个百分点，对经济增长的支撑作用日益增强。

2. 节能和提高能效

强化节能管理及考核。各地区、各部门坚持把节能降耗作为调整产业结构、转变发展方式、推动科学发展、建设生态文明的重要抓手，采取了一系列强有力的政策措施。2014年，国务院印发了《2014—2015年节能减排低碳发展行动方案》，对“十二五”后两年节能减排降碳工作进行了全面安排和部署。为加强重点企业节能管理，工业和信息化部组织制定并发布《有色金属、石化和化工等行业节能减排指导意见》，推进高耗能行业工业企业能源管理中心建设。继续强化节能目标责任考核，2013 年，国家发展改革委会同 8 个部门组织开展了省级人民政府 2012 年节能目标责任评价考核。

加强节能评估审查工作。《中华人民共和国节约能源法》确定了固定资产投资项目节能评估和审查制度，节能主管部门根据有关规定牵头制定能评规章、制度、规范和程序，并统一出具能评审查意见。进一步优化了能评工作程序，明确了规范审批、突出重点、抓大放小、严格监管的能评工作思路，对六大高耗能行业、建筑和产能过剩行业新上项目严格审查，对能耗量低的项目适当加快审批进程。完善了节能评估制度，制定了各地区“十二五”新上项目国家节能评估控制方案，初步建立了能评“双控”制度。开展项目节能评估审查，2013 年共受理节能评估项目 554 个，审查项目合计年综合能耗量约 1.02 亿吨标准煤，从源头核减不合理能源消费量约 361 万吨标准煤。

加快实施节能重点工程。继续安排中央预算资金支持节能项目，并优化了相关管理办法。2013 年，安排中央预算内资金 25.6 亿元，支持了 438 个节能技术改造及产业化项目，年可实现节能能力 560 万吨标准煤；安排中央预算内资金 3.72 亿元，支持 445 个节能监察机构能力建设项目；安排中央财政节能奖励资金 18.44 亿元，支持节能技术改造财政奖励项目 272 个，年可实现节能能力 642 万吨标准煤；安排中央财政奖励资金约 2.8 亿元，支持 443 个合同能源管理项目，实现节能量约 116 万吨标准煤。

进一步完善节能标准标识。实施“百项能效标准推进工程”，国家发展改革委、国家标准化管理委员会、工业和信息化部建立“百项能效标准推进工程”绿色通道，2013 年发布了 48 项国家节能标准，截至 2013 年年底，共发布 105 项标准。工业和信息化部组织发布钢铁、有色金属、轻工等行业重点用能产品（工序）能效标杆指标及企业，编制了钢铁、化工等行业能源审计指南。住房城乡建设部、工业和信息化部积极推广应用绿色建材，联合印发了《绿色建材评价标识管理办法》。

推广节能技术与产品。2014 年 1 月，国家发展改革委印发《节能低碳技术推广管理暂行办法》，加快节能低碳技术进步和推广普及，引导用能单位采用先进适用的节能新技术、新装备、新工艺，发布第六批《国家重点节能技术推广目录》，公布煤炭、电力、钢铁、有色等 13 个行业的 29 项重点节能技术，六批目录累计向社会推荐了 215 项重点节能低碳技术。国家发展改革委、财政部等部门组织实施节能产品惠民工程，推广高效节能家电 1.3 亿台、节能汽车 265 万辆、高效电机2500万千瓦，拉动绿色消费1.4万亿元，实现节能能力2000万吨标准煤。国家认监委会同国家发展改革委联合印发《低碳产品认证管理暂行办法》，建立了中国的低碳产品认证制度，公布了包括通用硅酸盐水泥等4种产品在内的《低碳产品认证目录（第一批）》，27家企业获得低碳产品认证证书。科技部组织编制并发布了《节能减排与低碳技术成果转化推广清单（第一批）》，工业和信息化部发布《“能效之星”产品目录（2013）》以及两批工业领域节能减排电子信息应用技术目录、四批节能机电设备（产品）推广目录。

加快发展循环经济。国家发展改革委印发了《关于组织开展循环经济示范城市（县）创建工作的通知》，提出到2015年选择100个左右城市（区、县）开展国家循环经济示范城市（县）创建工作。2013年安排中央财政清洁生产专项资金5.8亿元，支持95个清洁生产技术示范项目，在聚氯乙烯等28个重点行业中遴选公布了43家清洁生产示范企业。工业和信息化部研究制定工业领域落实《大气污染防治行动计划》工作方案，组织编制发布京津冀及周边地区、丹江口水库及上游等重点区域（流域）企业清洁生产水平提升计划，继续推进工业固体废物综合利用基地建设，联合国家安全监管总局开展尾矿综合利用示范工程建设，组织实施废钢铁加工、轮胎翻新、废轮胎综合利用行业准入制度，发布第三批《再制造产品目录》。

推进建筑领域节能。按照2013年1月发布的《绿色建筑行动方案》要求，国家发展改革委、住房城乡建设部推进绿色建筑行动，同时继续开展既有建筑改造。截至2013年年底，全国城镇新建建筑全面执行节能强制性标准。北方采暖地区、夏热冬冷及夏热冬暖地区全面执行更高水平节能设计标准，积极开展被动式超低能耗绿色建筑示范，2013年全年获得绿色建筑评价标识的建筑面积达4800万平方米，比2012年增加了一倍。截至2013年年底，全国共有1446个项目获得绿色建筑评价标识，建筑面积超过1.6亿平方米。全国城镇累计建成节能建筑面积88亿平方米，年形成约8000万吨标准煤节能量和2.1亿吨二氧化碳减排量。“十二五”前三年，北方采暖地区累计完成既有居住建筑供热计量及节能改造面积6.2亿平方米，提前超额完成了国务院确定的4亿平方米的改造任务。2013年，夏热冬冷地区完成既有居住建筑节能改造1175万平方米。可再生能源建筑应用规模不断扩大，截至2013年年底，全国城镇太阳能光热应用面积27亿平方米，浅层地能应用面积4亿平方米。

推进交通领域节能。交通运输行业节能减排监管能力和服务水平不断提升，绿色循环低碳交通运输体系建设取得积极进展。2013 年 8 月，交通运输部印发《关于深入推进“车、船、路、港”千家企业低碳交通运输专项行动的通知》，确定了 981 家参与企业名单，健全了能耗和碳排放报告制度，提出了参与企业考核指标体系，初步构建了千企行动长效机制。2013 年度财政部、交通运输部共同安排交通运输节能减排专项资金共 7.49 亿元，对 367 个项目“以奖代补”。2013 年交通运输行业节能 613 万吨标准煤，相当于少排放二氧化碳 1337 万吨。

经过各方努力，2013 年全国万元 GDP 能耗降低 3.7%，“十二五”前三年，全国单位 GDP 能耗累计下降 9.03%，实现节能约 3.5 亿吨标准煤，相当于少排放二氧化碳 8.4 亿吨以上，产生了良好的经济和社会效益。2014 年上半年，全国能耗强度进一步降低，单位 GDP 能耗同比下降 4.2%，创“十二五”以来最好成绩。

3. 优化能源结构

严格控制煤炭消费总量。为落实《大气污染防治行动计划》，控制煤炭消费总量，各有关部委及地方政府相继制订有关工作方案及计划。环境保护部、国家发展改革委等有关部门联合印发《京津冀及周边地区落实大气污染防治行动计划实施细则》，明确提出到 2017 年年底，北京市、天津市、河北省和山东省压减煤炭消费总量 8300 万吨，其中，北京市净削减原煤 1300 万吨，天津市净削减 1000 万吨，河北省净削减 4000 万吨，山东省净削减 2000 万吨。2014 年 7 月，国家发展改革委、国家能源局印发《京津冀地区散煤清洁化治理工作方案》，通过散煤减量替代与清洁化替代并举等措施，力争到 2017 年年底解决京津冀地区民用散煤清洁化利用问题。广东、江西、重庆提出到 2017 年煤炭占比分别下降到 36%、65% 及 60% 以下。2014 年 3 月，环境保护部发布《关于落实大气污染防治行动计划严格环境影响评价准入的通知》，从环评受理和审批的角度，提出实行煤炭总量控制地区的燃煤项目必须有明确的煤炭减量替代方案。2014 年 3 月，国家发展改革委、能源局及环境保护部联合印发《能源行业加强大气污染防治工作方案》，从能源行业发展角度提出要加强能源消费总量控制，逐步降低煤炭消费比重，制定国家煤炭消费总量中长期控制目标。

继续推动化石能源清洁化利用。各相关部门通过制定各项规划及标准等，加强煤炭、天然气及石油的清洁化利用。2014 年 9 月，国家发展改革委、环境保护部、商务部、海关总署、工商总局、质检总局联合发布《商品煤质量管理暂行办法》，明确了商品煤质量标准；国家发展改革委、环境保护部、国家能源局印发《煤电节能减排升级与改造行动计划（2014—2020 年）》，提出要推行更严格能效环保标准，加快燃煤发电升级与改造，努力实现供电煤耗、污染排放、煤炭占能源消费比重“三降低”和安全运行质量、技术装备水平、电煤占煤炭消费比重“三提高”，以进一步提升煤电高效清洁发展水平；实施了一批煤电环保改造示范项目和节能升级改造示范项目，确定了4个燃煤电厂作为国家煤电节能减排示范基地和示范电站，分解落实行动计划目标任务，积极推进煤炭高效清洁利用。2013年2月，为科学高效开发利用煤层气资源，国家能源局制定了《煤层气产业政策》；10月，为落实《页岩气发展规划（2011—2015）》、推进页岩气产业健康发展、提高天然气供应能力，国家能源局制定了《页岩气产业政策》。2014年7月，国家能源局发布《关于规范煤制油、煤制天然气产业科学有序发展的通知》，规范煤制油煤制气项目，提出“坚持量水而行、坚持清洁高效转化、坚持示范先行、坚持科学合理布局、坚持自主创新”的原则，并提出了能源转化效率、能耗、水耗、二氧化碳排放和污染物排放等准入值。此外，为落实《大气污染防治行动计划》、积极推进协同控制以减少化石能源二氧化碳排放，环境保护部研究提出了中国钢铁、水泥和交通三个重点行业的大气污染物与温室气体协同控制的综合对策建议。

大力发展非化石能源。各部门制定多项政策积极推动非化石能源的利用。水电方面，2014年上半年溪洛渡、向家坝等一批标志性大型水电项目顺利投产，提前一年完成“十二五”规划目标。风电方面，2013年以来国家能源局分别下发“十二五”规划第三批、第四批风电项目核准计划，分别安排建设规模2797万千瓦、2760万千瓦，进一步优化风电项目布局。2014年6月国家发展改革委出台了海上风电上网价格政策，推动开发一批建设条件较好的海上风电项目。光伏发电方面，2013年以来国家能源局相继出台《光伏电站项目管理暂行办法》《关于促进光伏产业健康发展的若干意见》《分布式光伏发电项目管理暂行办法》《关于下达2014年光伏发电年度新增建设规模的通知》《关于开展分布式光伏发电应用示范区建设的通知》《关于支持分布式光伏发电金融服务的意见》《关于进一步落实分布式光伏发电有关政策的通知》等文件，推动光伏产业发展。生物质能方面，2014年6月国家能源局和环境保护部联合发布《关于开展生物质成型燃料锅炉供热示范项目建设的通知》，拟在全国范围内建设120个生物质成型燃料锅炉供热示范项目。截至2013年年底，非化石能源发电装机占电力总装机的比重达到30.9%，较上年提高4个百分点，并网风电容量达到8123万千瓦，同比增长32.2%，2013年风力发电量1311亿千瓦时，同比增长35.6%；水电装机2.6亿千瓦，同比增长4.4%，2013年水力发电量9116亿千瓦时，同比增长5.6%；

核电装机1794万千瓦，同比增长17.7%，2013年核电发电量1106亿千瓦时，同比增长13.6%；光伏发电并网装机1479万千瓦，同比增长334%，2013年太阳能发电量70亿千瓦时，同比增长约1倍。中国可再生能源装机容量已占全球的24%，新增可再生能源装机容量占全球的37%。

2013年中国一次能源消费总量为37.5亿吨标准煤，其中，煤炭消费比重为66%，较上年降低0.6个百分点；石油消费比重为18.4%，较上年降低0.4个百分点；天然气消费比重为5.6%，较上年提高0.6个百分点；非化石能源消费比重为9.8%，较上年提高0.4个百分点。

4. 控制非能源活动排放

2013年，环境保护部制订了《蒙特利尔议定书》下加速淘汰含氢氯氟烃的管理计划，积极开展非二氧化碳类温室气体和短寿命气候污染物等相关专题研究，与联合国环境规划署（UNEP）合作编写了“控制短寿命气候污染物的环境与气候效应”报告。在第19个国际保护臭氧层日，环境保护部在北京召开了中国第一批含氢氯氟烃生产线关闭项目启动会暨国际臭氧层保护日宣传活动。第一批关闭5条含氢氯氟烃生产线，可年减少4647ODP（消耗臭氧层潜能值）吨消耗臭氧层物质的生产，可年减排9350万吨二氧化碳当量的温室气体。

5. 增加碳汇

进一步落实林业应对气候变化工作方案。国家林业局编制印发了2013年、2014年林业应对气候变化重点工作安排与分工方案，明确了2013年和2014年的重点任务和工作分工，启动实施了减少毁林和森林退化排放（REDD+）行动年，出台了《国家林业局关于推进林业碳汇交易工作的指导意见》，明确了推进林业碳汇交易工作的指导思想、基本原则和政策措施。林业碳汇计量监测体系建设实现全国覆盖，为科学测算林业碳汇奠定了坚实基础。

努力增加森林碳汇。围绕实现到2020年比2005年森林面积净增4000万公顷目标，国家林业局加紧组织实施《全国造林绿化规划纲要（2011—2020年）》。2013年，全国完成造林面积9150万亩、义务植树25.2亿株，均超额完成全年计划。截至2013年，累计在18个省（自治区、直辖市）完成碳汇造林30多万亩。积极推动森林抚育补贴试点转向全面开展森林经营，安排中央财政森林抚育补贴资金58亿元，完成森林抚育1.18亿亩，超额完成全年计划任务。实施了京津风沙源治理二期工程，扎实推进石漠化综合治理工程，严格实行禁止滥开垦、禁止滥放牧、禁止滥樵采的“三禁”制度。组织制订了森林增长指标监测评估实施方案和森林增长指标中期评估评分手册，开展了国家“十二五”规划纲要中确定的省级森林覆盖率和森林蓄积量两项约束性指标中期评估。结果表明，森林面积进一步扩大，森林碳汇能力进一步增强。

（三）适应气候变化

2013 年，中国政府出台《国家适应气候变化战略》，明确了 2020 年前国家适应气候变化工作的指导思想和原则，并采取积极行动，提高气候变化影响监测能力及应对极端天气气候事件能力，减轻了气候变化对经济社会发展和生产生活的不利影响。

1. 基础设施

民政部制定并下发了《关于加强救灾装备建设的指导意见》《关于加强中央救灾物资管理工作的通知》等文件，为进一步规范中央救灾物资管理和为地方配置救灾装备提供标准和依据；修订和制定了《自然灾害统计制度》和《特别重大自然灾害损失统计制度》，建立由民政、气象、地震等 17 个部门（单位）参加的灾情会商部际联络员会议制度，并在北京、天津等 7 省份推广乡镇网络报灾试点，扎实做好灾情整理、报送和发布工作。住房城乡建设部贯彻落实《国务院加强城市基础设施建设的意见》，修订《室外排水设计规范》，提高了城市雨水灌渠设计标准，明确了内涝防治要求。水利部指导各地创建 2013 年度全国综合减灾示范社区 1292 个，在继续稳步推进黄河下游近期防洪工程、进一步治理淮河、东北三江灾后水毁修复、太湖水环境综合治理等大江大河治理的基础上，全面完成了 15891 座重点小（2）型病险水库除险加固，启动实施了 2789 个重点中小河流治理项目，加强应对水旱灾害能力。气象局加强推进气候观测数据共享和气候关键区综合观测基地建设行动计划，建立集气象灾害风险普查、识别、预警和评估于一体的气象灾害风险业务体系，研发城市内涝气象灾害风险预警服务系统并在试点省（市）开展风险预警服务。国家林业局成立国家林业局生态定位观测网络中心，截至 2013 年年底已建生态站达到 140 个，其中森林生态站 90 个、湿地生态站 30 个、荒漠生态站 20 个。农业部在旱作区建设了旱作节水实验基地和野外观测台站，初步形成了从国家到地方的节水农业技术试验网络。国家海洋局积极推进海洋气候观测工作，完成了 21 个新建验潮站建设和 85 个海洋站（点）升级改造，提升了岸基海洋气候观测能力，组织浙江、福建等地开展海岛防灾减灾应急救助体系及应急设施示范建设。

2. 农业

国家发展改革委安排中央预算内投资200多亿元，支持粮食、棉花等农产品生产基地建设，加强以小型农田水利为基础的田间工程建设，提高防灾减灾能力。财政部、农业部联合印发了《关于做好旱作农业技术推广工作的通知》，安排资金10亿元支持“三北”发展旱作节水农业。农业部推动在品种选育、栽培模式、田间工程、设施设备、化学制剂等方面开展系统研究，应用垄沟种植、集雨池窖、地膜（秸秆）覆盖、深耕深松、膜下滴灌、免耕栽培、生物篱、坐水种和抗旱制剂等旱作节水农业技术，推广应用面积达到4亿多亩。累计建立墒情与旱情监测点600多个，节水农业技术服务设施设备和人员配备显著增强，节水农业技术服务体系初步建立。农业部与全球环境基金（GEF）共同在粮食主产区开展为期5年的气候智慧型农业项目的试验与示范，增强作物生产对气候变化的适应能力。

3. 水资源

水利部贯彻落实《国务院关于实行最严格水资源管理制度的意见》，实施最严格水资源管理制度考核工作，强化水资源配置、节约、保护和管理，全面完成“三条红线”省级指标分解；深化七大流域综合规划的实施，推进重要江河流域水量分配，基本完成全国第一批25条主要江河流域水量分配工作技术审查；全面完成第一次全国水利普查工作，摸清了中国江河湖泊及水土资源条件的基本情况；强化建设项目水资源论证管理，开展能源开发、城市建设、工业园区等重要规划的水资源论证；严格取水许可和水资源费管理，明确了各省（自治区、直辖市）“十二五”末的最低水资源费征收标准；深入推进节水型社会建设，加快推进水生态文明建设；水资源监控能力建设全面加强，初步构建了中央和流域水资源监控管理信息平台；编制完成了《全国抗旱规划实施方案》，加强重大骨干水源工程和重点旱区抗旱应急工程建设。住房城乡建设部加大推动城市节水工作力度，会同国家发展改革委印发《关于进一步加强城市节水工作的通知》，完成第七批国家节水型城市的考核工作。水利部、国家发展改革委推进大型灌区骨干灌排工程改造、大型灌排泵站更新改造、规模化高效节水灌溉工程建设等项目，2013年以来分别安排中央资金117亿元、20亿元、18亿元，提高了灌溉用水效率和机电设备装置效率，节约灌溉用水30多亿立方米。财政部、水利部、农业部于2012—2015年间联合实施东北四省区“节水增粮行动”，总投资380亿元建设高效节水工程技术面积3800万亩。水利部大力推进国家水土保持重点工程建设，2013年至2014年上半年，全国共完成水土流失综合治理8万平方公里，建成生态清洁型小流域260多条。

4. 海岸带

国家海洋局组织开展了省级海岛保护规划编制工作，其中辽宁、河北、山东、江苏、浙江、福建、广东和广西8省（自治区）海岛保护规划已经省政府批准实施。继续组织实施海岛整治修复项目20余项，累计支持资金4.7亿元。继续推进海洋气候监测和影响评估工作；继续开展海岸侵蚀、海水入侵和土壤盐渍化监测与评价工作，积累了气候变化与海洋环境灾害相关性分析评价数据。进一步加强海洋预报与防灾减灾工作，开展海平面变化监测工作，发布了2013年度《中国海平面公报》；开展了面向沿海重点保障目标的精细化预报工作，向沿海24个重点保障目标范围内的相关单位每日发布周边海域风暴潮、海浪、潮流/海流预报，提高了预报服务保障能力；进一步完善海洋渔业生产安全环境保障服务系统，向中国53个渔场28万余艘渔船提供海浪和风场预报警报信息。

5. 生态系统

国家林业局启动了《林业适应气候变化方案》编制工作，稳步推进林业有害生物防控和林地保护，严格落实重大林业有害生物防控责任制，有害生物成灾率连续四年控制在5‰以下；实施林地规划管理和林地用途管制，严格控制林地流失，在黑龙江重点国有林区停止天然林商业性采伐，进一步加大天然林保护。国家林业局全面推进自然湿地保护和退化湿地恢复，制定了部门规章《湿地保护管理规定》，继续实施湿地保护恢复工程和湿地保护补助项目，安排专项资金近4亿元，完成第二次全国湿地资源调查，新增国家重要湿地5处；在7省（自治区）30个县启动了沙化土地封禁保护补助试点，在封禁保护区域内，禁止一切破坏植被的活动。环境保护部提出了生物多样性与气候变化相互影响的评价指标体系，并对东北地区、青藏高原等典型区域气候变化对生物多样性的影响进行了评估，开展了气候变化对我国水环境质量的影响及其适应性对策研究。

6. 人群健康

卫生计生委加强与气候变化密切相关的登革热等虫媒传染病和手足口病等肠道传染病防控工作，印发中东呼吸综合征疫情防控方案、人感染H7N9禽流感疫情防控方案和《霍乱防治手册》（第6版）等技术方案，指导地方开展重点传染病防控工作，进一步完善传染病网络直报系统；加强应对气候变化卫生应急保障工作，先后印发了《关于切实做好自然灾害卫生服务工作的紧急通知》和《关于做好高温天气医疗卫生服务工作的通知》，组织做好自然灾害卫生应急和高温天气医疗卫生服务工作；在预测分析气候变化对寄生虫病的分布和传播影响的基础上，开展适应政策指标研究，为卫生计生部门制定适应气候变化政策提供依据。气象局成立京津冀及周边地区人工影响天气消减雾霾领导小组和试验工作组，联合开展飞机和地面人工增雨（雪）作业试验；与环境保护部联合印发《京津冀及周边地区重污染天气监测预警实施方案》，建立了京津冀及周边地区重污染天气联合会商、信息联合发布和应急联动机制。

（四）开展低碳发展试点示范

2013 年以来，中国稳步推进低碳省区和低碳城市试点，积极组织碳排放权交易试点，开展低碳工业园区、低碳社区、低碳交通运输等领域试点示范工作，初步形成了从省区、城市、城镇到园区、社区的全方位低碳发展试点示范工作格局。

1. 稳步推进低碳省区和低碳城市试点

各试点省区和城市大力发展第三产业，控制两高一资行业，发展战略性新兴产业，推广清洁能源利用，增加森林碳汇，倡导绿色低碳生活方式和消费模式，完善工作机制，创新体制机制，积极探索适合本地区的绿色低碳发展模式，取得了积极进展。在第一批“五省八市”中，深圳市率先提出在 2017—2020 年间达到碳排放峰值；第二批 29 个试点省市均明确提出碳排放峰值目标或总量控制目标，北京、镇江等城市探索开展新建项目碳评估制度。根据国家发展改革委 2013 年组织开展的 2012 年度控制温室气体排放目标责任试评价考核结果，列入试点的 10 个省（直辖市）2012 年碳强度比 2010 年下降平均幅度约 9.2%，高于全国总体下降幅度，广东、湖北、北京、天津、上海和云南等试点省市超额完成了 2012 年度及“十二五”累计进度目标，其他试点地区碳强度完成情况也显著好于同类地区。

2. 继续推动碳排放权交易试点

截至 2013 年年底，深圳、上海、北京、广东和天津先后启动了地方碳交易市场，正式上线交易。2014 年第二季度，湖北和重庆相继正式启动上线交易。地方碳交易试点的运行标志着中国利用市场机制推进绿色低碳发展迈出了具有开创性和重要意义的一步，是中国应对气候变化领域一项重大的体制创新。试点省市高度重视碳交易市场建设工作，开展了各项基础工作，包括制定地方法律法规，确定总量控制目标和覆盖范围，建立温室气体测量、报告和核查（MRV）制度，分配排放配额，建立交易系统和规则，开发注册登记系统，设立专门管理机构，建立市场监管体系，进行人员培训和能力建设，初步形成了全面完整的碳交易试点制度框架。通过试点省市的积极探索，目前已基本形成了具有一定约束力的、由强度目标转换成绝对总量控制目标的、覆盖部分经济部门的“上限－交易（Cap-Trade）”交易和政策体系，建立了坚实的技术基础和能力。各试点省市均通过场内交易完成了碳定价，带动相关产业发展，企业意识有了显著提高。截至2014年10月底，7个试点省市碳交易市场共交易1375万吨二氧化碳，累计成交金额突破5亿元人民币；配额拍卖合计成交量1521万吨，共获得拍卖收入7.6亿元人民币。

3. 开展国家低碳工业园区、低碳社区等试点示范

开展国家低碳工业园区试点。2013年10月，工业和信息化部与国家发展改革委联合开展国家低碳工业园区试点工作，研究制定相应的评价指标体系和配套政策，选择一批基础好、有特色、代表性强、依法设立的工业园区进行试点建设，推广一批适合中国国情的工业园区低碳管理模式，引导和带动工业低碳发展。目前第一批55家园区已经通过评审并正式纳入试点，正积极组织编制试点园区实施方案。

开展低碳社区试点。2014年3月，国家发展改革委组织开展低碳社区试点工作，将低碳理念融入社区规划、建设、管理和居民生活之中，探索有效控制城乡社区碳排放的途径，推动城乡社区低碳化发展，研究制定《低碳社区试点建设指南》和《低碳社区试点评价指标体系》，研究低碳社区碳减排量核算方法学，积极推动相关法规制度建设。预计到“十二五”末，全国开展低碳社区试点达到1000个左右，择优建设一批国家级低碳示范社区。

推进碳捕集、利用与封存试验示范。2013年4月，国家发展改革委发布《关于推动碳捕集、利用和封存（CCUS）试验示范的通知》，扎实推进碳捕集、利用和封存试验示范工作。科技部发布《“十二五”碳捕集、利用与封存科技发展专项规划》，开展了二氧化碳化工利用关键技术研发与示范、二氧化碳矿化利用技术研发与工程示范、燃煤电厂二氧化碳捕集、驱替煤层气利用与封存技术研究与试验示范等CCUS科技支撑计划项目。科技部编制发布碳捕集、利用和封存技术发展路线图，指导国内CCUS科研和产业发展。

开展亚太经合组织（APEC）低碳城镇示范。APEC低碳城镇示范项目是中国领导人在APEC第十八次领导人非正式会议上向全球发出的重要倡议，国家能源局、国家发展改革委、住房与城乡建设部等部门，组织开展APEC低碳示范城镇推广活动，目前共有26个项目入选第一批项目库。

开展低碳交通运输试点。交通运输部继续做好天津、重庆、北京、昆明等26个城市的低碳交通运输体系建设试点工作，组织召开了绿色循环低碳交通运输体系建设试点示范推进会，指导26个试点城市落实试点实施方案，组织完成了第一批10个试点城市的书面调研总结工作，继续深化绿色循环低碳交通运输体系研究，初步提出了绿色循环低碳交通运输体系建设评价考核指标。

（五）加强基础能力建设

2013年以来，中国积极推动气候变化相关立法，开展应对气候变化重大战略研究，加强应对气候变化规划编制，完善气候变化相关政策体系，强化应对气候变化科技支撑，加快温室气体统计、核算和考核体系建设，应对气候变化基础能力得到明显提升。

1. 推动气候变化相关立法

加快推进应对气候变化立法工作。国家发展改革委与全国人大环资委、全国人大法工委和国务院法制办等应对气候变化立法领导小组成员单位联系沟通，加快推进应对气候变化立法。在深入开展立法需求调研、总结国内应对气候变化实践、借鉴国外立法经验、征求各相关单位意见基础上，起草完成了应对气候变化法律框架草案，并进一步修改完善。

加强应对气候变化相关法规制定。北京、上海、天津、重庆、湖北、广东、深圳等省市制定碳排放交易管理办法，推动碳排放交易市场健康发展。国家发展改革委联合国家认监委印发《低碳产品认证管理暂行办法》，规范低碳产品认证活动。国家发展改革委制定发布了《单位国内生产总值二氧化碳排放降低目标责任考核评估办法》，对各地单位国内生产总值二氧化碳排放降低目标完成情况进行考核，对落实各项任务和措施进行评估。气象局启动《气象灾害防御法》立法研究。

2. 加强重大战略研究和规划编制

开展应对气候变化重大战略研究。国家发展改革委牵头研究制定中国2020年后控制温室气体排放行动目标方案，组织论证中国二氧化碳排放峰值问题。国家发展改革委加快推进中国低碳发展宏观战略研究，支持开展了中国低碳发展宏观战略总体思路、中国能源低碳发展战略、中国2050年温室气体减排路线图以及中国低碳城镇化等重大课题研究，目前已形成系列专题报告和政策建议报告等阶段性成果，完成中国低碳发展宏观战略总体思路报告。国家气候变化专家委员会积极开展应对气候变化决策咨询，围绕“十三五”规划编制、国际谈判制度建设等方面开展战略研究。

加强应对气候变化规划编制工作。国务院批复并由国家发展改革委发布《国家应对气候变化规划（2014—2020年）》，分析了全球气候变化趋势及对中国的影响、应对气候变化工作现状、面临的形势及战略要求等内容，提出了中国积极应对气候变化的指导思想和主要目标，明确了控制温室气体排放、适应气候变化影响等重点任务，并从实施试点示范工程、完善区域应对气候变化政策、健全激励约束机制、强化科技支撑、加强能力建设、深化国际交流与合作等方面提出政策措施和实施途径，确保规划目标任务落实。全国各地区积极开展省级应对气候变化专项规划编制工作，进一步明确和落实各项减缓和适应任务，目前已经有20多个省（自治区、直辖市）发布了省级应对气候变化规划。

3. 完善气候变化相关政策体系

2013年9月，国务院发布《大气污染防治行动计划》，部署大气污染防治十条措施，突出重点、分类指导、多管齐下、科学施策，把调整优化结构、强化创新驱动和保护生态环境结合起来，用硬措施完成硬任务。2014年5月，国务院办公厅印发《2014—2015年节能减排低碳发展行动方案》，坚持用“铁规”和“铁腕”推进节能减排降碳，进一步硬化考核指标、量化工作任务、强化保障措施。全国各省（自治区、直辖市）、国务院各部门陆续出台了一系列应对气候变化相关政策性文件，应对气候变化政策体系得到进一步完善。

4. 强化应对气候变化科技支撑

2014年8月，国家发展改革委发布《国家重点推广的低碳技术目录》，加快低碳技术推广和应用。科技部会同气象局等部门组织编制第三次《气候变化国家评估报告》，系统总结了中国气候变化科研成果；编制发布了《节能减排与低碳技术成果转化与推广应用清单（第一批）》，促进低碳技术推广应用；组织开展《“十二五”国家应对气候变化科技发展专项规划》落实检查，推动专项规划的执行和落实。环境保护部推动重点行业大气污染物与温室气体协调控制、生物多样性和水环境质量适应气候变化的研究和政策制定，提出了加强碳捕集利用封存环境管理以及防范页岩气开发中的气候风险的对策建议。国家林业局围绕生态系统碳机制、适应和减缓气候变化技术开发、碳汇计量监测等方面开展研究，取得重要进展。气象局继续强化气候变化基础性工作，组织实施“气溶胶—云—辐射反馈及其与亚洲季风相互作用的研究”等国家科技计划项目，完成第一轮区域气候变化评估工作。国家海洋局开展了短期气候预测、二氧化碳通量监测和湿地固碳等领域的科学研究。交通运输部组织开展了行业温室气体排放清单编制指南和交通运输企业参与碳排放权交易政策研究。中科院扎实推进战略性先导科技专项实施，陆续启动实施了“应对气候变化的碳收支认证及相关问题”等战略性科技先导专项，启动“西部行动计划”专项研究。水利部完成了第一次全国水利普查工作，组织开展了“气候变化对黄淮海地区水循环的影响机理和水资源安全评估”等10余项水利应对气候变化重大课题研究。住房和城乡建设部组织实施“中国北方既有居住建筑采暖能耗基准线研究项目”。

5. 稳步推进统计核算考核体系建设

完善统计核算体系。2013年，国家发展改革委、国家统计局发布了《关于加强应对气候变化统计工作的意见》，国家统计局研究制定了《应对气候变化统计工作方案》，建立了应对气候变化统计指标体系和《应对气候变化部门统计报表制度》，并会同国家发展改革委印发了《关于开展应对气候变化统计工作的通知》，组织成立了应对气候变化统计工作领导小组，要求各相关部门和行业协会加强组织领导，落实职责分工，确保数据质量。国家发展改革委研究建立重点企（事）业单位温室气体排放报送制度，2014年下发了《关于组织开展重点企（事）业单位温室气体排放报告工作的通知》，明确了报告主体、内容、程序及相关保障措施；正式发布化工、水泥、钢铁、有色、电力、航空、陶瓷等10个行业的生产企业温室气体排放核算方法与报告指南；推动碳排放权交易试点省市逐步完善核算核查制度，完成企业碳排放核算工作，规范第三方核查工作。国家林业局初步建成了全国森林碳汇计量监测体系，具备了运用调查实测成果科学测算中国森林碳汇量的能力。

健全评价考核制度。2013年4月，国家发展改革委组织对全国31个省（自治区、直辖市）2012年度控制温室气体排放目标责任进行首次试评价考核，进一步加强了对控制温室气体排放相关工作的督促指导和政策协调。在认真总结2012年度试评价考核工作的基础上，2014年8月，国家发展改革委组织修改完善并发布了《单位国内生产总值二氧化碳排放降低目标责任考核评估办法》，正式启动对省级人民政府碳强度下降目标的考核评估，督促各地区切实落实碳强度下降目标责任，确保实现“十二五”碳强度下降目标。

提升排放核算能力。围绕“摸清家底、支撑决策、支持工作”的核心任务，国家发展改革委推动在国家、地区和企业层面有序开展温室气体排放核算能力建设，取得积极进展。开展第三次国家信息通报编制工作，做好上半年和全年单位国内生产总值二氧化碳排放下降目标完成情况的形势分析和预测，加强省级温室气体清单编制和碳强度测算能力建设，组织对全国31个省（自治区、直辖市）2005年和2010年本地区温室气体排放清单进行评估和验收。

（六）全社会广泛参与

2013年以来，通过宣传材料、论坛会议、培训交流等多种途径及媒介，加强对低碳发展的引导，强化对低碳理念的宣传，逐步形成了全社会广泛参与的低碳发展格局。

1. 政府强化引导

2014年9月，作为中国国家主席习近平特使，国务院副总理张高丽同志出席了联合国气候峰会并发表讲话，强调中国高度重视应对气候变化，愿与国际社会一道，积极应对气候变化的严峻挑战，在国际社会产生了广泛影响。2013年6月17日，国家发展改革委和有关部门围绕首个“全国低碳日”联合举办了一系列活动，联合国秘书长潘基文参观气候变化主题展览并给予高度评价。2014年，国家发展改革委会同有关部门继续组织开展了2014年“全国低碳日”活动、天津夏季达沃斯论坛“气候变化：气候政策的新环境”分会、生态文明贵阳国际论坛“气候变化与未来地球”分论坛等，取得了良好的宣传效果。国管局会同国家发展改革委、财政部开展第一批节约型公共机构示范单位创建工作，共有879家公共机构成为示范单位。各地方政府举办了低碳知识科普大赛、主题展览、低碳案例征集、宣传低碳典型等活动，向全社会倡导低碳消费模式和生产方式，宣传地方低碳政策与行动。国家发展改革委会同有关部门组织联合国华沙气候变化大会“中国角”系列宣传活动，向国际社会展示中国应对气候变化的积极行动。卫生计生委等部门组织开展“环境与健康宣传周”等活动，提高公众环境与健康意识，增强公众应对极端天气的防护能力。林业局组织开发了两门林业应对气候变化远程培训课件。气象局组织了政府间气候变化专门委员会（IPCC）第五次评估报告宣讲会，并举办了第十届气候系统与气候变化国际讲习班及多期气候预测培训班，拍摄了纪录片《气候变化与粮食安全》。海洋局建立了“中国海洋与气候变化信息网”，广泛宣传海洋领域应对气候变化工作。国家认监委组织制作了公益广告和海报，推广低碳产品认证制度。

2. 社会组织带动

在国家发展改革委气候司指导下，国家信息中心与中国民促会绿色出行基金在杭州、宁波、镇江、保定等地联合主办了“低碳中国·院士专家行”活动，开展了“2014 年低碳中国行优秀低碳案例”评选活动，20 家优秀园区、社区、企业入选。国家应对气候变化战略研究和国际合作中心联合中国人民大学新闻与社会发展研究中心、气象局公共气象服务中心、中国绿色碳汇基金会联合举办了四期“应对气候变化媒体课堂”活动。中国科学技术协会指导、中国国土经济学会组织发起了“全国低碳国土实验区”活动。中国绿色碳汇基金会举办了第四届“绿化祖国·低碳行动”植树节，并组织了首届“中国绿色碳汇节·绿韵—竹乐器暨竹文化艺术展”活动，实施了第六届中国国际生态竞争力等重要会议的碳中和项目。中国民促会编制出版了《低碳生活案例手册》，收录了城市和农村衣、食、住、行、工作等领域的低碳生活案例。世界自然基金会以“蓝天自造”为主题，举办了“地球一小时”活动。

3. 公众广泛参与

随着应对气候变化教育、培训及宣传工作的持续开展，公众更为积极地参与低碳出行、低碳饮食、低碳居住、购买节能低碳产品等活动。各地广泛开展了以学校、机关、商场、军营、企业、社区为单位的节能减碳活动，号召人们树立“节能、节俭、节约”的工作、生活和消费理念。民政部举办了 2014 年国家综合防灾减灾与可持续发展论坛，各地采取发放各类宣传材料、举办培训及讲座、举行不同规模的演练、发送公益短信等形式，组织公众广泛参与。

（七）积极推进应对气候变化多边进程

2013 年以来，中国本着合作共赢的原则，团结广大发展中国家，保持与发达国家的交流与沟通，积极参与国际社会应对气候变化进程，在当前气候变化谈判中发挥了积极建设性作用。

1. 积极参与公约下谈判进程

中国坚持以《联合国气候变化框架公约》和《京都议定书》为基本框架的国际气候制度，坚持公约框架下的多边谈判是应对气候变化的主渠道，坚持“共同但有区别的责任”原则、公平原则和各自能力原则，坚持公开透明、广泛参与、缔约方驱动和协商一致的原则。中国一贯积极建设性参与谈判，在公平合理、务实有效和合作共赢的基础上推动谈判取得进展，不断加强公约的全面、有效和持续实施。

2013年，中国继续积极参与联合国进程下的气候变化国际谈判，全面参与华沙会议下各议题磋商，积极引导谈判走向，推动会议取得成功。在中国等广大发展中国家努力下，通过了进一步推进德班平台的决定，为2015年如期达成协议奠定基础，并围绕落实巴厘路线图成果做出相关安排，在发展中国家关切的资金、损失和损害、议定书第二承诺期等问题上取得一定进展。中国代表团在华沙会议期间创新传媒表达方式，举办多场形式新颖的“中国角”边会活动，向国际社会宣传介绍中国相关成就和政策，全面展现积极负责任的国际形象。

2. 积极参与其他多边进程

中国国家主席习近平在出席金砖国家领导人会议、“二十国集团”领导人峰会、亚太经合组织领导人峰会、第八届夏季达沃斯论坛等重大多边外交活动中，多次发表重要讲话，与各国元首共同推动积极应对气候变化、推动多边进程。2014年9月，国务院副总理张高丽将以习近平主席特使身份率团赴纽约参加联合国气候峰会，强调中国高度重视应对气候变化，愿与国际社会一道，积极应对气候变化的严峻挑战。积极参与政府间气候变化专门委员会第五次评估报告三个工作组报告和综合报告的政府评审工作。积极参与国际民航组织、国际海事组织、《关于消耗臭氧层物质的蒙特利尔议定书》、万国邮政联盟等国际机制下的谈判。积极参与“全球清洁炉灶联盟”“全球甲烷倡议”“全球农业温室气体研究联盟”等活动，推动公约主渠道谈判取得进展。

2014年11月，中美发布《中美气候变化联合声明》，中方首次正式提出，计划2030年左右中国二氧化碳排放达到峰值且将努力早日达峰，并计划到2030年非化石能源占一次能源消费比重提高到20%左右。多年来全球气候谈判停滞不前，中美两国此次率先实现了突破。联合国秘书长潘基文在利马气候大会期间表示，此举将对气候变化谈判和行动产生重大影响。欧盟委员会首席谈判代表埃利娜·巴德玛在利马接受采访时认为，中美声明将推动其他国家尽快参与到全球气候变化问题的行动中。

3. 利马会议基本立场主张与成效

2014年12月，《联合国气候变化框架公约》第20次缔约方会议和《京都议定书》第10次缔约方会议在秘鲁首都利马举行，距2015年巴黎会议新协议出台仅剩一年时间，是达成新协议之前的重要一站。中国支持2015年巴黎会议如期达成协议。一要坚持公约框架，坚持“共同但有区别的责任”原则、公平原则和各自能力原则，加强公约的全面、有效、持续实施。二要落实已有共识，兑现各自承诺，发达国家要切实提高减排力度，履行向发展中国家提供资金支持和技术转让的义务。三要强化目标行动，采取强有力的措施，积极应对气候变化。

利马气候变化协议草案，作为2015年巴黎气候大会制订一份新的具有约束力和永久性的全球气候协议的基础。此次大会还明确了缔约方需要向新协议提交的“国家自主决定贡献”所涉及的信息以及相关安排。另外，此次会议期间召开的绿色气候基金认捐会议实现并超过了初始资本100亿美元的目标。

三、中国应对气候变化国家方案

（一）中国应对气候变化的指导思想、原则与目标

中国经济社会发展正处在重要战略机遇期。中国将落实节约资源和保护环境的基本国策，发展循环经济，保护生态环境，加快建设资源节约型、环境友好型社会，积极履行《气候公约》相应的国际义务，努力控制温室气体排放，增强适应气候变化的能力，促进经济发展与人口、资源、环境相协调。

1. 指导思想

中国应对气候变化的指导思想是：全面贯彻落实科学发展观，推动构建社会主义和谐社会，坚持节约资源和保护环境的基本国策，以控制温室气体排放、增强可持续发展能力为目标，以保障经济发展为核心，以节约能源、优化能源结构、加强生态保护和建设为重点，以科学技术进步为支撑，不断提高应对气候变化的能力，为保护全球气候做出新的贡献。

2. 原则

中国应对气候变化要坚持以下原则：

——在可持续发展框架下应对气候变化的原则。这既是国际社会达成的重要共识，也是各缔约方应对气候变化的基本选择。中国政府早在1994年就制定和发布了可持续发展战略——《中国21世纪议程——中国21世纪人口、环境与发展白皮书》，并于1996年首次将可持续发展作为经济社会发展的重要指导方针和战略目标，2003年中国政府又制定了《中国21世纪初可持续发展行动纲要》。中国将继续根据国家可持续发展战略，积极应对气候变化问题。

——遵循《气候公约》规定的“共同但有区别的责任”原则。根据这一原则，发达国家应带头减少温室气体排放，并向发展中国家提供资金和技术支持；发展

经济、消除贫困是发展中国家压倒一切的首要任务，发展中国家履行公约义务的程度取决于发达国家在这些基本的承诺方面能否得到切实有效的执行。

——减缓与适应并重的原则。减缓和适应气候变化是应对气候变化挑战的两个有机组成部分。对于广大发展中国家来说，减缓全球气候变化是一项长期、艰巨的挑战，而适应气候变化则是一项现实、紧迫的任务。中国将继续强化能源节约和结构优化的政策导向，努力控制温室气体排放，并结合生态保护重点工程以及防灾、减灾等重大基础工程建设，切实提高适应气候变化的能力。

——将应对气候变化的政策与其他相关政策有机结合的原则。积极适应气候变化、努力减缓温室气体排放涉及经济社会的许多领域，只有将应对气候变化的政策与其他相关政策有机结合起来，才能使这些政策更加有效。中国将继续把节约能源、优化能源结构、加强生态保护和建设、促进农业综合生产能力的提高等政策措施作为应对气候变化政策的重要组成部分，并将减缓和适应气候变化的政策措施纳入到国民经济和社会发展规划中统筹考虑、协调推进。

——依靠科技进步和科技创新的原则。科技进步和科技创新是减缓温室气体排放，提高气候变化适应能力的有效途径。中国将充分发挥科技进步在减缓和适应气候变化中的先导性和基础性作用，大力发展新能源、可再生能源技术和节能新技术，促进碳吸收技术和各种适应性技术的发展，加快科技创新和技术引进步伐，为应对气候变化、增强可持续发展能力提供强有力的科技支撑。

——积极参与、广泛合作的原则。全球气候变化是国际社会共同面临的重大挑战，尽管各国对气候变化的认识和应对手段尚有不同看法，但通过合作和对话，共同应对气候变化带来的挑战是基本共识。中国将积极参与《气候公约》谈判和政府间气候变化专门委员会的相关活动，进一步加强气候变化领域的国际合作，积极推进在清洁发展机制、技术转让等方面的合作，与国际社会一道共同应对气候变化带来的挑战。

（二）中国应对气候变化的相关政策和措施

按照全面贯彻落实科学发展观的要求，把应对气候变化与实施可持续发展战略、加快建设资源节约型、环境友好型社会和创新型国家结合起来，纳入国民经济和社会发展总体规划和地区规划；一方面抓减缓温室气体排放，另一方面抓提高适应气候变化的能力。中国将采取一系列法律、经济、行政及技术等手段，大力节约能源，优化能源结构，改善生态环境，提高适应能力，加强科技开发和研究能力，提高公众的气候变化意识，完善气候变化管理机制，努力实现本方案提出的目标与任务。

1. 减缓温室气体排放的重点领域

（1）能源生产和转换

1）制定和实施相关法律法规。

大力加强能源立法工作，建立健全能源法律体系，促进中国能源发展战略的实施，确立能源中长期规划的法律地位，促进能源结构的优化，减缓由能源生产和转换过程产生的温室气体排放。采取的主要措施包括：

——加快制定和修改有利于减缓温室气体排放的相关法规。根据中国今后经济社会可持续发展对构筑稳定、经济、清洁、安全能源供应与服务体系的要求，尽快制定和公布实施《中华人民共和国能源法》，并根据该法的原则和精神，对《中华人民共和国煤炭法》《中华人民共和国电力法》等法律法规进行相应修订，进一步强化清洁、低碳能源开发和利用的鼓励政策。

——加强能源战略规划研究与制定。研究提出国家中长期能源战略，并尽快制定和完善中国能源的总体规划以及煤炭、电力、油气、核电、可再生能源、石油储备等专项规划，提高中国能源的可持续供应能力。

——全面落实《中华人民共和国可再生能源法》。制定相关配套法规和政策，制定国家和地方可再生能源发展专项规划，明确发展目标，将可再生能源发展作为建设资源节约型和环境友好型社会的考核指标，并通过法律等途径引导和激励国内外各类经济主体参与开发利用可再生能源，促进能源的清洁发展。

2）加强制度创新和机制建设。

——加快推进中国能源体制改革。着力推进能源管理体制改革，依靠市场机制和政府推动，进一步优化能源结构；积极稳妥地推进能源价格改革，逐步形成能够反映资源稀缺程度、市场供求关系和污染治理成本的价格形成机制，建立有助于实现能源结构调整和可持续发展的价格体系；深化对外贸易体制改革，控制高耗能、高污染和资源性产品出口，形成有利于促进能源结构优质化和清洁化的进出口结构。

——进一步推动中国可再生能源发展的机制建设。按照政府引导、政策支持和市场推动相结合的原则，建立稳定的财政资金投入机制，通过政府投资、政府特许等措施，培育持续稳定增长的可再生能源市场；改善可再生能源发展的市场环境，国家电网和石油销售企业将按照《中华人民共和国可再生能源法》的要求收购可再生能源产品。

3）强化能源供应行业的相关政策措施。

——在保护生态基础上有序开发水电。把发展水电作为促进中国能源结构向清洁低碳化方向发展的重要措施。在做好环境保护和移民安置工作的前提下，合理开发和利用丰富的水力资源，加快水电开发步伐，重点加快西部水电建设，因地制宜开发小水电资源。

——积极推进核电建设。把核能作为国家能源战略的重要组成部分，逐步提高核电在中国一次能源供应总量中的比重，加快经济发达、电力负荷集中的沿海地区的核电建设；坚持以我为主、中外合作、引进技术、推进自主化的核电建设方针，统一技术路线，采用先进技术，实现大型核电机组建设的自主化和本地化，提高核电产业的整体能力。

——加快火力发电的技术进步。优化火电结构，加快淘汰落后的小火电机组，适当发展以天然气、煤层气为燃料的小型分散电源；大力发展单机 60 万千瓦以上超（超）临界机组、大型联合循环机组等高效、洁净发电技术；发展热电联产、热电冷联产和热电煤气多联供技术；加强电网建设，采用先进的输、变、配电技术和设备，降低输、变、配电损耗。

——大力发展煤层气产业。将煤层气勘探、开发和矿井瓦斯利用作为加快煤炭工业调整结构、减少安全生产事故、提高资源利用率、防止环境污染的重要手段，最大限度地减少煤炭生产过程中的能源浪费和甲烷排放。主要鼓励政策包括：对地面抽采项目实行探矿权、采矿权使用费减免政策，对煤矿瓦斯抽采利用及其他综合利用项目实行税收优惠政策，煤矿瓦斯发电项目享受《中华人民共和国可再生能源法》规定的鼓励政策，工业、民用瓦斯销售价格不低于等热值天然气价格，鼓励在煤矿瓦斯利用领域开展清洁发展机制项目合作等。

——推进生物质能源的发展。以生物质发电、沼气、生物质固体成型燃料和液体燃料为重点，大力推进生物质能源的开发和利用。在粮食主产区等生物质能源资源较丰富地区，建设和改造以秸秆为燃料的发电厂和中小型锅炉。在经济发达、土地资源稀缺地区建设垃圾焚烧发电厂。在规模化畜禽养殖场、城市生活垃圾处理场等地方建设沼气工程，合理配套安装沼气发电设施。大力推广沼气和农林废弃物气化技术，提高农村地区生活用能的燃气比例，把生物质气化技术作为解决农村和工业生产废弃物环境问题的重要措施。努力发展生物质固体成型燃料和液体燃料，制定有利于以生物燃料乙醇为代表的生物质能源开发利用的经济政策和激励措施，促进生物质能源的规模化生产和使用。

——积极扶持风能、太阳能、地热能、海洋能等的开发和利用。通过大规模的风电开发和建设，促进风电技术进步和产业发展，实现风电设备国产化，大幅降低成本，尽快使风电具有市场竞争能力；积极发展太阳能发电和太阳能热利用，在偏远地区推广用光伏发电系统或建设小型光伏电站，在城市推广普及太阳能一体化建筑、太阳能集中供热水工程，建设太阳能采暖和制冷示范工程，在农村和小城镇推广用太阳能热水器、太阳房和太阳灶；积极推进地热能和海洋能的开发利用，推广满足环境和水资源保护要求的地热供暖、供热水和地源热泵技术，研究开发深层地热发电技术；在浙江、福建和广东等地发展潮汐发电，研究利用波浪能等其他海洋能发电技术。

4）加大先进适用技术开发和推广力度。

大力提高常规能源、新能源和可再生能源开发和利用技术的自主创新能力，促进能源工业可持续发展，增强应对气候变化的能力。

——煤的清洁高效开发和利用技术。重点研究开发煤炭高效开采技术及配套装备、重型燃气轮机、整体煤气化联合循环（IGCC）、高参数超（超）临界机组、超临界大型循环流化床等高效发电技术与装备，开发和应用液化及多联产技术，大力开发煤液化以及煤气化、煤化工等转化技术、以煤气化为基础的多联产系统技术、二氧化碳捕获及利用、封存技术等。

——油气资源勘探开发利用技术。重点开发复杂断块与岩性地层油气藏勘探技术，低品位油气资源高效开发技术，提高采收率技术，深层油气资源勘探开发技术，重点研究开发深海油气藏勘探技术和稠油油藏提高采收率综合技术。

——核电技术。研究并掌握快堆设计及核心技术，相关核燃料和结构材料技术，突破钠循环等关键技术，积极参与国际热核聚变实验反应堆的建设和研究。

——可再生能源技术。重点研究低成本规模化开发利用技术，开发大型风力发电设备，高性价比太阳光伏电池及利用技术，太阳能热发电技术，太阳能建筑一体化技术，生物质能和地热能等开发利用技术。

——输配电和电网安全技术。重点研究开发大容量远距离直流输电技术和特高压交流输电技术与装备，间歇式电源并网及输配技术，电能质量监测与控制技术，大规模互联电网的安全保障技术，西电东送工程中的重大关键技术，电网调度自动化技术，高效配电和供电管理信息技术和系统。

（2）提高能源效率与节约能源

1）加快相关法律法规的制定和实施。

——健全节能法规和标准。修订完善《中华人民共和国节约能源法》，建立严格的节能管理制度，完善各行为主体责任，强化政策激励，明确执法主体，加大惩戒力度；抓紧制定和修订《节约用电管理办法》《节约石油管理办法》《建筑节能管理条例》等配套法规；制定和完善主要工业耗能设备、家用电器、照明器具、机动车等能效标准，修订和完善主要耗能行业节能设计规范、建筑节能标准，加快制定建筑物制冷、采暖温度控制标准等。

——加强节能监督检查。健全强制淘汰高耗能、落后工艺、技术和设备的制度，依法淘汰落后的耗能过高的用能产品、设备；完善重点耗能产品和新建建筑的市场准入制度，对达不到最低能效标准的产品，禁止生产、进口和销售，对不符合建筑节能设计标准的建筑，不准销售和使用；依法加强对重点用能单位能源利用状况的监督检查，加强对高耗能行业及政府办公建筑和大型公共建筑等公共设施用能情况的监督；加强对产品能效标准、建筑节能设计标准和行业设计规范执行情况的检查。

2）加强制度创新和机制建设。

——建立节能目标责任和评价考核制度。实施 GDP 能耗公报制度，完善节能信息发布制度，利用现代信息传播技术，及时发布各类能耗信息，引导地方和企业加强节能工作。

——推行综合资源规划和电力需求侧管理，将节约量作为资源纳入总体规划，引导资源合理配置，采取有效措施，提高终端用电效率、优化用电方式，节约电力。

——大力推动节能产品认证和能效标识管理制度的实施，运用市场机制，鼓励和引导用户和消费者购买节能型产品。

——推行合同能源管理，克服节能新技术推广的市场障碍，促进节能产业化，为企业实施节能改造提供诊断、设计、融资、改造、运行、管理一条龙服务。

——建立节能投资担保机制，促进节能技术服务体系的发展。

——推行节能自愿协议，最大限度地调动企业和行业协会的节能积极性。

3）强化相关政策措施。

——大力调整产业结构和区域合理布局。推动服务业加快发展，提高服务业在国民经济中的比重。把区域经济发展与能源节约、环境保护、控制温室气体排放有机结合起来，根据资源环境承载能力和发展潜力，按照主体功能区划要求，确定不同区域的功能定位，促进形成各具特色的区域发展格局。

——严格执行《产业结构调整指导目录》。控制高耗能、高污染产业规模，降低高耗能、高污染产业比重，鼓励发展高新技术产业，优先发展对经济增长有重大带动作用的低能耗的信息产业，制定并实施钢铁、有色、水泥等高耗能行业发展规划和产业政策，提高行业准入标准，制定并完善国内紧缺资源及高耗能产品出口的政策。

——制定节能产品优惠政策。重点是终端用能设备，包括高效电动机、风机、水泵、变压器、家用电器、照明产品及建筑节能产品等，对生产或使用目录所列节能产品实行鼓励政策，并将节能产品纳入政府采购目录，对一些重大节能工程项目和重大节能技术开发、示范项目给予投资和资金补助或贷款贴息支持，研究制定发展节能省地型建筑和绿色建筑的经济激励政策。

——研究鼓励发展节能环保型小排量汽车和加快淘汰高油耗车辆的财政税收政策。择机实施燃油税改革方案，制定鼓励节能环保型小排量汽车发展的产业政策，制定鼓励节能环保型小排量汽车消费的政策措施，取消针对节能环保型小排量汽车的各种限制，引导公众树立节约型汽车消费理念，大力发展公共交通，提高轨道交通在城市交通中的比例，研究鼓励混合动力汽车、纯电动汽车的生产和消费政策。

4）强化重点行业的节能技术开发和推广。

——钢铁工业。焦炉同步配套干熄焦装置，新建高炉同步配套余压发电装置，积极采用精料入炉、富氧喷煤、铁水预处理、大型高炉、转炉和超高功率电炉、炉外精炼、连铸、连轧、控轧、控冷等先进工艺技术和装备。

——有色金属工业。矿山重点采用大型、高效节能设备，铜熔炼采用先进的富氧闪速及富氧熔池熔炼工艺，电解铝采用大型预焙电解槽，铅熔炼采用氧气底吹炼铅新工艺及其他氧气直接炼铅技术，锌冶炼发展新型湿法工艺。

——石油化工工业。油气开采应用采油系统优化配置、稠油热采配套节能、注水系统优化运行、二氧化碳回注、油气密闭集输综合节能和放空天然气回收利用等技术，优化乙烯生产原料结构，采用先进技术改造乙烯裂解炉，大型合成氨装置采用先进节能工艺、新型催化剂和高效节能设备，以天然气为原料的合成氨推广一段炉烟气余热回收技术，以石油为原料的合成氨加快以天然气替代原料油的改造，中小型合成氨采用节能设备和变压吸附回收技术，采用水煤浆或先进粉煤气化技术替代传统的固定床造气技术，逐步淘汰烧碱生产石墨阳极隔膜法烧碱，提高离子膜法烧碱比重等措施。

——建材工业。水泥行业发展新型干法窑外分解技术，积极推广节能粉磨设备和水泥窑余热发电技术，对现有大中型回转窑、磨机、烘干机进行节能改造，逐步淘汰机立窑、湿法窑、干法中空窑及其他落后的水泥生产工艺。利用可燃废弃物替代矿物燃料，综合利用工业废渣和尾矿。玻璃行业发展先进的浮法工艺，淘汰落后的垂直引上和平拉工艺，推广炉窑全保温技术、富氧和全氧燃烧技术等。建筑陶瓷行业淘汰倒焰窑、推板窑、多孔窑等落后窑型，推广辊道窑技术。卫生陶瓷生产改变燃料结构，采用洁净气体燃料无匣钵烧成工艺。积极推广应用新型墙体材料以及优质环保节能的绝热隔音材料、防水材料和密封材料，提高高性能混凝土的应用比重，延长建筑物的寿命。

——交通运输。加速淘汰高耗能的老旧汽车，加快发展柴油车、大吨位车和专业车，推广厢式货车，发展集装箱等专业运输车辆；推动《乘用车燃料消耗量限值》国家标准的实施，从源头控制高耗油汽车的发展；加快发展电气化铁路，开发交—直—交高效电力机车，推广电气化铁路牵引功率因数补偿技术和其他节电措施，发展机车向客车供电技术，推广使用客车电源，逐步减少和取消柴油发电车；采用节油机型，提高载运率、客座率和运输周转能力，提高燃油效率，降低油耗；通过制定船舶技术标准，加速淘汰老旧船舶；采用新船型和先进动力系统。

——农业机械。淘汰落后农业机械；采用先进柴油机节油技术，降低柴油机燃油消耗；推广少耕免耕法、联合作业等先进的机械化农艺技术；在固定作业场地更多的使用电动机；开发水能、风能、太阳能等可再生能源在农业机械上的应用。通过淘汰落后渔船，提高利用效率，降低渔业油耗。

——建筑节能。重点研究开发绿色建筑设计技术，建筑节能技术与设备，供热系统和空调系统节能技术和设备，可再生能源装置与建筑一体化应用技术，精致建造和绿色建筑施工技术与装备，节能建材与绿色建材，建筑节能技术标准，既有建筑节能改造技术和标准。

——商业和民用节能。推广高效节能电冰箱、空调器、电视机、洗衣机、电脑等家用及办公电器，降低待机能耗，实施能效标准和标识，规范节能产品市场。推广稀土节能灯等高效荧光灯类产品、高强度气体放电灯及电子镇流器，减少普通白炽灯使用比例，逐步淘汰高压汞灯，实施照明产品能效标准，提高高效节能荧光灯使用比例。

5）进一步落实《节能中长期专项规划》提出的十大重点节能工程。

积极推进燃煤工业锅炉（窑炉）改造、区域热电联产、余热余压利用、节约和替代石油、电机系统节能、能量系统优化、建筑节能、绿色照明、政府机构节能、节能监测和技术服务体系建设等十大重点节能工程的实施，确保工程实施的进度和效果，尽快形成稳定的节能能力。

（3）工业生产过程

——大力发展循环经济，走新型工业化道路。按照“减量化、再利用、资源化”原则和走新型工业化道路的要求，采取各种有效措施，进一步促进工业领域的清洁生产和循环经济的发展，加快建设资源节约型、环境友好型社会，在满足未来经济社会发展对工业产品基本需求的同时，尽可能减少水泥、石灰、钢铁、电石等产品的使用量，最大限度地减少这些产品在生产和使用过程中产生的二氧化碳等温室气体排放。

——强化钢材节约，限制钢铁产品出口。进一步贯彻落实《钢铁产业发展政策》，鼓励用可再生材料替代钢材和废钢材回收，减少钢材使用数量；鼓励采用以废钢为原料的短流程工艺；组织修订和完善建筑钢材使用设计规范和标准，在确保安全的情况下，降低钢材使用系数；鼓励研究、开发和使用高性能、低成本、低消耗的新型材料，以替代钢材；鼓励钢铁企业生产高强度钢材和耐腐蚀钢材，提高钢材强度和使用寿命；取消或降低铁合金、生铁、废钢、钢坯（锭）、钢材等钢铁产品的出口退税，限制这些产品的出口。

——进一步推广散装水泥、鼓励水泥掺废渣。继续执行“限制袋装、鼓励和发展散装”的方针，完善对生产企业销售袋装水泥和使用袋装水泥的单位征收散装水泥专项资金的政策，继续执行对掺废渣水泥产品实行减免税优惠待遇等政策，进一步推广预拌混凝土、预拌砂浆等措施，保持中国散装水泥高速发展的势头。

——大力开展建筑材料节约。进一步推广包括节约建筑材料的“四节”（节能、节水、节材、节地）建筑，积极推进新型建筑体系，推广应用高性能、低材耗、可再生循环利用的建筑材料；大力推广应用高强钢和高性能混凝土；积极开展建筑垃圾与废品的回收和利用；充分利用秸秆等产品制作植物纤维板；落实严格设计、施工等材料消耗核算制度的要求，修订相关工程消耗量标准，引导企业推进节材技术进步。

——进一步推动已二酸等生产企业开展清洁发展机制项目等国际合作，积极寻求控制氧化亚氮及氢氟碳化物（HFCS）、全氟化碳（PFCS）和六氟化硫（SF_6）等温室气体排放所需的资金和技术援助，提高排放控制水平，以减少各种温室气体的排放。

（4）农业

——加强法律法规的制定和实施。逐步建立健全以《中华人民共和国农业法》《中华人民共和国草原法》《中华人民共和国土地管理法》等若干法律为基础的、各种行政法规相配合的、能够改善农业生产力和增加农业生态系统碳储量的法律法规体系，加快制定农田、草原保护建设规划，严格控制在生态环境脆弱的地区开垦土地，不允许以任何借口毁坏草地和浪费土地。

——强化高集约化程度地区的生态农业建设。通过实施农业面源污染防治工程，推广化肥、农药合理使用技术，大力加强耕地质量建设，实施新一轮沃土工程，科学施用化肥，引导增施有机肥，全面提升地力，减少农田氧化亚氮排放。

——进一步加大技术开发和推广利用力度。选育低排放的高产水稻品种，推广水稻半旱式栽培技术，采用科学灌溉技术，研究和发展微生物技术等，有效降低稻田甲烷排放强度；研究开发优良反刍动物品种技术，规模化饲养管理技术，降低畜产品的甲烷排放强度；进一步推广秸秆处理技术，促进户用沼气技术的发展；开发推广环保型肥料关键技术，减少农田氧化亚氮排放；大力推广秸秆还田和少（免）耕技术，增加农田土壤碳储存。

（5）林业

——加强法律法规的制定和实施。加快林业法律法规的制定、修订和清理工作。制定天然林保护条例、林木和林地使用权流转条例等专项法规；加大执法力度，完善执法体制，加强执法检查，扩大社会监督，建立执法动态监督机制。

——改革和完善现有产业政策。继续完善各级政府造林绿化目标管理责任制和部门绿化责任制，进一步探索市场经济条件下全民义务植树的多种形式，制定相关政策推动义务植树和部门绿化工作的深入发展。通过相关产业政策的调整，推动植树造林工作的进一步发展，增加森林资源和林业碳汇。

——抓好林业重点生态建设工程。继续推进天然林资源保护、退耕还林还草、京津风沙源治理、防护林体系、野生动植物保护及自然保护区建设等林业重点生态建设工程，抓好生物质能源林基地建设，通过有效实施上述重点工程，进一步保护现有森林碳储存，增加陆地碳储存和吸收汇。

（6）城市废弃物

——强化相关法律法规的实施。切实贯彻落实《中华人民共和国固体废物污染环境防治法》和《城市市容和环境卫生管理条例》《城市生活垃圾管理办法》

等法律法规，使管理的重点由目前的末端管理过渡到全过程管理，即垃圾的源头削减、回收利用和最终的无害化处理，最大限度地规范垃圾产生者和处理者的行为，并把城市生活垃圾处理工作纳入城市总体规划。

——进一步完善行业标准。根据新形势要求，制定强制性垃圾分类和回收标准，提高垃圾的资源综合利用率，从源头上减少垃圾产生量。严格执行并进一步修订现行的《城市生活垃圾分类及其评价标准》《生活垃圾卫生填埋技术规范》《生活垃圾填埋无害化评价标准》等行业标准，提高对填埋场产生的可燃气体的收集利用水平，减少垃圾填埋场的甲烷排放量。

——加大技术开发和利用的力度。大力研究开发和推广利用先进的垃圾焚烧技术，提高国产化水平，有效降低成本，促进垃圾焚烧技术产业化发展。研究开发适合中国国情、规模适宜的垃圾填埋气回收利用技术和堆肥技术，为中小城市和农村提供亟须的垃圾处理技术。加大对技术研发、示范和推广利用的支持力度，加快垃圾处理和综合利用技术的发展步伐。

——发挥产业政策的导向作用。以国家产业政策为导向，通过实施生活垃圾处理收费制度，推行环卫行业服务性收费、经济承包责任制和生产事业单位实行企业化管理等措施，促进垃圾处理体制改革，改善目前分散式的垃圾收集利用方式，推动垃圾处理的产业化发展。

——制定促进填埋气体回收利用的激励政策。制定激励政策，鼓励企业建设和使用填埋气体收集利用系统。提高征收垃圾处置费的标准，对垃圾填埋气体发电和垃圾焚烧发电的上网电价给予优惠，对填埋气体收集利用项目实行优惠的增值税税率，并在一定时间内减免所得税。

2. 适应气候变化的重点领域

（1）农业

——继续加强农业基础设施建设。加快实施以节水改造为中心的大型灌区续建配套，着力搞好田间工程建设，更新改造老化机电设备，完善灌排体系。继续推进节水灌溉示范，在粮食主产区进行规模化建设试点，干旱缺水地区积极发展节水旱作农业，继续建设旱作农业示范区。狠抓小型农田水利建设，重点建设田间灌排工程、小型灌区、非灌区抗旱水源工程。加大粮食主产区中低产田盐碱和渍害治理力度，加快丘陵山区和其他干旱缺水地区雨水集蓄利用工程建设。

——推进农业结构和种植制度调整。优化农业区域布局，促进优势农产品向优势产区集中，形成优势农产品产业带，提高农业生产能力。扩大经济作物和饲料作物的种植，促进种植业结构向粮食作物、饲料作物和经济作物三元结构的转变。调整种植制度，发展多熟制，提高复种指数。

——选育抗逆品种。培育产量潜力高、品质优良、综合抗性突出和适应性广的优良动植物新品种。改进作物和品种布局，有计划地培育和选用抗旱、抗涝、抗高温、抗病虫害等抗逆品种。

——遏制草地荒漠化加重趋势。建设人工草场，控制草原的载畜量，恢复草原植被，增加草原覆盖度，防止荒漠化进一步蔓延。加强农区畜牧业发展，增强畜牧业生产能力。

——加强新技术的研究和开发。发展包括生物技术在内的新技术，力争在光合作用、生物固氮、生物技术、病虫害防治、抗御逆境、设施农业和精准农业等方面取得重大进展。继续实施“种子工程”“畜禽水产良种工程”，搞好大宗农作物、畜禽良种繁育基地建设和扩繁推广。加强农业技术推广，提高农业应用新技术的能力。

（2）森林和其他自然生态系统

——制定和实施与适应气候变化相关的法律法规。加快《中华人民共和国森林法》《中华人民共和国野生动物保护法》的修订，起草《中华人民共和国自然保护区法》，制定湿地保护条例等，并在有关法律法规中增加和强化与适应气候变化相关的条款，为提高森林和其他自然生态系统适应气候变化能力提供法制化保障。

——强化对现有森林资源和其他自然生态系统的有效保护。对天然林禁伐区实施严格保护，使天然林生态系统由逆向退化向顺向演替转变。实施湿地保护工程，有效减少人为干扰和破坏，遏制湿地面积下滑趋势。扩大自然保护区面积，提高自然保护区质量，建立保护区走廊。加强森林防火，建立完善的森林火灾预测预报、监测、扑救助、林火阻隔及火灾评估体系。积极整合现有林业监测资源，建立健全国家森林资源与生态状况综合监测体系。加强森林病虫害控制，进一步建立健全森林病虫害监测预警、检疫御灾及防灾减灾体系，加强综合防治，扩大生物防治。

——加大技术开发和推广应用力度。研究与开发森林病虫害防治和森林防火技术，研究选育耐寒、耐旱、抗病虫害能力强的树种，提高森林植物在气候适应和迁移过程中的竞争和适应能力。开发和利用生物多样性保护和恢复技术，特别是森林和野生动物类型自然保护区、湿地保护与修复、濒危野生动植物物种保护等相关技术，降低气候变化对生物多样性的影响。加强森林资源和森林生态系统定位观测与生态环境监测技术，包括森林环境、荒漠化、野生动植物、湿地、林火和森林病虫害等监测技术，完善生态环境监测网络和体系，提高预警和应急能力。

（3）水资源

——强化水资源管理。坚持人与自然和谐共处的治水思路，在加强堤防和控制性工程建设的同时，积极退田还湖（河）、平垸行洪、疏浚河湖，对于生态严重恶化的河流，采取积极措施予以修复和保护。加强水资源统一管理，以流域为单元实行水资源统一管理，统一规划，统一调度。注重水资源的节约、保护和优化配置，改变水资源“取之不尽、用之不竭”的错误观念，从传统的“以需定供”转为“以供定需”。建立国家初始水权分配制度和水权转让制度。建立与市场经济体制相适应的水利工程投融资体制和水利工程管理体制。

——加强水利基础设施的规划和建设。加快建设南水北调工程，通过三条调水线路与长江、黄河、淮河和海河四大江河联通，逐步形成“四横三纵、南北调配、东西互济”的水资源优化配置格局。加强水资源控制工程（水库等）建设、灌区建设与改造，继续实施并开工建设一些区域性调水和蓄水工程。

——加大水资源配置、综合节水和海水利用技术的研发与推广力度。重点研究开发大气水、地表水、土壤水和地下水的转化机制和优化配置技术，污水、雨洪资源化利用技术，人工增雨技术等。研究开发工业用水循环利用技术，开发灌溉节水、旱作节水与生物节水综合配套技术，重点突破精量灌溉技术、智能化农业用水管理技术及设备，加强生活节水技术及器具开发。加强海水淡化技术的研究、开发与推广。

（4）海岸带及沿海地区

——建立健全相关法律法规。根据《中华人民共和国海洋环境保护法》和《中华人民共和国海域使用管理法》，结合沿海各地区的特点，制定区域管理条例或实施细则。建立合理的海岸带综合管理制度、综合决策机制以及行之有效的协调机制，及时处理海岸带开发和保护行动中出现的各种问题。建立综合管理示范区。

——加大技术开发和推广应用力度。加强海洋生态系统的保护和恢复技术研发，主要包括沿海红树林的栽培、移种和恢复技术，近海珊瑚礁生态系统以及沿海湿地的保护和恢复技术，降低海岸带生态系统的脆弱性。加快建设已经选划的珊瑚礁、红树林等海洋自然保护区，提高对海洋生物多样性的保护能力。

——加强海洋环境的监测和预警能力。增设沿海和岛屿的观测网点，建设现代化观测系统，提高对海洋环境的航空遥感、遥测能力，提高应对海平面变化的监视监测能力。建立沿海潮灾预警和应急系统，加强预警基础保障能力，加强业务化预警系统能力和加强预警产品的制作与分发能力，提高海洋灾害预警能力。

——强化应对海平面升高的适应性对策。采取护坡与护滩相结合、工程措施与生物措施相结合，提高设计坡高标准，加高加固海堤工程，强化沿海地区应对海平面上升的防护对策。控制沿海地区地下水超采和地面沉降，对已出现地下水漏斗和地面沉降区进行人工回灌。采取陆地河流与水库调水、以淡压咸等措施，应对河口海水倒灌和咸潮上溯。提高沿海城市和重大工程设施的防护标准，提高港口码头设计标高，调整排水口的底高。大力营造沿海防护林，建立一个多林种、多层次、多功能的防护林工程体系。

（三）气候变化相关科技工作

——加强气候变化相关科技工作的宏观管理与协调。深化对气候变化相关科技工作重要意义的认识，努力贯彻落实“自主创新、重点跨越、支撑发展、引领未来”的科技指导方针和《国家中长期科学和技术发展规划纲要》对气候变化相关科技工作提出的要求，加强气候变化领域科技工作的宏观管理和政策引导，健全气候变化相关科技工作的领导和协调机制，完善气候变化相关科技工作在各地区和各部门的整体布局，进一步强化对气候变化相关科技工作的支持力度，加强气候变化科技资源的整合，鼓励和支持气候变化科技领域的创新，充分发挥科学技术在应对和解决气候变化方面的基础和支撑作用。

——推进中国气候变化重点领域的科学研究与技术开发工作。加强气候变化的科学事实与不确定性、气候变化对经济社会的影响、应对气候变化的经济社会成本效益分析和应对气候变化的技术选择与效果评价等重大问题的研究。加强中国气候观测系统建设，开发全球气候变化监测技术、温室气体减排技术和气候变化适应技术等，提高中国应对气候变化和履行国际公约的能力。重点研究开发大尺度气候变化准确监测技术、提高能效和清洁能源技术、主要行业二氧化碳、甲烷等温室气体的排放控制与处置利用技术、生物固碳技术及固碳工程技术等。

——加强气候变化科技领域的人才队伍建设。加强气候变化科技领域的人才培养，建立人才激励与竞争的有效机制，创造有利于人才脱颖而出的学术环境和氛围，特别重视培养具有国际视野和能够引领学科发展的学术带头人和尖子人才，鼓励青年人才脱颖而出。加强气候变化的学科建设，加大人才队伍的建设和整合力度，在气候变化领域科研机构建立“开放、流动、竞争、协作”的运行机制，充分利用多种渠道和方式提高中国科学家的研究水平和中国主要研究机构的自主创新能力，形成具有中国特色的气候变化科技管理队伍和研发队伍，并鼓励和推荐中国科学家参与气候变化领域国际科研计划和在相关国际研究机构中担任职务。

——加大对气候变化相关科技工作的资金投入。加大政府对气候变化相关科技工作的资金支持力度，建立相对稳定的政府资金渠道，确保资金落实到位、使用高效，发挥政府作为投入主渠道的作用。多渠道筹措资金，吸引社会各界资金投入气候变化的科技研发工作，将科技风险投资引入气候变化领域。充分发挥企业作为技术创新主体的作用，引导中国企业加大对气候变化领域技术研发的投入。积极利用外国政府、国际组织等双边和多边基金，支持中国开展气候变化领域的科学研究与技术开发。

（四）气候变化公众意识

——发挥政府的推动作用。各级政府要把提高公众意识作为应对气候变化的一项重要工作抓紧抓好。要进一步提高各级政府领导干部、企事业单位决策者的气候变化意识，逐步建立一支具有较高全球气候变化意识的干部队伍；利用社会各界力量，宣传我国应对气候变化的各项方针政策，提高公众应对气候变化的意识。

——加强宣传、教育和培训工作。利用图书、报刊、音像等大众传播媒介，对社会各阶层公众进行气候变化方面的宣传活动，鼓励和倡导可持续的生活方式，倡导节约用电、用水，增强垃圾循环利用和垃圾分类的自觉意识等；在基础教育、成人教育、高等教育中纳入气候变化普及与教育的内容，使气候变化教育成为素质教育的一部分；举办各种专题培训班，就有关气候变化的各种问题，针对不同的培训对象开展专题培训活动，组织有关气候变化的科普学术研讨会；充分利用信息技术，进一步充实现有气候变化信息网站的内容及功能，使其真正成为获取信息、交流沟通的一个快速而有效的平台。

——鼓励公众参与。建立公众和企业界参与的激励机制，发挥企业参与和公众监督的作用。完善气候变化信息发布的渠道和制度，拓宽公众参与和监督渠道，充分发挥新闻媒介的舆论监督和导向作用。增加有关气候变化决策的透明度，促进气候变化领域管理的科学化和民主化。积极发挥民间社会团体和非政府组织的作用，促进广大公众和社会各界参与减缓全球气候变化的行动。

——加强国际合作与交流。加强国际合作，促进气候变化公众意识方面的合作与交流，积极借鉴国际上好的做法，完善国内相关工作。积极开展与世界各国关于全球气候变化的出版物、影视和音像作品的交流和交换，建立资料信息库，为国内有关单位、研究机构、高等学校等查询、了解气候变化相关信息提供服务。

（五）机构和体制建设

——加强应对全球气候变化工作的领导。应对气候变化涉及经济社会、内政外交，国务院决定成立国家应对气候变化领导小组，温家宝总理担任组长，曾培炎副总理、唐家璇国务委员担任副组长。领导小组将研究确定国家应对气候变化的重大战略、方针和对策，协调解决应对气候变化工作中的重大问题。应对气候变化工作的办事机构设在发展改革委。国务院有关部门要认真履行职责，加强协调配合，形成应对气候变化的合力。地方各级人民政府要加强对本地区应对气候变化工作的组织领导，抓紧制订本地区应对气候变化的方案，并认真组织实施。

——建立地方应对气候变化的管理体系。建立地方应对气候变化管理机构，贯彻落实《国家方案》的相关内容，组织协调本地区应对气候变化的工作，协调本地区各方面的行动。建立地方气候变化专家队伍，根据各地区在地理环境、气候条件、经济发展水平等方面的具体情况，因地制宜地制定应对气候变化的相关政策措施。同时加强中央政府与地方政府的协调，促进相关政策措施的顺利实施。

——有效利用中国清洁发展机制基金。根据《清洁发展机制项目运行管理办法》中的有关规定，中国政府对清洁发展机制项目收取一定比例的“温室气体减排量转让额”，用于建立中国清洁发展机制基金，并通过基金管理中心支持气候变化领域的相关活动。中国清洁发展机制基金的建立，对于加强气候变化基础研究工作，提高适应与减缓气候变化的能力，保障《国家方案》的有效实施，缓解气候变化领域的资金需求压力，都将起到积极的作用。

附 录

联合国气候变化框架公约

联合国，1992 年

本公约各缔约方，承认地球气候的变化及其不利影响是人类共同关心的问题；

感到忧虑的是，人类活动已大幅增加大气中温室气体的浓度，这种增加增强了自然温室效应，平均而言将引起地球表面和大气进一步增温，并可能对自然生态系统和人类产生不利影响；

注意到历史上和目前全球温室气体排放的最大部分源自发达国家；发展中国家的人均排放仍相对较低；发展中国家在全球排放中所占的份额将会增加，以满足其社会和发展需要；

意识到陆地和海洋生态系统中温室气体汇和库的作用和重要性，注意到在气候变化的预测中，特别是在其时间、幅度和区域格局方面，有许多不确定性；

承认气候变化的全球性要求所有国家根据其共同但有区别的责任和各自的能力及其社会和经济条件，尽可能开展最广泛的合作，并参与有效和适当的国际应对行动；

回顾 1972 年 6 月 16 日于斯德哥尔摩通过的《联合国人类环境会议宣言》的有关规定；

又回顾各国根据《联合国宪章》和国际法原则，拥有主权权利按自己的环境和发展政策开发自己的资源，也有责任确保在其管辖或控制范围内的活动不对其他国家的环境或国家管辖范围以外地区的环境造成损害；

重申在应付气候变化的国际合作中的国家主权原则；

认识到各国应当制定有效的立法；各种环境方面的标准、管理目标和优先顺序应当反映其所适用的环境和发展方面情况；并且有些国家所实行的标准对其他国家特别是发展中国家可能是不恰当的，并可能会使之承担不应有的经济和社会代价；

回顾联合国大会关于联合国环境与发展会议的 1989 年 12 月 22 日第 44/228 号决议的规定，以及关于为人类当代和后代保护全球气候的 1988 年 12 月 6 日第 43/53 号、1989 年 12 月 22 日第 44/207 号、1990 年 12 月 21 日第 45/212 号和 1991 年 12 月 19 日第 46/169 号决议；

又回顾联合国大会关于海平面上升对岛屿和沿海地区特别是低洼沿海地区可能产生的不利影响的 1989 年 12 月 22 日第 44/206 号决议各项规定，以及联合国大会关于防治沙漠化行动计划实施情况的 1989 年 12 月 19 日第 44/172 号决议的有关规定；

并回顾1985年《保护臭氧层维也纳公约》和于1990年6月29日调整和修正的1987年《关于消耗臭氧层物质的蒙特利尔议定书》；

注意到1990年11月7日通过的第二次世界气候大会部长宣言；

意识到许多国家就气候变化所进行的有价值的分析工作，以及世界气象组织、联合国环境规划署和联合国系统的其他机关、组织和机构及其他国际和政府间机构对交换科学研究成果和协调研究工作所作的重要贡献；

认识到了解和应付气候变化所需的步骤只有基于有关的科学、技术和经济方面的考虑，并根据这些领域的新发现不断加以重新评价，才能在环境、社会和经济方面最为有效；

认识到应付气候变化的各种行动本身在经济上就能够是合理的，而且还能有助于解决其他环境问题；

又认识到发达国家有必要根据明确的优先顺序，立即灵活地采取行动，以作为形成考虑到所有温室气体并适当考虑它们对增强温室效应的相对作用的全球、国家和可能议定的区域性综合应对战略的第一步；

并认识到地势低洼国家和其他小岛屿国家、拥有低洼沿海地区、干旱和半干旱地区或易受水灾、旱灾和沙漠化影响地区的国家以及具有脆弱的山区生态系统的发展中国家特别容易受到气候变化的不利影响；

认识到其经济特别依赖于矿物燃料的生产、使用和出口的国家特别是发展中国家由于为了限制温室气体排放而采取的行动所面临的特殊困难；

申明应当以统筹兼顾的方式把应付气候变化的行动与社会和经济发展协调起来，以免后者受到不利影响，同时充分考虑到发展中国家实现持续经济增长和消除贫困的正当的优先需要；

认识到所有国家特别是发展中国家需要得到实现可持续的社会和经济发展所需的资源；发展中国家为了迈向这一目标，其能源消耗将需要增加，虽然考虑到有可能包括通过在具有经济和社会效益的条件下应用新技术来提高能源效率和一般地控制温室气体排放；

决心为当代和后代保护气候系统。

兹协议如下：

第一条　定义

为本公约的目的：

1. “气候变化的不利影响”指气候变化所造成的自然环境或生物区系的变化，这些变化对自然的和管理下的生态系统的组成、复原力或生产力、或对社会经济系统的运作、或对人类的健康和福利产生重大的有害影响。

2. “气候变化”指除在类似时期内所观测的气候的自然变异之外，由于直接或间接的人类活动改变了地球大气的组成而造成的气候变化。

3. “气候系统”指大气圈、水圈、生物圈和地圈的整体及其相互作用。

4. “排放”指温室气体和/或其前体在一个特定地区和时期内向大气的释放。

5. “温室气体”指大气中那些吸收和重新放出红外辐射的自然的和人为的气态成分。

6. “区域经济一体化组织”指一个特定区域的主权国家组成的组织，有权处理本公约或其议定书所规定的事项，并经按其内部程序获得正式授权签署、批准、接受、核准或加入有关文书。

7. “库”指气候系统内存储温室气体或其前体的一个或多个组成部分。

8. “汇”指从大气中清除温室气体、气溶胶或温室气体前体的任何过程、活动或机制。

9. “源”指向大气排放温室气体、气溶胶或温室气体前体的任何过程或活动。

第二条　目标

本公约以及缔约方会议可能通过的任何相关法律文书的最终目标是：根据本公约的各项有关规定，将大气中温室气体的浓度稳定在防止气候系统受到危险的人为干扰的水平上。这一水平应当在足以使生态系统能够自然地适应气候变化、确保粮食生产免受威胁并使经济发展能够可持续地进行的时间范围内实现。

第三条　原则

各缔约方在为实现本公约的目标和履行其各项规定而采取行动时，除其他外，应以下列作为指导：

1. 各缔约方应当在公平的基础上，并根据它们共同但有区别的责任和各自的能力，为人类当代和后代的利益保护气候系统。因此，发达国家缔约方应当率先对付气候变化及其不利影响。

2. 应当充分考虑到发展中国家缔约方尤其是特别易受气候变化不利影响的那些发展中国家缔约方的具体需要和特殊情况，也应当充分考虑到那些按本公约必须承担不成比例或不正常负担的缔约方特别是发展中国家缔约方的具体需要和特殊情况。

3. 各缔约方应当采取预防措施，预测、防止或尽量减少引起气候变化的原因，并缓解其不利影响。当存在造成严重或不可逆转的损害的威胁时，不应当以科学上没有完全的确定性为理由推迟采取这类措施，同时考虑到应付气候变化的政策和措施应当讲求成本效益，确保以尽可能最低的费用获得全球效益。为此，这种政策和措施应当考虑到不同的社会经济情况，并且应当具有全面性，包括所有有关的温室气体源、汇和库及适应措施，并涵盖所有经济部门。应付气候变化的努力可由有关的缔约方合作进行。

4. 各缔约方有权并且应当促进可持续的发展。保护气候系统免遭人为变化的政策和措施应当适合每个缔约方的具体情况，并应当结合到国家的发展计划中去，同时考虑到经济发展对于采取措施应付气候变化是至关重要的。

5. 各缔约方应当合作促进有利的和开放的国际经济体系，这种体系将促成所有缔约方特别是发展中国家缔约方的可持续经济增长和发展，从而使它们有能力更好地应付气候变化的问题。为对付气候变化而采取的措施，包括单方面措施，不应当成为国际贸易上的任意或无理的歧视手段或者隐蔽的限制。

第四条　承诺

1. 所有缔约方，考虑到它们共同但有区别的责任，以及各自具体的国家和区域发展优先顺序、目标和情况，应：

（a）用待由缔约方会议议定的可比方法编制、定期更新、公布并按照第十二条向缔约方会议提供关于《蒙特利尔议定书》未予管制的所有温室气体的各种源的人为排放和各种汇的清除的国家清单；

（b）制订、执行、公布和经常地更新国家的以及在适当情况下区域的计划，其中包含从《蒙特利尔议定书》未予管制的所有温室气体的源的人为排放和汇的清除来着手减缓气候变化的措施，以及便利充分地适应气候变化的措施；

（c）在所有有关部门，包括能源、运输、工业、农业、林业和废物管理部门，促进和合作发展、应用和传播（包括转让）各种用来控制、减少或防止《蒙特利尔议定书》未予管制的温室气体的人为排放的技术、做法和过程；

（d）促进可持续地管理，并促进和合作酌情维护和加强《蒙特利尔议定书》未予管制的所有温室气体的汇和库、包括生物质、森林和海洋以及其他陆地、沿海和海洋生态系统；

（e）合作为适应气候变化的影响做好准备；拟订和详细制定关于沿海地区的管理、水资源和农业以及关于受到旱灾和沙漠化及洪水影响的地区特别是非洲的这种地区的保护和恢复的适当的综合性计划；

（f）在它们有关的社会、经济和环境政策及行动中，在可行的范围内将气候变化考虑进去，并采用由本国拟订和确定的适当办法，例如进行影响评估，以期尽量减少它们为了减缓或适应气候变化而进行的项目或采取的措施对经济、公共健康和环境质量产生的不利影响；

（g）促进和合作进行关于气候系统的科学、技术、工艺、社会经济和其他研究、系统观测及开发数据档案，目的是增进对气候变化的起因、影响、规模和发生时间以及各种应对战略所带来的经济和社会后果的认识，和减少或消除在这些方面尚存的不确定性；

（h）促进和合作进行关于气候系统和气候变化以及关于各种应对战略所带来的经济和社会后果的科学、技术、工艺、社会经济和法律方面的有关信息的充分、公开和迅速的交流；

（i）促进和合作进行与气候变化有关的教育、培训和提高公众意识的工作，并鼓励人们对这个过程最广泛参与，包括鼓励各种非政府组织的参与；

(j) 依照第十二条向缔约方会议提供有关履行的信息。

2. 附件一所列的发达国家缔约方和其他缔约方具体承诺如下所规定：

(a) 每一个此类缔约方应制定国家[1]政策和采取相应的措施，通过限制其人为的温室气体排放以及保护和增强其温室气体库和汇，减缓气候变化。这些政策和措施将表明，发达国家是在带头依循本公约的目标，改变人为排放的长期趋势，同时认识到至本十年末使二氧化碳和《蒙特利尔议定书》未予管制的其他温室气体的人为排放回复到较早的水平，将会有助于这种改变，并考虑到这些缔约方的起点和做法、经济结构和资源基础方面的差别、维持强有力和可持续经济增长的需要、可以采用的技术以及其他个别情况，又考虑到每一个此类缔约方都有必要对为了实现该目标而作的全球努力作出公平和适当的贡献。这些缔约方可以同其他缔约方共同执行这些政策和措施，也可以协助其他缔约方为实现本公约的目标特别是本项的目标作出贡献；

(b) 为了推动朝这一目标取得进展，每一个此类缔约方应依照第十二条，在本公约对其生效后六个月内，并在其后定期地就其上述 (a) 项所述的政策和措施，以及就其由此预测在 (a) 项所述期间内《蒙特利尔议定书》未予管制的温室气体的源的人为排放和汇的清除，提供详细信息，目的在个别地或共同地使二氧化碳和《蒙特利尔议定书》未予管制的其他温室气体的人为排放回复到 1990 年的水平。按照第七条，这些信息将由缔约方会议在其第一届会议上以及在其后定期地加以审评；

(c) 为了上述 (b) 项的目的而计算各种温室气体源的排放和汇的清除时，应该参考可以得到的最佳科学知识，包括关于各种汇的有效容量和每一种温室气体在引起气候变化方面的作用的知识。缔约方会议应在其第一届会议上考虑和议定进行这些计算的方法，并在其后经常地加以审评；

(d) 缔约方会议应在其第一届会议上审评上述 (a) 项和 (b) 项是否充足。进行审评时应参照可以得到的关于气候变化及其影响的最佳科学信息和评估，以及有关的工艺、社会和经济信息。在审评的基础上，缔约方会议应采取适当的行动，其中可以包括通过对上述 (a) 项和 (b) 项承诺的修正。缔约方会议第一届会议还应就上述 (a) 项所述共同执行的标准作出决定。对 (a) 项和 (b) 项的第二次审评应不迟于 1998 年 12 月 31 日进行，其后按由缔约方会议确定的定期间隔进行，直至本公约的目标达到为止；

(e) 每一个此类缔约方应：

(一) 酌情同其他此类缔约方协调为了实现本公约的目标而开发的有关经济和行政手段；

(二) 确定并定期审评其本身有哪些政策和做法鼓励了导致《蒙特利尔议定书》未予管制的温室气体的人为排放水平因而更高的活动。

---

[1] 其中包括区域经济一体化组织制定的政策和采取的措施。

（f）缔约方会议应至迟在1998年12月31日之前审评可以得到的信息，以便经有关缔约方同意，作出适当修正附件一和二内名单的决定。

（g）不在附件一之列的任何缔约方，可以在其批准、接受、核准或加入的文书中，或在其后任何时间，通知保存人其有意接受上述（a）项和（b）项的约束。保存人应将任何此类通知通报其他签署方和缔约方。

3. 附件二所列的发达国家缔约方和其他发达缔约方应提供新的和额外的资金，以支付经议定的发展中国家缔约方为履行第十二条第1款规定的义务而招致的全部费用。它们还应提供发展中国家缔约方所需要的资金，包括用于技术转让的资金，以支付经议定的为执行本条第1款所述并经发展中国家缔约方同第十一条所述那个或那些国际实体依该条议定的措施的全部增加费用。这些承诺的履行应考虑到资金流量应充足和可以预测的必要性，以及发达国家缔约方间适当分摊负担的重要性。

4. 附件二所列的发达国家缔约方和其他发达缔约方还应帮助特别易受气候变化不利影响的发展中国家缔约方支付适应这些不利影响的费用。

5. 附件二所列的发达国家缔约方和其他发达缔约方应采取一切实际可行的步骤，酌情促进、便利和资助向其他缔约方特别是发展中国家缔约方转让或使它们有机会得到无害环境的技术和专有技术，以使它们能够履行本公约的各项规定。在此过程中，发达国家缔约方应支持开发和增强发展中国家缔约方的自生能力和技术。有能力这样做的其他缔约方和组织也可协助便利这类技术的转让。

6. 对于附件一所列正在朝市场经济过渡的缔约方，在履行其在上述第2款下的承诺时，包括在《蒙特利尔议定书》未予管制的温室气体人为排放的可资参照的历史水平方面，应由缔约方会议允许它们有一定程度的灵活性，以增强这些缔约方应付气候变化的能力。

7. 发展中国家缔约方能在多大程度上有效履行其在本公约下的承诺，将取决于发达国家缔约方对其在本公约下所承担的有关资金和技术转让的承诺的有效履行，并将充分考虑到经济和社会发展及消除贫困是发展中国家缔约方的首要和压倒一切的优先事项。

8. 在履行本条各项承诺时，各缔约方应充分考虑按照本公约需要采取哪些行动，包括与提供资金、保险和技术转让有关的行动，以满足发展中国家缔约方由于气候变化的不利影响和/或执行应对措施所造成的影响，特别是对下列各类国家的影响，而产生的具体需要和关注：

（a）小岛屿国家；

（b）有低洼沿海地区的国家；

（c）有干旱和半干旱地区、森林地区和容易发生森林退化的地区的国家；

（d）有易遭自然灾害地区的国家；

（e）有容易发生旱灾和沙漠化的地区的国家；

（f）有城市大气严重污染的地区的国家；

（g）有脆弱生态系统包括山区生态系统的国家；

（h）其经济高度依赖于矿物燃料和相关的能源密集产品的生产、加工和出口所带来的收入，和/或高度依赖于这种燃料和产品的消费的国家；

（i）内陆国和过境国。

此外，缔约方会议可酌情就本款采取行动。

9. 各缔约方在采取有关提供资金和技术转让的行动时，应充分考虑到最不发达国家的具体需要和特殊情况。

10. 各缔约方应按照第十条，在履行本公约各项承诺时，考虑到其经济容易受到执行应付气候变化的措施所造成的不利影响之害的缔约方、特别是发展中国家缔约方的情况。这尤其适用于其经济高度依赖于矿物燃料和相关的能源密集产品的生产、加工和出口所带来的收入，和/或高度依赖于这种燃料和产品的消费，和/或高度依赖于矿物燃料的使用，而改用其他燃料又非常困难的那些缔约方。

第五条　研究和系统观测

在履行第四条第1款（g）项下的承诺时，各缔约方应：

（a）支持并酌情进一步制订旨在确定、进行、评估和资助研究、数据收集和系统观测的国际和政府间计划和站网或组织，同时考虑到有必要尽量减少工作重复；

（b）支持旨在加强尤其是发展中国家的系统观测及国家科学和技术研究能力的国际和政府间努力，并促进获取和交换从国家管辖范围以外地区取得的数据及其分析；

（c）考虑发展中国家的特殊关注和需要，并开展合作提高它们参与上述（a）项和（b）项中所述努力的自生能力。

第六条　教育、培训和公众意识

在履行第四条第1款（i）项下的承诺时，各缔约方应：

（a）在国家一级并酌情在次区域和区域一级，根据国家法律和规定，并在各自的能力范围内，促进和便利：

（一）拟订和实施有关气候变化及其影响的教育及提高公众意识的计划；

（二）公众获取有关气候变化及其影响的信息；

（三）公众参与应付气候变化及其影响和拟订适当的对策；

（四）培训科学、技术和管理人员。

（b）在国际一级，酌情利用现有的机构，在下列领域进行合作并促进：

（一）编写和交换有关气候变化及其影响的教育及提高公众意识的材料；

（二）拟订和实施教育和培训计划，包括加强国内机构和交流或借调人员来特别是为发展中国家培训这方面的专家。

第七条　缔约方会议

1. 兹设立缔约方会议。

2. 缔约方会议作为本公约的最高机构，应定期审评本公约和缔约方会议可能通过的任何相关法律文书的履行情况，并应在其职权范围内作出为促进本公约的有效履行所必要的决定。为此目的，缔约方会议应：

（a）根据本公约的目标，在履行本公约过程中取得的经验和科学与技术知识的发展，定期审评本公约规定的缔约方义务和机构安排；

（b）促进和便利就各缔约方为应付气候变化及其影响而采取的措施进行信息交流，同时考虑到各缔约方不同的情况、责任和能力以及各自在本公约下的承诺；

（c）应两个或更多的缔约方的要求，便利将这些缔约方为应付气候变化及其影响而采取的措施加以协调，同时考虑到各缔约方不同的情况、责任和能力以及各自在本公约下的承诺；

（d）依照本公约的目标和规定，促进和指导发展和定期改进由缔约方会议议定的，除其他外，用来编制各种温室气体源的排放和各种汇的清除的清单，和评估为限制这些气体的排放及增进其清除而采取的各种措施的有效性的可比方法；

（e）根据依本公约规定获得的所有信息，评估各缔约方履行公约的情况和依照公约所采取措施的总体影响，特别是环境、经济和社会影响及其累计影响，以及当前在实现本公约的目标方面取得的进展；

（f）审议并通过关于本公约履行情况的定期报告，并确保予以发表；

（g）就任何事项作出为履行本公约所必需的建议；

（h）按照第四条第3、第4和第5款及第十一条，设法动员资金；

（i）设立其认为履行公约所必需的附属机构；

（j）审评其附属机构提出的报告，并向它们提供指导；

（k）以协商一致方式议定并通过缔约方会议和任何附属机构的议事规则和财务规则；

（l）酌情寻求和利用各主管国际组织和政府间及非政府机构提供的服务、合作和信息；

（m）行使实现本公约目标所需的其他职能以及依本公约所赋予的所有其他职能。

3. 缔约方会议应在其第一届会议上通过其本身的议事规则以及本公约所设立的附属机构的议事规则，其中应包括关于本公约所述各种决策程序未予规定的事项的决策程序。这类程序可包括通过具体决定所需的特定多数。

4. 缔约方会议第一届会议应由第二十一条所述的临时秘书处召集，并应不迟于本公约生效日期后一年举行。其后，除缔约方会议另有决定外，缔约方会议的常会应年年举行。

5. 缔约方会议特别会议应在缔约方会议认为必要的其他时间举行，或应任何缔约方的书面要求而举行，但须在秘书处将该要求转达给各缔约方后六个月内得到至少三分之一缔约方的支持。

6. 联合国及其专门机构和国际原子能机构，以及它们的非为本公约缔约方的会员国或观察员，均可作为观察员出席缔约方会议的各届会议。任何在本公约所涉事项上具备资格的团体或机构，不管其为国家或国际的、政府或非政府的，经通知秘书处其愿意作为观察员出席缔约方会议的某届会议，均可予以接纳，除非出席的缔约方至少三分之一反对。观察员的接纳和参加应遵循缔约方会议通过的议事规则。

第八条　秘书处

1. 兹设立秘书处。

2. 秘书处的职能应为：

(a) 安排缔约方会议及依本公约设立的附属机构的各届会议，并向它们提供所需的服务；

(b) 汇编和转递向其提交的报告；

(c) 便利应要求时协助各缔约方特别是发展中国家缔约方汇编和转递依本公约规定所需的信息；

(d) 编制关于其活动的报告，并提交给缔约方会议；

(e) 确保与其他有关国际机构的秘书处的必要协调；

(f) 在缔约方会议的全面指导下订立为有效履行其职能而可能需要的行政和合同安排；

(g) 行使本公约及其任何议定书所规定的其他秘书处职能和缔约方会议可能决定的其他职能。

3. 缔约方会议应在其第一届会议上指定一个常设秘书处，并为其行使职能作出安排。

第九条　附属科技咨询机构

1. 兹设立附属科学和技术咨询机构，就与公约有关的科学和技术事项，向缔约方会议并酌情向缔约方会议的其他附属机构及时提供信息和咨询。该机构应开放供所有缔约方参加，并应具有多学科性。该机构应由在有关专门领域胜任的政府代表组成。该机构应定期就其工作的一切方面向缔约方会议报告。

2. 在缔约方会议指导下和依靠现有主管国际机构，该机构应：

(a) 就有关气候变化及其影响的最新科学知识提出评估；

(b) 就履行公约所采取措施的影响进行科学评估；

(c) 确定创新的、有效率的和最新的技术与专有技术，并就促进这类技术的发展和/或转让的途径与方法提供咨询；

(d) 就有关气候变化的科学计划和研究与发展的国际合作，以及就支持发展中国家建立自生能力的途径与方法提供咨询；

(e) 答复缔约方会议及其附属机构可能向其提出的科学、技术和方法问题。

3. 该机构的职能和职权范围可由缔约方会议进一步制定。

第十条　附属履行机构

1. 兹设立附属履行机构，以协助缔约方会议评估和审评本公约的有效履行。该机构应开放供所有缔约方参加，并由为气候变化问题专家的政府代表组成。该机构应定期就其工作的一切方面向缔约方会议报告。

2. 在缔约方会议的指导下，该机构应：

（a）考虑依第十二条第 1 款提供的信息，参照有关气候变化的最新科学评估，对各缔约方所采取步骤的总体合计影响作出评估；

（b）考虑依第十二条第 2 款提供的信息，以协助缔约方会议进行第四条第 2 款（d）项所要求的审评；

（c）酌情协助缔约方会议拟订和执行其决定。

第十一条　资金机制

1. 兹确定一个在赠予或转让基础上提供资金、包括用于技术转让的资金的机制。该机制应在缔约方会议的指导下行使职能并向其负责，并应由缔约方会议决定该机制与本公约有关的政策、计划优先顺序和资格标准。该机制的经营应委托一个或多个现有的国际实体负责。

2. 该资金机制应在一个透明的管理制度下公平和均衡地代表所有缔约方。

3. 缔约方会议和受托管资金机制的那个或那些实体应议定实施上述各款的安排，其中应包括：

（a）确保所资助的应付气候变化的项目符合缔约方会议所制定的政策、计划优先顺序和资格标准的办法；

（b）根据这些政策、计划优先顺序和资格标准重新考虑某项供资决定的办法；

（c）依循上述第 1 款所述的负责要求，由那个或那些实体定期向缔约方会议提供关于其供资业务的报告；

（d）以可预测和可认定的方式确定履行本公约所必需的和可以得到的资金数额，以及定期审评此一数额所应依据的条件。

4. 缔约方会议应在其第一届会议上作出履行上述规定的安排，同时审评并考虑到第二十一条第 3 款所述的临时安排，并应决定这些临时安排是否应予维持。在其后四年内，缔约方会议应对资金机制进行审评，并采取适当的措施。

5. 发达国家缔约方还可通过双边、区域性和其他多边渠道提供并由发展中国家缔约方获取与履行本公约有关的资金。

第十二条　提供有关履行的信息

1. 按照第四条第 1 款，每一缔约方应通过秘书处向缔约方会议提供含有下列内容的信息：

（a）在其能力允许的范围内，用缔约方会议所将推行和议定的可比方法编成的关于《蒙特利尔议定书》未予管制的所有温室气体的各种源的人为排放和各种汇的清除的国家清单；

(b) 关于该缔约方为履行公约而采取或设想的步骤的一般性描述；

(c) 该缔约方认为与实现本公约的目标有关并且适合列入其所提供信息的任何其他信息，在可行情况下，包括与计算全球排放趋势有关的资料。

2. 附件一所列每一发达国家缔约方和每一其他缔约方应在其所提供的信息中列入下列各类信息：

(a) 关于该缔约方为履行其第四条第 2 款 (a) 项和 (b) 项下承诺所采取政策和措施的详细描述；

(b) 关于本款 (a) 项所述政策和措施在第四条第 2 款 (a) 项所述期间对温室气体各种源的排放和各种汇的清除所产生影响的具体估计。

3. 此外，附件二所列每一发达国家缔约方和每一其他发达缔约方应列入按照第四条第 3、第 4 和第 5 款所采取措施的详情。

4. 发展中国家缔约方可在自愿基础上提出需要资助的项目，包括为执行这些项目所需要的具体技术、材料、设备、工艺或做法，在可能情况下并附上对所有增加的费用、温室气体排放的减少量及其清除的增加量的估计，以及对其所带来效益的估计。

5. 附件一所列每一发达国家缔约方和每一其他缔约方应在公约对该缔约方生效后六个月内第一次提供信息。未列入该附件的每一缔约方应在公约对该缔约方生效后或按照第四条第 3 款获得资金后三年内第一次提供信息。最不发达国家缔约方可自行决定何时第一次提供信息。其后所有缔约方提供信息的频度应由缔约方会议考虑到本款所规定的差别时间表予以确定。

6. 各缔约方按照本条提供的信息应由秘书处尽速转交给缔约方会议和任何有关的附属机构。如有必要，提供信息的程序可由缔约方会议进一步考虑。

7. 缔约方会议从第一届会议起，应安排向有此要求的发展中国家缔约方提供技术和资金支持，以汇编和提供本条所规定的信息，和确定与第四条规定的所拟议的项目和应对措施相联系的技术和资金需要。这些支持可酌情由其他缔约方、主管国际组织和秘书处提供。

8. 任何一组缔约方遵照缔约方会议制定的指导方针并经事先通知缔约方会议，可以联合提供信息来履行其在本条下的义务，但这样提供的信息须包括关于其中每一缔约方履行其在本公约下的各自义务的信息。

9. 秘书处收到的经缔约方按照缔约方会议制订的标准指明为机密的信息，在提供给任何参与信息的提供和审评的机构之前，应由秘书处加以汇总，以保护其机密性。

10. 在不违反上述第 9 款，并且不妨碍任何缔约方在任何时候公开其所提供信息的能力的情况下，秘书处应将缔约方按照本条提供的信息在其提交给缔约方会议的同时予以公开。

第十三条　解决与履行有关的问题

缔约方会议应在其第一届会议上考虑设立一个解决与公约履行有关的问题的多边协商程序，供缔约方有此要求时予以利用。

第十四条　争端的解决

1. 任何两个或两个以上缔约方之间就本公约的解释或适用发生争端时，有关的缔约方应寻求通过谈判或它们自己选择的任何其他和平方式解决该争端。

2. 非为区域经济一体化组织的缔约方在批准、接受、核准或加入本公约时，或在其后任何时候，可在交给保存人的一份文书中声明，关于本公约的解释或适用方面的任何争端，承认对于接受同样义务的任何缔约方，下列义务为当然而具有强制性的，无须另订特别协议：

（a）将争端提交国际法院；

（b）按照将由缔约方会议尽早通过的、载于仲裁附件中的程序进行仲裁。

作为区域经济一体化组织的缔约方可就依上述（b）项中所述程序进行仲裁发表类似声明。

3. 根据上述第 2 款所作的声明，在其所载有效期期满前，或在书面撤回通知交存于保存人后的三个月内，应一直有效。

4. 除非争端各当事方另有协议，新作声明、作出撤回通知或声明有效期满丝毫不得影响国际法院或仲裁庭正在进行的审理。

5. 在不影响上述第 2 款运作的情况下，如果一缔约方通知另一缔约方它们之间存在争端，过了十二个月后，有关的缔约方尚未能通过上述第 1 款所述方法解决争端，经争端的任何当事方要求，应将争端提交调解。

6. 经争端一当事方要求，应设立调解委员会。调解委员会应由每一当事方委派的数目相同的成员组成。主席由每一当事方委派的成员共同推选。调解委员会应作出建议性裁决。各当事方应善意考虑之。

7. 有关调解的补充程序应由缔约方会议尽早以调解附件的形式予以通过。

8. 本条各项规定应适用于缔约方会议可能通过的任何相关法律文书，除非该文书另有规定。

第十五条　公约的修正

1. 任何缔约方均可对本公约提出修正。

2. 对本公约的修正应在缔约方会议的一届常会上通过。对本公约提出的任何修正案文应由秘书处在拟议通过该修正的会议之前至少六个月送交各缔约方。秘书处还应将提出的修正送交本公约各签署方，并送交保存人以供参考。

3. 各缔约方应尽一切努力以协商一致方式就对本公约提出的任何修正达成协议。如为谋求协商一致已尽了一切努力，仍未达成协议，作为最后的方式，该修正应以出席会议并参加表决的缔约方四分之三多数票通过。通过的修正应由秘书处送交保存人，再由保存人转送所有缔约方供其接受。

4. 对修正的接受文书应交存于保存人。按照上述第 3 款通过的修正，应于保存人收到本公约至少四分之三缔约方的接受文书之日后第九十天起对接受该修正的缔约方生效。

5. 对于任何其他缔约方，修正应在该缔约方向保存人交存接受该修正的文书之日后第九十天起对其生效。

6. 为本条的目的，“出席并参加表决的缔约方”是指出席并投赞成票或反对票的缔约方。

第十六条　公约附件的通过和修正

1. 本公约的附件应构成本公约的组成部分，除另有明文规定外，凡提到本公约时即同时提到其任何附件。在不妨害第十四条第 2 款（b）项和第 7 款规定的情况下，这些附件应限于清单、表格和任何其他属于科学、技术、程序或行政性质的说明性资料。

2. 本公约的附件应按照第十五条第 2、第 3 和第 4 款中规定的程序提出和通过。

3. 按照上述第 2 款通过的附件，应于保存人向公约的所有缔约方发出关于通过该附件的通知之日起六个月后对所有缔约方生效，但在此期间以书面形式通知保存人不接受该附件的缔约方除外。对于撤回其不接受的通知的缔约方，该附件应自保存人收到撤回通知之日后第九十天起对其生效。

4. 对公约附件的修正的提出、通过和生效，应依照上述第 2 和第 3 款对公约附件的提出、通过和生效规定的同一程序进行。

5. 如果附件或对附件的修正的通过涉及对本公约的修正，则该附件或对附件的修正应待对公约的修正生效之后方可生效。

第十七条　议定书

1. 缔约方会议可在任何一届常会上通过本公约的议定书。

2. 任何拟议的议定书案文应由秘书处在举行该届会议至少六个月之前送交各缔约方。

3. 任何议定书的生效条件应由该文书加以规定。

4. 只有本公约的缔约方才可成为议定书的缔约方。

5. 任何议定书下的决定只应由该议定书的缔约方作出。

第十八条　表决权

1. 除下述第 2 款所规定外，本公约每一缔约方应有一票表决权。

2. 区域经济一体化组织在其权限内的事项上应行使票数与其作为本公约缔约方的成员国数目相同的表决权。如果一个此类组织的任一成员国行使自己的表决权，则该组织不得行使表决权，反之亦然。

第十九条　保存人

联合国秘书长应为本公约及按照第十七条通过的议定书的保存人。

第二十条　签署

本公约应于联合国环境与发展会议期间在里约热内卢，其后自 1992 年 6 月 20 日至 1993 年 6 月 19 日在纽约联合国总部，开放供联合国会员国或任何联合国专门机构的成员国或《国际法院规约》的当事国和各区域经济一体化组织签署。

第二十一条　临时安排

1. 在缔约方会议第一届会议结束前，第八条所述的秘书处职能将在临时基础上由联合国大会 1990 年 12 月 21 日第 45/212 号决议所设立的秘书处行使。

2. 上述第 1 款所述的临时秘书处首长将与政府间气候变化专门委员会密切合作，以确保该委员会能够对提供客观科学和技术咨询的要求作出反应。也可以咨询其他有关的科学机构。

3. 在临时基础上，联合国开发计划署、联合国环境规划署和国际复兴开发银行的“全球环境融资”应为受托经营第十一条所述资金机制的国际实体。在这方面，“全球环境融资”应予适当改革，并使其成员具有普遍性，以使其能满足第十一条的要求。

第二十二条　批准、接受、核准或加入

1. 本公约须经各国和各区域经济一体化组织批准、接受、核准或加入。公约应自签署截止日之次日起开放供加入。批准、接受、核准或加入的文书应交存于保存人。

2. 任何成为本公约缔约方而其成员国均非缔约方的区域经济一体化组织应受本公约一切义务的约束。如果此类组织的一个或多个成员国为本公约的缔约方，该组织及其成员国应决定各自在履行公约义务方面的责任。在此种情况下，该组织及其成员国无权同时行使本公约规定的权利。

3. 区域经济一体化组织应在其批准、接受、核准或加入的文书中声明其在本公约所规定事项上的权限。此类组织还应将其权限范围的任何重大变更通知保存人，再由保存人通知各缔约方。

第二十三条　生效

1. 本公约应自第五十份批准、接受、核准或加入的文书交存之日后第九十天起生效。

2. 对于在第五十份批准、接受、核准或加入的文书交存之后批准、接受、核准或加入本公约的每一国家或区域经济一体化组织，本公约应自该国或该区域经济一体化组织交存其批准、接受、核准或加入的文书之日后第九十天起生效。

3. 为上述第 1 和第 2 款的目的，区域经济一体化组织所交存的任何文书不应被视为该组

织成员国所交存文书之外的额外文书。

第二十四条　保留

对本公约不得作任何保留。

第二十五条　退约

1. 自本公约对一缔约方生效之日起三年后，该缔约方可随时向保存人发出书面通知退出本公约。

2. 任何退出应自保存人收到退出通知之日起一年期满时生效，或在退出通知中所述明的更后日期生效。

3. 退出本公约的任何缔约方，应被视为亦退出其作为缔约方的任何议定书。

第二十六条　作准文本

本公约正本应交存于联合国秘书长，其阿拉伯文、中文、英文、法文、俄文和西班牙文文本同为作准。

下列签署人，经正式授权，在本公约上签字，以昭信守。

一九九二年五月九日订于纽约。

附件一

澳大利亚、奥地利、白俄罗斯 a/、比利时、保加利亚 a/、加拿大、克罗地亚 a/*、捷克共和国 a/*、丹麦、欧洲共同体、爱沙尼亚 a/、芬兰、法国、德国、希腊、匈牙利 a/、冰岛、爱尔兰、意大利、日本、拉脱维亚 a/、列支敦士登 *、立陶宛 a/、卢森堡、摩纳哥 *、荷兰、新西兰、挪威、波兰 a/、葡萄牙、罗马尼亚 a/、俄罗斯联邦 a/、斯洛伐克 a/*、斯洛文尼亚 a/*、西班牙、瑞典、瑞士、土耳其、乌克兰 a/、大不列颠及北爱尔兰联合王国、美利坚合众国

[a/] 正在朝市场经济过渡的国家。

[*] 标有 * 号的国家是按照缔约方会议第三届会议第 4/CP.3 号决定，经 1998 年 8 月 13 日生效的修正案增加列入附件一的国家。

附件二

澳大利亚、奥地利比利时、加拿大、丹麦、欧洲共同体、芬兰、法国、德国、希腊、冰岛、爱尔兰、意大利、日本、卢森堡、荷兰、新西兰、挪威、葡萄牙、西班牙、瑞典、瑞士、大不列颠及北爱尔兰联合王国、美利坚合众国

印发说明：按照缔约方会议第七届会议第 26/CP.7 号决定，2002 年 6 月 28 日生效的一项修正案将土耳其从附件二中删除。

《联合国气候变化框架公约》京都议定书

联合国，1998 年

本议定书各缔约方，作为《联合国气候变化框架公约》（以下简称《公约》）缔约方，为实现《公约》第二条所述的最终目标，以及《公约》的各项规定，在《公约》第三条的指导下，按照《公约》缔约方会议第一届会议在第 1/CP.1 号决定中通过的“柏林授权”，兹协议如下：

第一条

为本议定书的目的，《公约》第一条所载定义应予适用。此外：

1. “缔约方会议”指《公约》缔约方会议。

2. “公约”指 1992 年 5 月 9 日在纽约通过的《联合国气候变化框架公约》。

3. “政府间气候变化专门委员会”指世界气象组织和联合国环境规划署 1988 年联合设立的政府间气候变化专门委员会。

4. “蒙特利尔议定书”指 1987 年 9 月 16 日在蒙特利尔通过、后经调整和修正的《关于消耗臭氧层物质的蒙特利尔议定书》。

5. “出席并参加表决的缔约方”指出席会议并投赞成票或反对票的缔约方。

6. “缔约方”指本议定书缔约方，除非文中另有说明。

7. “附件一所列缔约方”指《公约》附件一所列缔约方，包括可能作出的修正，或指根据《公约》第四条第 2 款（g）项作出通知的缔约方。

第二条

1. 附件一所列每一缔约方，在实现第三条所述关于其量化的限制和减少排放的承诺时，为促进可持续发展，应：

(a) 根据本国情况执行和 / 或进一步制订政策和措施，诸如：

（一）增强本国经济有关部门的能源效率；

（二）保护和增强《蒙特利尔议定书》未予管制的温室气体的汇和库，同时考虑到其依有关的国际环境协议作出的承诺；促进可持续森林管理的做法、造林和再造林；

（三）在考虑到气候变化的情况下促进可持续农业方式；

（四）研究、促进、开发和增加使用新能源和可再生的能源、二氧化碳固碳技术和有益于环境的先进的创新技术；

（五）逐渐减少或逐步消除所有的温室气体排放部门违背《公约》目标的市场缺陷、财政激励、税收和关税免除及补贴，并采用市场手段；

（六）鼓励有关部门的适当改革，旨在促进用以限制或减少《蒙特利尔议定书》未予管制的温室气体的排放的政策和措施；

（七）采取措施在运输部门限制和/或减少《蒙特利尔议定书》未予管制的温室气体排放；

（八）通过废物管理及能源的生产、运输和分配中的回收和利用限制和/或减少甲烷排放；

(b) 根据《公约》第四条第2款（e）项第（一）目，同其他此类缔约方合作，以增强它们依本条通过的政策和措施的个别和合并的有效性。为此目的，这些缔约方应采取步骤分享它们关于这些政策和措施的经验并交流信息，包括设法改进这些政策和措施的可比性、透明度和有效性，作为本议定书缔约方会议的《公约》缔约方会议，应在第一届会议上或在此后一旦实际可行时，审议便利这种合作的方法，同时考虑到所有相关信息。

2. 附件一所列缔约方应分别通过国际民用航空组织和国际海事组织作出努力，谋求限制或减少航空和航海舱载燃料产生的《蒙特利尔议定书》未予管制的温室气体的排放。

3. 附件一所列缔约方应以下述方式努力履行本条中所指政策和措施，即最大限度地减少各种不利影响，包括对气候变化的不利影响、对国际贸易的影响、以及对其他缔约方——尤其是发展中国家缔约方和《公约》第四条第8款和第9款中所特别指明的那些缔约方的社会、环境和经济影响，同时考虑到《公约》第三条。作为本议定书缔约方会议的《公约》缔约方会议可以酌情采取进一步行动促进本款规定的实施。

4. 作为本议定书缔约方会议的《公约》缔约方会议如断定就上述第1款（a）项中所指任何政策和措施进行协调是有益的，同时考虑到不同的国情和潜在影响，应就阐明协调这些政策和措施的方式和方法进行审议。

第三条

1. 附件一所列缔约方应个别地或共同地确保其在附件A中所列温室气体的人为二氧化碳当量排放总量不超过按照附件B中所载其量化的限制和减少排放的承诺和根据本条的规定所计算的其分配数量，以使其在2008年至2012年承诺期内这些气体的全部排放量从1990年水平至少减少5%。

2. 附件一所列每一缔约方到2005年时，应在履行其依本议定书规定的承诺方面作出可予证实的进展。

3. 自1990年以来直接由人引起的土地利用变化和林业活动——限于造林、重新造林和砍伐森林——产生的温室气体源的排放和汇的清除方面的净变化，作为每个承诺期碳贮存方面可核查的变化来衡量，应用以实现附件一所列每一缔约方依本条规定的承诺。与这些活动相关的温室气体源的排放和汇的清除，应以透明且可核查的方式作出报告，并依第七条和第八条予以审评。

4. 在作为本议定书缔约方会议的《公约》缔约方会议第一届会议之前，附件一所列每缔约方应提供数据供附属科技咨询机构审议，以便确定其1990年的碳贮存并能对其以后各年的碳贮存方面的变化作出估计。作为本议定书缔约方会议的《公约》缔约方会议，应在第一届会议或在其后一旦实际可行时，就涉及与农业土壤和土地利用变化和林业类各种温室气体源的排放和各种汇的清除方面变化有关的哪些因人引起的其他活动，应如何加到附件一所列缔约方的分配数量中或从中减去的方式、规则和指南作出决定，同时考虑到各种不确定性、报告的透明度、可核查性、政府间气候变化专门委员会方法学方面的工作、附属科技咨询机构根据第五条提供的咨询意见以及《公约》缔约方会议的决定。此项决定应适用于第二个和以后的承诺期。一缔约方可为其第一个承诺期这些额外的因人引起的活动选择适用此项决定，但这些活动须自1990年以来已经进行。

5. 其基准年或基准期系根据《公约》缔约方会议第二届会议第9/CP.2号决定确定的、正在向市场经济过渡的附件一所列缔约方，为履行其依本条规定的承诺，应使用该基准年或基准期。正在向市场经济过渡但尚未依《公约》第十二条提交其第一次国家信息通报的附件一所列任何其他缔约方，也可通知作为本议定书缔约方会议的《公约》缔约方会议，它有意为履行其依本条规定的承诺使用除1990年以外的某一历史基准年或基准期。作为本议定书缔约方会议的《公约》缔约方会议应就此种通知的接受与否作出决定。

6. 考虑到《公约》第四条第6款，作为本议定书缔约方会议的《公约》缔约方会议，应允许正在向市场经济过渡的附件一所列缔约方在履行其除本条规定的那些承诺以外的承诺方面有一定程度的灵活性。

7. 在从2008年至2012年第一个量化的限制和减少排放的承诺期内，附件一所列每一缔约方的分配数量应等于在附件B中对附件A所列温室气体在1990年或按照上述第5款确定的基准年或基准期内其人为二氧化碳当量的排放总量所载的其百分比乘以5。土地利用变化和林业对其构成1990年温室气体排放净源的附件一所列那些缔约方，为计算其分配数量的目的，应在它们1990年排放基准年或基准期计入各种源的人为二氧化碳当量排放总量减去1990年土地利用变化产生的各种汇的清除。

8. 附件一所列任一缔约方，为上述第7款所指计算的目的，可使用1995年作为其氢氟碳化物、全氟化碳和六氟化硫的基准年。

9. 附件一所列缔约方对以后期间的承诺应在对本议定书附件B的修正中加以确定，此类修正应根据第二十一条第7款的规定予以通过。作为本议定书缔约方会议的《公约》缔约方会议应至少在上述第1款中所指第一个承诺期结束之前七年开始审议此类承诺。

10. 一缔约方根据第六条或第十七条的规定从另一缔约方获得的任何减少排放单位或一个分配数量的任何部分，应计入获得缔约方的分配数量。

11. 一缔约方根据第六条和第十七条的规定转让给另一缔约方的任何减少排放单位或一个

分配数量的任何部分，应从转让缔约方的分配数量中减去。

12. 一缔约方根据第十二条的规定从另一缔约方获得的任何经证明的减少排放，应记入获得缔约方的分配数量。

13. 如附件一所列一缔约方在一承诺期内的排放少于其依本条确定的分配数量，此种差额，应该缔约方要求，应记入该缔约方以后的承诺期的分配数量。

14. 附件一所列每一缔约方应以下述方式努力履行上述第一款的承诺，即最大限度地减少对发展中国家缔约方、尤其是《公约》第四条第 8 款和第 9 款所特别指明的那些缔约方不利的社会、环境和经济影响。依照《公约》缔约方会议关于履行这些条款的相关决定，作为本议定书缔约方会议的《公约》缔约方会议，应在第一届会议上审议可采取何种必要行动以尽量减少气候变化的不利后果和 / 或对应措施对上述条款中所指缔约方的影响。须予审议的问题应包括资金筹措、保险和技术转让。

第四条

1. 凡订立协定共同履行其依第三条规定的承诺的附件一所列任何缔约方，只要其依附件 A 中所列温室气体的合并的人为二氧化碳当量排放总量不超过附件 B 中所载根据其量化的限制和减少排放的承诺和根据第三条规定所计算的分配数量，就应被视为履行了这些承诺。分配给该协定每一缔约方的各自排放水平应载明于该协定。

2. 任何此类协定的各缔约方应在它们交存批准、接受或核准本议定书或加入本议定书之日将该协定内容通知秘书处。其后秘书处应将该协定内容通知《公约》缔约方和签署方。

3. 任何此类协定应在第三条第 7 款所指承诺期的持续期间内继续实施。

4. 如缔约方在一区域经济一体化组织的框架内并与该组织一起共同行事，该组织的组成在本议定书通过后的任何变动不应影响依本议定书规定的现有承诺。该组织在组成上的任何变动只应适用于那些继该变动后通过的依第三条规定的承诺。

5. 一旦该协定的各缔约方未能达到它们的总的合并减少排放水平，此类协定的每一缔约方应对该协定中载明的其自身的排放水平负责。

6. 如缔约方在一个本身为议定书缔约方的区域经济一体化组织的框架内并与该组织一起共同行事，该区域经济一体化组织的每一成员国单独地并与按照第二十四条行事的区域经济一体化组织一起，如未能达到总的合并减少排放水平，则应对依本条所通知的其排放水平负责。

第五条

1. 附件一所列每一缔约方，应在不迟于第一个承诺期开始前一年，确立一个估算《蒙特利尔议定书》未予管制的所有温室气体的各种源的人为排放和各种汇的清除的国家体系。应体现下述第 2 款所指方法学的此类国家体系的指南，应由作为本议定书缔约方会议的《公约》

缔约方会议第一届会议予以决定。

2. 估算《蒙特利尔议定书》未予管制的所有温室气体的各种源的人为排放和各种汇的清除的方法学，应是由政府间气候变化专门委员会所接受并经《公约》缔约方会议第三届会议所议定者。如不使用这种方法学，则应根据作为本议定书缔约方会议的《公约》缔约方会议第一届会议所议定的方法学作出适当调整。作为本议定书缔约方会议的《公约》缔约方会议，除其他外，应基于政府间气候变化专门委员会的工作和附属科技咨询机构提供的咨询意见，定期审评和酌情修订这些方法学和作出调整，同时充分考虑到《公约》缔约方会议作出的任何有关决定。对方法学的任何修订或调整，应只用于为了在继该修订后通过的任何承诺期内确定依第三条规定的承诺的遵守情况。

3. 用以计算附件A所列温室气体的各种源的人为排放和各种汇的清除的全球升温潜能值，应是由政府间气候变化专门委员会所接受并经《公约》缔约方会议第三届会议所议定者。作为本议定书缔约方会议的《公约》缔约方会议，除其他外，应基于政府间气候变化专门委员会的工作和附属科技咨询机构提供的咨询意见；定期审评和酌情修订每种此类温室气体的全球升温潜能值，同时充分考虑到《公约》缔约方会议作出的任何有关决定。对全球升温潜能值的任何修订，应只适用于继该修订后所通过的任何承诺期依第三条规定的承诺。

第六条

1. 为履行第三条的承诺的目的，附件一所列任一缔约方可以向任何其他此类缔约方转让或从它们获得由任何经济部门旨在减少温室气体的各种源的人为排放或增强各种汇的人为清除的项目所产生的减少排放单位，但：

（a）任何此类项目须经有关缔约方批准；

（b）任何此类项目须能减少源的排放，或增强汇的清除，这一减少或增强对任何以其他方式发生的减少或增强是额外的；

（c）缔约方如果不遵守其依第五条和第七条规定的义务，则不可以获得任何减少排放单位；

（d）减少排放单位的获得应是对为履行依第三条规定的承诺而采取的本国行动的补充。

2. 作为本议定书缔约方会议的《公约》缔约方会议，可在第一届会议或在其后一旦实际可行时，为履行本条、包括为核查和报告进一步制订指南。

3. 附件一所列一缔约方可以授权法律实体在该缔约方的负责下参加可导致依本条产生、转让或获得减少排放单位的行动。

4. 如依第八条的有关规定查明附件一所列一缔约方履行本条所指的要求有问题，减少排放单位的转让和获得在查明问题后可继续进行，但在任何遵守问题获得解决之前，一缔约方不可使用任何减少排放单位来履行其依第三条的承诺。

第七条

1. 附件一所列每一缔约方应在其根据《公约》缔约方会议的相关决定提交的《蒙特利尔协定书》未予管制的温室气体的各种源的人为排放和各种汇的清除的年度清单内，载列将根据下述第 4 款确定的为确保遵守第三条的目的而必要的补充信息。

2. 附件一所列每一缔约方应在其依《公约》第十二条提交的国家信息通报中载列根据下述第 4 款确定的必要的补充信息，以示其遵守本议定书所规定承诺的情况。

3. 附件一所列每一缔约方应自本议定书对其生效后的承诺期第一年根据《公约》提交第一次清单始，每年提交上述第 1 款所要求的信息。每一此类缔约方应提交上述第 2 款所要求的信息，作为在本议定书对其生效后和在依下述第 4 款规定通过指南后应提交的第一次国家信息通报的一部分。其后提交本条所要求的信息的频度，应由作为本议定书缔约方会议的《公约》缔约方会议予以确定，同时考虑到《公约》缔约方会议就提交国家信息通报所决定的任何时间表。

4. 作为本议定书缔约方会议的《公约》缔约方会议，应在第一届会议上通过并在其后定期审评编制本条所要求信息的指南，同时考虑到《公约》缔约方会议通过的附件一所列缔约方编制国家信息通报的指南。作为本议定书缔约方会议的《公约》缔约方会议，还应在第一个承诺期之前就计算分配数量的方式作出决定。

第八条

1. 附件一所列每一缔约方依第七条提交的国家信息通报，应由专家审评组根据《公约》缔约方会议相关决定并依照作为本议定书缔约方会议的《公约》缔约方会议依下述第 4 款为此目的所通过的指南予以审评。附件一所列每一缔约方依第七条第 1 款提交的信息，应作为排放清单和分配数量的年度汇编和计算的一部分予以审评。此外，附件一所列每一缔约方依第七条第 2 款提交的信息，应作为信息通报审评的一部分予以审评。

2. 专家审评组应根据《公约》缔约方会议为此目的提供的指导，由秘书处进行协调，并由从《公约》缔约方和在适当情况下政府间组织提名的专家中遴选出的成员组成。

3. 审评过程应对一缔约方履行本议定书的所有方面作出彻底和全面的技术评估。专家审评组应编写一份报告提交作为本议定书缔约方会议的《公约》缔约方会议，在报告中评估该缔约方履行承诺的情况并指明在实现承诺方面任何潜在的问题以及影响实现承诺的各种因素。此类报告应由秘书处分送《公约》的所有缔约方。秘书处应列明此类报告中指明的任何履行问题，以供作为本议定书缔约方会议的《公约》缔约方会议予以进一步审议。

4. 作为本议定书缔约方会议的《公约》缔约方会议，应在第一届会议上通过并在其后定期审评关于由专家审评组审评本议定书履行情况的指南，同时考虑到《公约》缔约方会议的相关决定。

5. 作为本议定书缔约方会议的《公约》缔约方会议，应在附属履行机构并酌情在附属科技咨询机构的协助下审议：

（a）缔约方按照第七条提交的信息和按照本条进行的专家审评的报告；

（b）秘书处根据上述第 3 款列明的那些履行问题，以及缔约方提出的任何问题。

6. 根据对上述第 5 款所指信息的审议情况，作为本议定书缔约方会议的《公约》缔约方会议，应就任何事项作出为履行本议定书所要求的决定。

第九条

1. 作为本议定书缔约方会议的《公约》缔约方会议，应参照可以得到的关于气候变化及其影响的最佳科学信息和评估，以及相关的技术、社会和经济信息，定期审评本议定书。这些审评应同依《公约》、特别是《公约》第四条第 2 款（d）项和第七条第 2 款（a）项所要求的那些相关审评进行协调。在这些审评的基础上，作为本议定书缔约方会议的《公约》缔约方会议应采取适当行动。

2. 第一次审评应在作为本议定书缔约方会议的《公约》缔约方会议第二届会议上进行，进一步的审评应定期适时进行。

第十条

所有缔约方，考虑到它们的共同但有区别的责任以及它们特殊的国家和区域发展优先顺序、目标和情况，在不对未列入附件一的缔约方引入任何新的承诺、但重申依《公约》第四条第 1 款规定的现有承诺并继续促进履行这些承诺以实现可持续发展的情况下，考虑到《公约》第四条第 3 款、第 5 款和第 7 款，应：

（a）在相关时并在可能范围内，制订符合成本效益的国家的方案以及在适当情况下区域的方案，以改进可反映每一缔约方社会经济状况的地方排放因素、活动数据和 / 或模式的质量，用以编制和定期更新《蒙特利尔议定书》未予管制的温室气体的各种源的人为排放和各种汇的清除的国家清单，同时采用将由《公约》缔约方会议议定的可比方法，并与《公约》缔约方会议通过的国家信息通报编制指南相一致；

（b）制订、执行、公布和定期更新载有减缓气候变化措施和有利于充分适应气候变化措施的国家的方案以及在适当情况下区域的方案：

（一）此类方案，除其他外，将涉及能源、运输和工业部门以及农业、林业和废物管理。此外，旨在改进地区规划的适应技术和方法也可改善对气候变化的适应；

（二）附件一所列缔约方应根据第七条提交依本议定书采取的行动、包括国家方案的信息；其他缔约方应努力酌情在它们的国家信息通报中列入载有缔约方认为有助于对付气候变化及其不利影响的措施、包括减缓温室气体排放的增加以及增强汇和汇的清除、能力建设和适应措施的方案的信息；

(c) 合作促进有效方式用以开发、应用和传播与气候变化有关的有益于环境的技术、专有技术、做法和过程，并采取一切实际步骤促进、便利和酌情资助将此类技术、专有技术、做法和过程特别转让给发展中国家或使它们有机会获得，包括制订政策和方案，以便利有效转让公有或公共支配的有益于环境的技术，并为私有部门创造有利环境以促进和增进转让和获得有益于环境的技术；

(d) 在科学技术研究方面进行合作，促进维持和发展有系统的观测系统并发展数据库，以减少与气候系统相关的不确定性、气候变化的不利影响和各种应对战略的经济和社会后果，并促进发展和加强本国能力以参与国际及政府间关于研究和系统观测方面的努力、方案和网络，同时考虑到《公约》第五条；

(e) 在国际一级合作并酌情利用现有机构，促进拟订和实施教育及培训方案，包括加强本国能力建设，特别是加强人才和机构能力、交流或调派人员培训这一领域的专家，尤其是培训发展中国家的专家，并在国家一级促进公众意识和促进公众获得有关气候变化的信息。应发展适当方式通过《公约》的相关机构实施这些活动，同时考虑到《公约》第六条；

(f) 根据《公约》缔约方会议的相关决定，在国家信息通报中列入按照本条进行的方案和活动；

(g) 在履行依本条规定的承诺方面，充分考虑到《公约》第四条第 8 款。

第十一条

1. 在履行第十条方面，缔约方应考虑到《公约》第四条第 4 款、第 5 款、第 7 款、第 8 款和第 9 款的规定。

2. 在履行《公约》第四条第 1 款的范围内，根据《公约》第四条第 3 款和第十一条的规定，并通过受托经营《公约》资金机制的实体，《公约》附件二所列发达国家缔约方和其他发达缔约方应：

(a) 提供新的和额外的资金，以支付经议定的发展中国家为促进履行第十条 (a) 项所述《公约》第四条第 1 款 (a) 项规定的现有承诺而招致的全部费用；

(b) 并提供发展中国家缔约方所需要的资金，包括技术转让的资金，以支付经议定的为促进履行第十条所述依《公约》第四条第 1 款规定的现有承诺并经一发展中国家缔约方与《公约》第十一条所指那个或那些国际实体根据该条议定的全部增加费用。

这些现有承诺的履行应考虑到资金流量应充足和可以预测的必要性，以及发达国家缔约方间适当分摊负担的重要性。《公约》缔约方会议相关决定中对受托经营《公约》资金机制的实体所作的指导，包括本议定书通过之前议定的那些指导，应比照适用于本款的规定。

3. 《公约》附件二所列发达国家缔约方和其他发达缔约方也可以通过双边、区域和其他多边渠道提供并由发展中国家缔约方获取履行第十条的资金。

第十二条

1. 兹此确定一种清洁发展机制。

2. 清洁发展机制的目的是协助未列入附件一的缔约方实现可持续发展和有益于《公约》的最终目标，并协助附件一所列缔约方实现遵守第三条规定的其量化的限制和减少排放的承诺。

3. 依清洁发展机制：

（a）未列入附件一的缔约方将获益于产生经证明的减少排放的项目活动；

（b）附件一所列缔约方可以利用通过此种项目活动获得的经证明的减少排放，促进遵守由作为本议定书缔约方会议的《公约》缔约方会议确定的依第三条规定的其量化的限制和减少排放的承诺之一部分。

4. 清洁发展机制应置于由作为本议定书缔约方会议的《公约》缔约方会议的权力和指导之下，并由清洁发展机制的执行理事会监督。

5. 每一项目活动所产生的减少排放，须经作为本议定书缔约方会议的《公约》缔约方会议指定的经营实体根据以下各项作出证明：

（a）经每一有关缔约方批准的自愿参加；

（b）与减缓气候变化相关的实际的、可测量的和长期的效益；

（c）减少排放对于在没有进行经证明的项目活动的情况下产生的任何减少排放而言是额外的。

6. 如有必要，清洁发展机制应协助安排经证明的项目活动的筹资。

7. 作为本议定书缔约方会议的《公约》缔约方会议，应在第一届会议上拟订方式和程序，以期通过对项目活动的独立审计和核查，确保透明度、效率和可靠性。

8. 作为本议定书缔约方会议的《公约》缔约方会议，应确保经证明的项目活动所产生的部分收益用于支付行政开支和协助特别易受气候变化不利影响的发展中国家缔约方支付适应费用。

9. 对于清洁发展机制的参与，包括对上述第 3 款（a）项所指的活动及获得经证明的减少排放的参与，可包括私有和 / 或公有实体，并须遵守清洁发展机制执行理事会可能提出的任何指导。

10. 在自 2000 年起至第一个承诺期开始这段时期内所获得的经证明的减少排放，可用以协助在第一个承诺期内的遵约。

第十三条

1. 《公约》缔约方会议——《公约》的最高机构，应作为本议定书缔约方会议。

2. 非为本议定书缔约方的《公约》缔约方，可作为观察员参加作为本议定书缔约方会议的《公约》缔约方会议任何届会的议事工作。在《公约》缔约方会议作为本议定书缔约方会议行使职能时，在本议定书之下的决定只应由为本议定书缔约方者作出。

3. 在《公约》缔约方会议作为本议定书缔约方会议行使职能时，《公约》缔约方会议主席团中代表《公约》缔约方但在当时非为本议定书缔约方的任何成员，应由本议定书缔约方从本议定书缔约方中选出的另一成员替换。

4. 作为本议定书缔约方会议的《公约》缔约方会议，应定期审评本议定书的履行情况，并应在其权限内作出为促进本议定书有效履行所必要的决定。缔约方会议应履行本议定书赋予它的职能，并应：

(a) 基于依本议定书的规定向它提供的所有信息，评估缔约方履行本议定书的情况及根据本议定书采取的措施的总体影响，尤其是环境、经济、社会的影响及其累积的影响，以及在实现《公约》目标方面取得进展的程度；

(b) 根据《公约》的目标、在履行中获得的经验及科学技术知识的发展，定期审查本议定书规定的缔约方义务，同时适当顾及《公约》第四条第 2 款 (d) 项和第七条第 2 款所要求的任何审评，并在此方面审议和通过关于本议定书履行情况的定期报告；

(c) 促进和便利就各缔约方为对付气候变化及其影响而采取的措施进行信息交流，同时考虑到缔约方的有差别的情况、责任和能力，以及它们各自依本议定书规定的承诺；

(d) 应两个或更多缔约方的要求，便利将这些缔约方为对付气候变化及其影响而采取的措施加以协调，同时考虑到缔约方的有差别的情况、责任和能力，以及它们各自依本议定书规定的承诺；

(e) 依照《公约》的目标和本议定书的规定，并充分考虑到《公约》缔约方会议的相关决定，促进和指导发展和定期改进由作为本议定书缔约方会议的《公约》缔约方会议议定的、旨在有效履行本议定书的可比较的方法学；

(f) 就任何事项作出为履行本议定书所必需的建议；

(g) 根据第十一条第 2 款，设法动员额外的资金；

(h) 设立为履行本议定书而被认为必要的附属机构；

(i) 酌情寻求和利用各主管国际组织和政府间及非政府机构提供的服务、合作和信息；

(j) 行使为履行本议定书所需的其他职能，并审议《公约》缔约方会议的决定所导致的任何任务。

5. 《公约》缔约方会议的议事规则和依《公约》规定采用的财务规则，应在本议定书下比照适用，除非作为本议定书缔约方会议的《公约》缔约方会议以协商一致方式可能另外作出决定。

6. 作为本议定书缔约方会议的《公约》缔约方会议第一届会议，应由秘书处结合本议定书生效后预定举行的《公约》缔约方会议第一届会议召开。其后作为本议定书缔约方会议的《公约》缔约方会议常会，应每年并且与《公约》缔约方会议常会结合举行，除非作为本议定书缔约方会议的《公约》缔约方会议另有决定。

7. 作为本议定书缔约方会议的《公约》缔约方会议的特别会议，应在作为本议定书缔约方会议的《公约》缔约方会议认为必要的其他时间举行，或应任何缔约方的书面要求而举行，但须在秘书处将该要求转达给各缔约方后六个月内得到至少三分之一缔约方的支持。

8. 联合国及其专门机构和国际原子能机构，以及它们的非为《公约》缔约方的成员国或观察员，均可派代表作为观察员出席作为本议定书缔约方会议的《公约》缔约方会议的各届会议。任何在本议定书所涉事项上具备资格的团体或机构，无论是国家或国际的、政府或非政府的，经通知秘书处其愿意派代表作为观察员出席作为本议定书缔约方会议的《公约》缔约方会议的某届会议，均可予以接纳，除非出席的缔约方至少三分之一反对。观察员的接纳和参加应遵循上述第 5 款所指的议事规则。

第十四条

1. 依《公约》第八条设立的秘书处，应作为本议定书的秘书处。

2. 关于秘书处职能的《公约》第八条第 2 款和关于就秘书处行使职能作出的安排的《公约》第八条第 3 款，应比照适用于本议定书。秘书处还应行使本议定书所赋予它的职能。

第十五条

1. 《公约》第九条和第十条设立的附属科技咨询机构和附属履行机构，应作为本议定书的附属科技咨询机构和附属履行机构。《公约》关于该两个机构行使职能的规定应比照适用于本议定书。本议定书的附属科技咨询机构和附属履行机构的届会，应分别与《公约》的附属科技咨询机构和附属履行机构的会议结合举行。

2. 非为本议定书缔约方的《公约》缔约方可作为观察员参加附属机构任何届会的议事工作。在附属机构作为本议定书附属机构时，在本议定书之下的决定只应由本议定书缔约方作出。

3. 《公约》第九条和第十条设立的附属机构行使它们的职能处理涉及本议定书的事项时，附属机构主席团中代表《公约》缔约方但在当时非为本议定书缔约方的任何成员，应由本议定书缔约方从本议定书缔约方中选出的另一成员替换。

第十六条

作为本议定书缔约方会议的《公约》缔约方会议，应参照《公约》缔约方会议可能作出的任何有关决定，在一旦实际可行时审议对本议定书适用并酌情修改《公约》第十三条所指的多边协商程序。适用于本议定书的任何多边协商程序的运作不应损害依第十八条所设立的程序和机制。

第十七条

《公约》缔约方会议应就排放贸易，特别是其核查、报告和责任确定相关的原则、方式、规则和指南。为履行其依第三条规定的承诺的目的，附件 B 所列缔约方可以参与排放贸易。任何此种贸易应是对为实现该条规定的量化的限制和减少排放的承诺之目的而采取的本国行动的补充。

第十八条

作为本议定书缔约方会议的《公约》缔约方会议，应在第一届会议上通过适当且有效的程序和机制，用以断定和处理不遵守本议定书规定的情势，包括就后果列出一个示意性清单，同时考虑到不遵守的原因、类别、程度和频度。依本条可引起具拘束性后果的任何程序和机制应以本议定书修正案的方式予以通过。

第十九条

《公约》第十四条的规定应比照适用于本议定书。

第二十条

1. 任何缔约方均可对本议定书提出修正。

2. 对本议定书的修正应在作为本议定书缔约方会议的《公约》缔约方会议常会上通过。对本议定书提出的任何修正案文，应由秘书处在拟议通过该修正的会议之前至少六个月送交各缔约方。秘书处还应将提出的修正送交《公约》的缔约方和签署方，并送交保存人以供参考。

3. 各缔约方应尽一切努力以协商一致方式就对本议定书提出的任何修正达成协议。如为谋求协商一致已尽一切努力但仍未达成协议，作为最后的方式，该项修正应以出席会议并参加表决的缔约方四分之三多数票通过。通过的修正应由秘书处送交保存人，再由保存人转送所有缔约方供其接受。

4. 对修正的接受文书应交存于保存人，按照上述第 3 款通过的修正，应于保存人收到本议定书至少四分之三缔约方的接受文书之日后第九十天起对接受该项修正的缔约方生效。

5. 对于任何其他缔约方，修正应在该缔约方向保存人交存其接受该项修正的文书之日后第九十天起对其生效。

第二十一条

1. 本议定书的附件应构成本议定书的组成部分，除非另有明文规定，凡提及本议定书时即同时提及其任何附件。本议定书生效后通过的任何附件，应限于清单，表格和属于科学、技术、程序或行政性质的任何其他说明性材料。

2. 任何缔约方可对本议定书提出附件提案并可对本议定书的附件提出修正。

3. 本议定书的附件和对本议定书附件的修正应在作为本议定书缔约方会议的《公约》缔约方会议的常会上通过。提出的任何附件或对附件的修正的案文应由秘书处在拟议通过该项附件或对该附件的修正的会议之前至少六个月送交各缔约方。秘书处还应将提出的任何附件或对附件的任何修正的案文送交《公约》缔约方和签署方，并送交保存人以供参考。

4. 各缔约方应尽一切努力以协商一致方式就提出的任何附件或对附件的修正达成协议。如为谋求协商一致已尽一切努力但仍未达成协议，作为最后的方式，该项附件或对附件的修正应以出席会议并参加表决的缔约方四分之三多数票通过。通过的附件或对附件的修正应由秘书处送交保存人，再由保存人送交所有缔约方供其接受。

5. 除附件 A 和附件 B 之外，根据上述第 3 款和第 4 款通过的附件或对附件的修正，应于保存人向本议定书的所有缔约方发出关于通过该附件或通过对该附件的修正的通知之日起六个月后对所有缔约方生效，但在此期间书面通知保存人不接受该项附件或对该附件的修正的缔约方除外。对于撤回其不接受通知的缔约方，该项附件或对该附件的修正应自保存人收到撤回通知之日后第九十天起对其生效。

6. 如附件或对附件的修正的通过涉及对本议定书的修正，则该附件或对附件的修正应待对本议定书的修正生效之后方可生效。

7. 对本议定书附件 A 和附件 B 的修正应根据第二十条中规定的程序予以通过并生效，但对附件 B 的任何修正只应以有关缔约方书面同意的方式通过。

第二十二条

1. 除下述第 2 款所规定外，每一缔约方应有一票表决权。

2. 区域经济一体化组织在其权限内的事项上应行使票数与其作为本议定书缔约方的成员国数目相同的表决权。如果一个此类组织的任一成员国行使自己的表决权，则该组织不得行使表决权，反之亦然。

第二十三条

联合国秘书长应为本议定书的保存人。

第二十四条

1. 本议定书应开放供属于《公约》缔约方的各国和区域经济一体化组织签署并须经其批准、接受或核准。本议定书应自 1998 年 3 月 16 日至 1999 年 3 月 15 日在纽约联合国总部开放供签署，本议定书应自其签署截止日之次日起开放供加入。批准、接受、核准或加入的文书应交存于保存人。

2. 任何成为本议定书缔约方而其成员国均非缔约方的区域经济一体化组织应受本议定书各项义务的约束。如果此类组织的一个或多个成员国为本议定书的缔约方，该组织及其成员国应决定各自在履行本议定书义务方面的责任。在此种情况下，该组织及其成员国无权同时行使本议定书规定的权利。

3. 区域经济一体化组织应在其批准、接受、核准或加入的文书中声明其在本议定书所规定事项上的权限。这些组织还应将其权限范围的任何重大变更通知保存人，再由保存人通知各缔约方。

第二十五条

1. 本议定书应在不少于55个《公约》缔约方、包括其合计的二氧化碳排放量至少占附件一所列缔约方1990年二氧化碳排放总量的55%的附件一所列缔约方已经交存其批准、接受、核准或加入的文书之日后第九十天起生效。

2. 为本条的目的，“附件一所列缔约方1990年二氧化碳排放总量”指在通过本议定书之日或之前附件一所列缔约方在其按照《公约》第十二条提交的第一次国家信息通报中通报的数量。

3. 对于在上述第1款中规定的生效条件达到之后批准、接受、核准或加入本议定书的每一国家或区域经济一体化组织，本议定书应自其批准、接受、核准或加入的文书交存之日后第九十天起生效。

4. 为本条的目的，区域经济一体化组织交存的任何文书，不应被视为该组织成员国所交存文书之外的额外文书。

第二十六条

对本议定书不得作任何保留。

第二十七条

1. 自本议定书对一缔约方生效之日起三年后，该缔约方可随时向保存人发出书面通知退出本议定书。

2. 任何此种退出应自保存人收到退出通知之日起一年期满时生效，或在退出通知中所述明的更后日期生效。

3. 退出《公约》的任何缔约方，应被视为亦退出本议定书。

第二十八条

本议定书正本应交存于联合国秘书长，其阿拉伯文、中文、英文、法文、俄文和西班牙文文本同等作准。

一九九七年十二月十一日订于京都。

下列签署人，经正式授权，于规定的日期在本议定书上签字，以昭信守。

附件 A

温室气体：

二氧化碳（CO_2）、甲烷（CH_4）、氧化亚氮（N_2O）、氢氟碳化物（HFC_S）、全氟化碳（PFC_S）、六氟化硫（SF_6）

部门 / 源类别

能源	燃料燃烧	能源工业 制造业和建筑 运输 其他部门 其他
	燃料的飞逸性排放	固体燃料 石油和天然气 其他
工业	矿产品 化工业 金属生产 其他生产 碳卤化合物和六氟化硫的生产 碳卤化合物和六氟化硫的消费 其他	
溶剂和其他产品的使用		
农业	肠道发酵 粪肥管理 水稻种植 农业土壤 热带草原划定的烧荒 农作物残留物的田间燃烧 其他	
废物	陆地固体废物处置 废水处理 废物焚化 其他	

附件 B

缔约方	量化的限制或减少排放的承诺（基准年或基准期百分比）	缔约方	量化的限制或减少排放的承诺（基准年或基准期百分比）
澳大利亚	108	列支敦士登	92
奥地利	92	立陶宛 *	92
比利时	92	卢森堡	92
保加利亚 *	92	摩纳哥	92
加拿大	94	荷兰	92
克罗地亚 *	95	新西兰	100
捷克共和国 *	92	挪威	101
丹麦	92	波兰 *	94
爱沙尼亚 *	92	葡萄牙	92
欧洲共同体	92	罗马尼亚 *	92
芬兰	92	俄罗斯联邦 *	100
法国	92	斯洛伐克 *	92
德国	92	斯洛文尼亚 *	92
希腊	92	西班牙	92
匈牙利 *	94	瑞典	92
冰岛	110	瑞士	92
爱尔兰	92	乌克兰 *	100
意大利	92	大不列颠及北爱尔兰联合王国	92
日本	94	美利坚合众国	93
拉脱维亚 *	92		

* 正在向市场经济过渡的国家。

人类环境宣言

1972 年 6 月 16 日，斯德哥尔摩

联合国人类环境会议于 1972 年 6 月 5 日至 16 日在斯德哥尔摩举行，考虑到需要取得共同的看法和制定共同的原则以鼓舞和指导世界各国人民保持和改善人类环境，兹宣布：

1. 人类既是他的环境的创造物，又是他的环境的塑造者，环境给予人以维持生存的东西，并给他提供了在智力、道德、社会和精神等方面获得发展的机会。生存在地球上的人类，在漫长和曲折的进化过程中，已经达到这样一个阶段，即由于科学技术发展的迅速加快，人类获得了以无数方法和在空前的规模上改造其环境的能力。人类环境的两个方面，即天然和人为的两个方面，对于人类的幸福和对于享受基本人权，甚至生存权利本身，都是必不可缺少的。

2. 保护和改善人类环境是关系到全世界各国人民的幸福和经济发展的重要问题，也是全世界各国人民的迫切希望和各国政府的责任。

3. 人类总得不断地总结经验，有所发现，有所发明，有所创造，有所前进。在现代，人类改造其环境的能力，如果明智地加以使用的话，就可以给各国人民带来开发的利益和提高生活质量的机会。如果使用不当，或轻率地使用，这种能力就会给人类和人类环境造成无法估量的损害。在地球上许多地区，我们可以看到周围有越来越多的说明人为的损害的迹象：在水、空气、土壤以及生物中污染达到危险的程度；生物界的生态平衡受到严重和不适当的扰乱；一些无法取代的资源受到破坏或陷于枯竭；在人为的环境，特别是生活和工作环境里存在着有害于人类身体、精神和社会健康的严重缺陷。

4. 在发展中的国家中，环境问题大半是由于发展不足造成的。千百万人的生活仍然远远低于像样的生活所需要的最低水平。他们无法取得充足的食物和衣服、住房和教育、保健和卫生设备。因此，发展中的国家必须致力于发展工作，牢记他们优先任务和保护及改善环境的必要。为了同样目的，工业化国家应当努力缩小他们自己与发展中国家的差距。在工业化国家里，环境一般同工业化和技术发展有关。

5. 人口的自然增长继续不断地给保护环境带来一些问题，但是如果采取适当的政策和措施，这些问题是可以解决的。世间一切事物中，人是第一可宝贵的。人民推动着社会进步，创造着社会财富，发展着科学技术，并通过自己的辛勤劳动，不断地改造着人类环境。随着社会进步和生产、科学及技术的发展，人类改善环境的能力也与日俱增。

6. 现在已达到历史上这样一个时刻：我们在决定在世界各地的行动时，必须更加审慎地考虑它们对环境产生的后果。由于无知或不关心，我们可能给我们的生活和幸福所依靠的地球环境造成巨大的无法挽回的损害。反之，有了比较充分的知识和采取比较明智的行动，我们就可能使我们自己和我们的后代在一个比较符合人类需要和希望的环境中过着较好的生活。改善环境的质量和创造美好生活的前景是广阔的。我们需要的是热烈而镇定的情绪，紧张而有秩序的工作。为了在自然界里取得自由，人类必须利用知识在同自然合作的情况下建设一个较好的环境。为了这一代和将来的世世代代，保护和改善人类环境已经成为人类一个紧迫的目标，这个目标将同争取和平、全世界的经济与社会发展这两个既定的基本目标共同和协调地实现。

7. 为实现这一环境目标，将要求公民和团体以及企业和各级机关承担责任，大家平等地从事共同的努力。各界人士和许多领域中的组织，凭他们有价值的品质和全部行动，将确定未来的世界环境的格局。各地方政府和全国政府，将对在他们管辖范围内的大规模环境政策和行动，承担最大的责任。为筹措资金以支援发展中国家完成他们在这方面的责任，还需要进行国际合作。种类越来越多的环境问题，因为它们在范围上是地区性或全球性的，或者因为它们影响着共同的国际领域，将要求国与国之间广泛合作和国际组织采取行动以谋求共同的利益。会议呼吁各国政府和人民为着全体人民和他们的子孙后代的利益而作出共同的努力。

这些原则申明了共同的信念：

1. 人类有权在一种能够过尊严和福利的生活的环境中，享有自由、平等和充足的生活条件的基本权利，并且负有保护和改善这一代和将来的世世代代的环境的庄严责任。在这方面，促进或维护种族隔离、种族分离与歧视、殖民主义和其他形式的压迫及外国统治的政策，应该受到谴责和必须消除。

2. 为了这一代和将来的世世代代的利益，地球上的自然资源，其中包括空气、水、土地、植物和动物，特别是自然生态类中具有代表性的标本，必须通过周密计划或适当管理加以保护。

3. 地球生产非常重要的再生资源的能力必须得到保持，而且在实际可能的情况下加以恢复或改善。

4. 人类负有特殊的责任保护和妥善管理由于各种不利的因素而现在受到严重危害的野生生物后嗣及其产地。因此，在计划发展经济时必须注意保护自然界，其中包括野生生物。

5. 在使用地球上不能再生的资源时，必须防范将来把它们耗尽的危险，并且必须确保整个人类能够分享从这样的使用中获得的好处。

6. 为了保证不使生态环境遭到严重的或不可挽回的损害，必须制止在排除有毒物质或其他物质以及散热时其数量或集中程度超过环境能使之无害的能力。应该支持各国人民反对污染的正义斗争。

7. 各国应该采取一切可能的步骤来防止海洋受到那些会对人类健康造成危害的、损害生物资源和破坏海洋生物舒适环境的或妨害对海洋进行其他合法利用的物质的污染。

8. 为了保证人类有一个良好的生活和工作环境，为了在地球上创造那些对改善生活质量所必要的条件，经济和社会发展是非常必要的。

9. 由于不发达和自然灾害的原因而导致环境破坏造成了严重的问题。克服这些问题的最好办法，是移用大量的财政和技术援助以支持发展中国家本国的努力，并且提供可能需要的及时援助，以加速发展工作。

10. 对于发展中的国家来说，由于必须考虑经济因素和生态进程，因此，使初级产品和原料有稳定的价格和适当的收入是必要的。

11. 所有国家的环境政策应该提高，而不应该损及发展中国家现有或将来的发展潜力，也不应该妨碍大家生活条件的改善。各国和各国际组织应该采取适当步骤，以便就应付因实施环境措施所可能引起的国内或国际的经济后果达成协议。

12. 应筹集资金来维护和改善环境，其中要照顾到发展中国家的情况和特殊性，照顾到他们由于在发展计划中列入环境保护项目而需要的任何费用，以及应他们的请求而供给额外的国际技术和财政援助的需要。

13. 为了实现更合理的资源管理从而改善环境，各国应该对他们的发展计划采取统一和协议的做法，以保证为了人民的利益，使发展同保护和改善人类环境的需要相一致。

14. 合理的计划是协调发展的需要和保护与改善环境的需要相一致的。

15. 人的定居和城市化工作必须加以规划，以避免对环境的不良影响，并为大家取得社会、经济和环境三方面的最大利益。在这方面，必须停止为殖民主义和种族主义统治而制订的项目。

16. 在人口增长率或人口过分集中可能对环境或发展产生不良影响的地区，或在人口密度过低可能妨碍人类环境改善和阻碍发展的地区，都应采取不损害基本人权和有关政府认为适当的人口政策。

17. 必须委托适当的国家机关对国家的环境资源进行规划、管理或监督，以期提高环境质量。

18. 为了人类的共同利益，必须应用科学和技术以鉴定、避免和控制环境恶化并解决环境问题，从而促进经济和社会发展。

19. 为了更广泛地扩大个人、企业和基层社会在保护和改善人类各种环境方面提出开明舆论和采取负责行为的基础，必须对年轻一代和成人进行环境问题的教育，同时应该考虑到对不能享受正当权益的人进行这方面的教育。

20. 必须促进各国，特别是发展中国家的国内和国际范围内从事有关环境问题的科学研究及其发展。在这方面，必须支持和促使最新科学情报和经验的自由交流以便解决环境问题；应该使发展中的国家得到环境工艺，其条件是鼓励这种工艺的广泛传播，而不成为发展中的国家的经济负担。

21. 按照联合国宪章和国际法原则，各国有按自己的环境政策开发自己资源的主权；并且有责任保证在他们管辖或控制之内的活动，不致损害其他国家的或在国家管辖范围以外地区的环境。

22. 各国应进行合作，以进一步发展有关他们管辖或控制之内的活动对他们管辖以外的环境造成的污染和其他环境损害的受害者承担责任和赔偿问题的国际法。

23. 在不损害国际大家庭可能达成的规定和不损害必须由一个国家决定的标准的情况下，必须考虑各国的现行价值制度和考虑对最先进的国家有效，但是对发展中国家不适合和具有不值得的社会代价的标准可行程度。

24. 有关保护和改善环境的国际问题应当由所有的国家，不论其大小，在平等的基础上本着合作精神来加以处理，必须通过多边或双边的安排或其他合适途径的合作，在正当地考虑所有国家的主权和利益的情况下，防止、消灭或减少和有效地控制各方面的行动所造成的对环境的有害影响。

25. 各国应保证国际组织在保护和改善环境方面起协调的、有效的和能动的作用。

26. 人类及其环境必须免受核武器和其他一切大规模毁灭性手段的影响。各国必须努力在有关的国际机构内就消除和彻底销毁这种武器迅速达成协议。

保护臭氧层维也纳公约

前言

本公约各缔约方，意识到臭氧层的变化对人类健康和环境可能造成有害影响，回顾联合国人类环境会议宣言里的有关规定，特别是第二十一项原则，其中规定“依照联合国宪章和国际法原则，各国具有按照其环境政策开发其资源的主权权利，同时亦负有责任，确保在它管辖或控制范围内的活动，不致对其他国家的环境或其本国管辖范围以外地区的环境引起损害”，考虑到发展中国家的情况和特殊需要，注意到国际组织和国家组织在进行的工作和研究，特别是联合国环境规划署的臭氧层世界行动计划，又注意到国家一级和国际一级上已经采取的保护臭氧层的预防措施，意识到保护臭氧层使不会因人类活动而发生变化的措施需要国际间的合作和行动，并应依据有关的科学和技术考虑，还意识到有需要继续从事研究和有系统的观察，以期进一步发展有关臭氧层及其变化可能引起的不利影响方面的科学知识，决心要保护人类健康和环境使免受臭氧层变化所引起的不利影响，兹协议如下：

第 1 条：定义

为本公约的目的：

1. “臭氧层”是指行星边界层以上的大气臭氧层。

2. “不利影响”是指自然环境或生物区系内发生的，对人类健康或自然的和受管理的生态系统的组成、恢复力和生产力或对人类有益的物质造成重大有害影响的变化，包括气候的变化。

3. “备选的技术或设备”是指其使用可能减轻或有效消除对臭氧层造成或可能造成不利影响的排放物质的各种技术或设备。

4. “备选物质”是指可以减轻、消除或避免臭氧层所受不利影响的各种物质。

5. “缔约方”是指本公约的缔约方，除非案文中另有所指。

6. “区域经济一体化组织”指由某一区域主权国家组成的组织，它有权处理本公约或其议定书管理的事务，并已按照其内部程序获得正式授权，可以签署、批准、接受、核准或加入有关的文书。

7. “议定书”指本公约议定书。

第 2 条：一般义务

1. 各缔约方应依照本公约以及它们所加入的并且已经生效的议定书的各项规定采取适当

措施，以保护人类健康和环境，使免受足以改变或可能改变臭氧层的人类活动所造成的或可能造成的不利影响。

2. 为此目的，各缔约方应在其能力范围内：

（a）通过有系统的观察、研究和资料交换从事合作，以期更好地了解和评价人类活动对臭氧层的影响，以及臭氧层的变化对人类健康和环境的影响；

（b）采取适当的立法和行政措施，从事合作，协调适当的政策，以便在发现其管辖或控制范围内的某些人类活动已经或可能由于改变或可能改变臭氧层而造成不利影响时，对这些活动加以控制、限制、削减或禁止；

（c）从事合作，制订执行本公约的商定措施、程序和标准，以期通过议定书和附件；

（d）同有关的国际组织合作，有效地执行它们加入的本公约和议定书。

3. 本公约的各项规定绝不应影响各缔约方依照国际法采取上面第 1 款和第 2 款内所提措施之外的国内措施的权力，亦不应影响任何缔约方已经采取的其他国内措施，只要这些措施不同它们在本公约之下所承担的义务相抵触。

4. 本条的适用应以有关的科学和技术考虑为依据。

第 3 条：研究和系统的观察

1. 各缔约方斟酌情况直接或通过有关国际机构就下列问题发起并与有关国际机构合作进行研究和科学评价：

（a）可能影响臭氧层的物理和化学过程；

（b）臭氧层的变化所造成的对人类健康的影响和其他生物影响，特别是具有生物后果的紫外线太阳辐射的变化所造成的影响；

（c）臭氧层的任何变化所造成的气候影响；

（d）臭氧层的任何变化及其引起的紫外线辐射的变化对于人类有用的自然及合成物质所造成的影响；

（e）可能影响臭氧层的物质、作法、过程和活动，以及其累积影响；

（f）备选物质和技术；

（g）相关的社经因素；

以及附件一和二里更详细说明的问题。

2. 各缔约方在充分考虑到国家立法和国家一级与国际一级进行中的有关活动的情况下，斟酌情况直接或通过有关国际机构推广或制定联合方案或补充方案，以便有系统地观察臭氧层的状况及附件一里详细说明的其他有关的参数。

3. 各缔约方直接或通过有关国际机构从事合作，通过适当的世界数据中心保证定期并及时地收集、验证和散发研究和观察数据。

第 4 条：法律、科学和技术方面的合作

1. 各缔约方应促进和鼓励附件二里详细说明的、与本公约有关的科学、技术、社经、商业和法律资料的交换。这种资料应提供给各缔约方同意的各组织。任何此种组织收到提供者认为机密的资料时，应保证不发表此种资料，并于提供给所有缔约方之前加以聚集，以保护其机密性。

2. 各缔约方应从事合作，在符合其国家法律、条例和惯例及照顾到发展中国家的需要的情形下，直接或通过有关国际机构促进技术和知识的发展和转让。这种合作应特别通过下列途径进行：

(a) 方便其他国家取得备选技术；

(b) 提供关于备选技术和设备的资料，并提供特别手册和指南；

(c) 提供研究工作和有系统的观察所需的设备和设施；

(d) 科学和技术人才的适当训练。

第 5 条：递交资料

各缔约方应依照有关文书的缔约方开会时所议定的格式和时间，就其执行本公约及其加入的本公约议定书所采取的措施，通过秘书处按照第 6 条规定向缔约方会议递交资料。

第 6 条：缔约方会议

1. 缔约方会议特此设立。缔约方会议的首届会议应由第 7 条内临时指定的秘书处至迟于本公约生效后 1 年内召开。其后的会议常会应依照首届会议所规定的时间按期举行。

2. 缔约方会议可于其认为必要的其他时间举行非常会议，如经任何缔约方书面请求，由秘书处将该项请求转致各缔约方后 6 个月内至少有 1/3 缔约方表示支持时，亦可举行非常会议。

3. 缔约方会议应以协商一致方式议定和通过其本身的和它可能设立的任何附属机构的议事规则和财务条例，以及适用于秘书处职务的财务规定。

4. 缔约方会议应继续不断地审查本公约的执行情况，同时应：

(a) 规定转交依照第五条递交的资料的形式及间隔期限，并审议这些资料以及任何附属机构提出的报告；

(b) 审查有关臭氧层、有关其可能发生的变化或任何这种变化可能造成的影响的科学资料；

(c) 依照第二条的规定，促进适当政策、战略和措施的协调，以尽量减少可能引起臭氧层变化的物质的排放，并就与本公约有关的其他措施提出建议；

(d) 依照第三条和第四条的规定，制订推行研究、有系统的观察、科技合作、资料交换以及技术和知识转让等方案；

(e) 依照第九条和第十条的规定，视需要审议和通过对本公约及其附件的修正案；

(f) 审议对任何议定书及其附件的修正案，于作出决定后向此种议定书的缔约方建议通过；

（g）依照第十条的规定，视需要审议和通过本公约的增列附件；

（h）依照第八条的规定，视需要审议和通过议定书；

（i）成立执行本公约所需的附属机构；

（j）请求有关的国际机构和科学委员会，特别是世界气象组织、世界卫生组织和臭氧层协调委员会，在科学研究、有系统的观察以及与本公约的目标有关的其他活动方面提供服务，并利用这些组织和委员会所提供的资料；

（k）考虑和采取实现本公约的目标所需的任何其他行动。

5. 联合国及其各专门机构、国际原子能机构、以及非本公约缔约方的任何国家均可以观察员身份出席本公约缔约方会议。任何国家或国际机构、政府或非政府组织，如果在保护臭氧层的任何方面具有资格，并向秘书处声明有意以观察员身份出席缔约方会议，则除非有至少 1/3 的出席缔约方表示反对，亦可参加会议。观察员的参加会议应受缔约方会议议事规则的约束。

第 7 条：秘书处

1. 秘书处的任务如下：

（a）依照第六、第八、第九和第十条的规定，为会议进行筹备工作并提供服务；

（b）根据由于第四条和第五条规定而收到的资料，以及第六条规定之下成立的机构举行会议所产生的资料，编写和提交报告；

（c）履行任何议定书委派给秘书处的任务；

（d）就秘书处执行其根据本公约所承担的任务所进行的各项活动编写报告，提交缔约方会议；

（e）保证同其他有关的国际机构进行必要的协调，尤其要作出有效执行其任务所需的行政和合约安排；

（f）履行缔约方会议可能指定的其他任务。

2. 在依照第六条的规定举行的缔约方会议首届会议结束以前，由联合国环境规划署临时执行秘书处的任务。缔约方会议首届会议应指定已表示愿意的现有合格国际组织中的秘书处执行本公约之下的秘书处任务。

第 8 条：议定书的通过

1. 缔约方会议可依照第二条的规定，于一次会议上通过议定书。

2. 任何议定书的草案案文应由秘书处至少在举行上述会议以前 6 个月呈交各缔约方。

第 9 条：公约或议定书的修正

1. 任何缔约方可对本公约或任何议定书提出修正案。这种修正案除其他外，还应充分顾及有关的科学和技术考虑。

2. 修正案应由缔约方会议在一次会议上通过。对任何议定书的修正案应在有关议定书缔约方的会议上通过。对本公约或任何议定书提出的修正案，除非该议定书另有决定，应由秘书处至少在举行提议通过该议定书的会议以前 6 个月呈交给各缔约方。秘书处也应将提议的修正案呈交给本公约各签署国作为资料。

3. 各缔约方应尽量以协商一致方式对就本公约提出的任何修正案达成协议。如果尽了一切努力仍无法以协商一致方式达成协议，则应以出席并参加表决的公约缔约方 3/4 多数票通过修正案。并应由保存者呈交给所有缔约方批准、核准或接受。

4. 对任何议定书的修正，亦应适用上述第 3 款提到的程序，不过只需要出席并参加表决的该议定书缔约方 2/3 的多数票就可通过。

5. 对修正案的批准、核准或接受，应以书面通知保存者。依照上述第 3 或第 4 款规定通过的修正案，应于保存者接得至少 3/4 公约缔约方或至少 2/3 的有关议定书缔约方的批准、核准或接受通知书后的第 90 天在接受修正案的各缔约方之间生效。其后任何其他缔约方存放批准、核准或接受文书 90 天之后，修正案对它生效。

6. 为本条之目的，“出席并参加表决的缔约方”是指参加会议并投赞成票或反对票的缔约方。

第 10 条：附件的通过和修正

1. 本公约的附件或其任何议定书的附件，应成为本公约或有关议定书的一个构成部分，因此，除非另有规定，凡提及本公约或其议定书时，亦包括本公约或其议定书的附件在内。这种附件只限于科学、技术和行政事项。

2. 除非在任何议定书里对其附件另有规定，本公约或议定书所增列附件的提出、 通过和生效，应适用下列程序：

（a）本公约的附件应依照第九条第 2 和第 3 款规定的程序通过，而任何议定书的附件应依照第九条第 2 和第 4 款规定的程序提出和通过；

（b）任何缔约方如果不核准本公约的增列附件或它所加入的任何议定书的附件， 应于保存者发出通知后 6 个月内以书面向保存者发出反对声明。保存者应于接得此种声明后立即通知所有缔约方。任何缔约方可于任何时间取消以前发出的反对声明而接受增列附件，有关附件即对它生效；

（c）在保存者发出通知 6 个月之后，增列附件应对未曾依照上文（b）项发出声明的本公约或任何有关议定书的所有缔约方生效。

3. 本公约附件或任何议定书附件的修正案的提出、通过和生效，应适用本公约附件或议定书附件的提出、通过和生效所适用的同一程序。附件及其修正案应特别考虑到有关的科学和技术方面。

4. 如果一个增列附件或对任何附件的修正，涉及对公约或议定书的修正，则增列附件或修正后的附件，应于对公约或其有关议定书的修正案生效以后才能生效。

第 11 条：争端的解决

1. 万一缔约方之间在本公约的解释或适用方面发生争端时，有关的缔约方应以谈判方式谋求解决。

2. 如果有关的缔约方无法以谈判方式达成协议，它们可以联合寻求第三方进行斡旋或邀请第三方出面调停。

3. 在批准、接受、核准或加入本公约或其后任何时候，缔约方或区域经济一体化组织可书面向保存者声明，就未根据上述第 1 或第 2 款解决的争端来说，它接受下列一种或两种争端解决办法为强制性办法：

（a）根据缔约方会议首届会议通过的程序进行仲裁；

（b）将争端提交国际法院。

4. 如果缔约方还没有按照上文第 3 款的规定接受相同或任何程序，则应根据下文第 5 款的规定提交调解，除非缔约方另有协议。

5. 若争端一方提出要求，则应设立一个调解委员会。调解委员会应由有关各方所指派的数目相同的成员组成，而主席则应由各方指派的成员共同选出。委员会将作出最后的建议性裁决，各方应诚恳地考虑这一裁决。

6. 本条规定应适用于任何议定书，除非有关议定书另有规定。

第 12 条：签署

本公约应按下述时间和地点开放供各国和各区域经济一体化组织签署：从 1985 年 3 月 22 日起至 1985 年 9 月 21 日在维也纳奥地利共和国外交部；从 1985 年 9 月 22 日起至 1986 年 3 月 21 日在纽约联合国总部。

第 13 条：批准、接受或核准

1. 本公约和任何议定书须由任何国家和区域经济一体化组织批准、接受或核准。 批准、接受或核准文书应交给保管者。

2. 以上第 1 款所指的任何组织如成为本公约或任何议定书的缔约组织而该组织没有任何一个成员国是缔约方，则该缔约组织应受按公约或议定书规定的一切义务的约束。如有这种组织，即在该组织的一个或更多个成员国是本公约或有关议定书的缔约方的情况下，该组织及其成员国应就执行其按照公约或议定书规定的义务的责任各自作出决定。在这种情况下，该组织和成员国不应同时享有行使按照公约或有关议定书规定的权利。

3. 第1款所指的这些组织应在其批准、接受或核准文书中声明其在本公约或有关议定书所涉事项的职权范围。这些组织也应在其职权范围发生重大变化时通知保管者。

第14条：加入

1. 本公约及任何议定书应开放供加入，任何国家和区域经济一体化组织自公约或有关议定书签署截止日期起均可加入。加入文书应交给保存者。

2. 上文第1款中所指的组织，应于其加入文书里应声明它们在本公约或有关议定书所涉事项中的职权范围。这些组织也应在其职权范围内发生重要变化时通知保管者。

3. 第十三条第2款的规定应适用于加入本公约或任何议定书的区域经济一体化组织。

第15条：表决权

1. 本公约或其任何议定书的每一缔约方应有表决权利。

2. 除上文第1款另有规定外，各区域经济一体化组织在属于其职权范围的事项中行使表决权时，其票数相当于加入本公约或有关议定书的它们的成员国的数目。这样的组织不应行使其表决权，如果它们的成员国已行使自己的表决权，反之亦然。

第16条：公约及其议定书之间的关系

1. 除非某一国家或区域经济一体化组织已经是，或在同一个时间成为本公约的缔约方，否则不能成为议定书的缔约方。

2. 关于任何议定书的决定，只应由它的缔约方作出。

第17条：生效

1. 本公约应于第20份批准、接受、核准或加入文书交存之日以后第90天生效。

2. 任何议定书，除非其中另有规定，应于第11份批准、接受或核准这一议定书的文书交存之日或加入之日以后第90天生效。

3. 对于在交存第20份批准、接受、核准或加入文书后批准、接受、核准本公约或加入本公约的每一缔约方，本公约应于这些缔约方的批准、接受、核准或加入文书交存之日以后第90天生效。

4. 任何议定书，除非其中另有规定，应在其按上述第2款规定生效后，对在交存其批准、接受、核准或加入文书后批准、接受、核准本议定书或加入本议定书的缔约方，本议定书应于这一缔约方的批准、接受、核准或加入文书交存之日或本公约在该缔约方生效之日——以较后者为准——以后第90天生效。

5. 为第1款和第2款的目的，一个区域经济一体化组织交存的任何文书，不应被视为这些组织的成员国交存的文书以外的额外文书。

第 18 条：保留

本公约不容许任何保留条款。

第 19 条：退出

1. 本公约对某一缔约方生效 4 年之后，该缔约方可于任何时间以书面通知保管者退出公约。

2. 任何议定书对某一缔约方生效 4 年之后，除非该议定书内另有规定，该缔约方可于任何时间以书面通知保管者退出该议定书。

3. 这种退出应于保管者接得通知之日以后 1 年终了时或退出通知内说明的更晚时间生效。

4. 任何缔约方一旦退出公约，应即被视为亦已退出它加入的任何议定书。

第 20 条：保管者

1. 联合国秘书长应负起本公约及其议定书的保管者的职责。

2. 保管者应特别就下列事项通知各缔约方：

（a）本公约及任何议定书的签署，以及依照第十三条和第十四条规定交存的批准、接受、核准或加入文书；

（b）本公约及任何议定书依照第十七条规定生效的日期；

（c）依照第十九条规定提出的退出通知；

（d）依照第九条规定通过的公约修正案及任何议定书的修正案，各缔约方对修正案的接受情况，以及其生效日期；

（e）有关依照第十条规定的附件及任何附件修正案的通过的所有通知；

（f）区域经济一体化组织交存的关于它们在本公约及任何议定书所涉及各方面的职权范围的通知，及职权范围发生任何变化的通知。

（g）根据第十一条第 3 款发表的宣言。

第 21 条：有效文本

本公约的正本以阿拉伯文、中文、英文、法文、俄文和西班牙文书写，6 种文本同样有效，公约正本应由联合国秘书长保存。

下面签名的全权代表谨签署本公约，以昭信守。

1985 年 3 月 2 日签订于维也纳

附件一：研究和系统的观察

1. 本公约各缔约方同意主要的科学问题如下：

（a）臭氧层的变化，可使达到地面的具有生物学作用的太阳紫外线辐射量发生变化，并可能影响人类健康、生物和生态系统以及对人类有用的物质；

(b) 臭氧垂直分布的变化，可使大气层的气温结构发生变化，并可能影响天气和气候；

2. 本公约各缔约方应依照第 3 条的规定从事合作，进行研究和有系统的观察，并就下列各方面的未来研究和观察活动作出建议：

(a) 关于大气物理和化学的研究

(i) 全面的理论模型：进一步发展考虑放射、动力和化学过程之间相互作用的模型；关于各种人造的和自然的物种对大气臭氧的影响研究；卫星和非卫星的衡量数据集的解释；大气和地球物理参数趋向的评价；就此种参数的变化鉴定其具体成因的方法研究；

(ii) 实验室研究：对流层和平流层化学和光化过程的率度系数、吸收横断面和机制；支持所有的有关光谱区实地衡量的分光仪数据；

(iii) 实地衡量：自然和人类起源的关键来源气体的含量和流量；大气动力研究；直至行星边界层的光化有关物种的同步衡量，应用实地衡量和遥感衡量技术；各种传感器的相互比较，包括协调的卫星仪器使用的相互衡量；关键大气痕量要素、太阳光谱流量和气象参数的立体场；

(iv) 仪器的发展：包括大气痕量要素、太阳流量及气象参数的卫星和非卫星探测器。

(b) 对健康、生物和光致降解影响

(i) 人类暴露于可见和紫外线太阳辐射及 (a) 黑瘤和非黑瘤皮肤癌之间的关系以及 (b) 对免疫系统的影响；

(ii) 紫外线辐射的影响，包括对 (a) 农作物、森林和陆地生态系统以及 (b) 水生食物链和水产的波长依存，以及浮游植物的可能抑制氧气生产；

(iii) 紫外线辐射对生物物质、物种和生态系统发生作用的机理，包括：剂量、剂量率及反应之间的关系；光修理、适应和保护；

(iv) 生物作用光谱和光谱反应研究，应用多色辐射，以便包括各种波长区之间可能的相互作用；

(v) 紫外线辐射在下列各方面的影响，对生物圈的平衡具有重要性的生物物种的敏感和活动；例如光合和生物合成等等的基本作用；

(vi) 紫外线辐射对污染物、农用化学品和其他物质的光致降解的影响。

(c) 对气候的影响研究

(i) 关于臭氧和其他痕量物种的辐射效应及对气候参数的影响的理论和观察研究。例如，土地和海洋表面的温度、降水模式以及对流层和平流层之间的交流；

(ii) 关于这类气候变化对人类活动各方面的影响的调查。

(d) 系统观测：

(i) 臭氧层状况（即柱容量和垂直分布的空间和时间变异）。利用卫星和地面系统相结合的办法使全球臭氧观察系统充分发挥作用；

(ii) 对流层和平流层的 HO_z、NO_x、CLO_x 和碳属源气体浓度；

（iii）从地面到中间层的气温，利用地面和卫星系统；

（iv）达到地球大气层的波长分辨太阳通量和离开地球大气层的热辐射利用卫星衡量；

（v）在紫外线范围内达到地面的具有生物影响的波长分辨太阳通量；

（vi）从地面到中间层的烟雾体特性和分布，利用地面、空中和卫星系统；

（vii）气候重要变数，方法是维持高质量气象表面衡量的方案；

（viii）痕量物质、气温、太阳通量和烟雾体，利用分析全球数据的经过改善的方法。

3. 公约各缔约方应在顾及发展中国家的特别需要的情况下合作，促进参加本附件所列各种研究和有系统观察所需的适当科学和技术训练。应特别注意观察仪器和观察方法的相互校正，以产生可比较的或标准化的科学数据集。

4. 下面以不按优先顺序排列出的各种自然和人类来源的化学物质，被认为可能改变臭氧层的化学和物理特性。

（a）碳物质

（i）一氧化碳（CO）

一氧化碳的重要来源是自然界和人类，据认为对对流层的光化过程有重要的直接作用，对平流层的光化过程则有间接作用。

（ii）二氧化碳（CO_2）

二氧化碳的重要来源是自然界和人类，通过影响大气的热构造而影响到平流层的臭氧。

（ii）甲烷（CH_4）

甲烷来自自然界和人类，对平流层和对流层的臭氧都有影响。

（iv）非甲烷烃类物种

非甲烷烃类物种含有许多化学物质，来自自然界和人类，对对流层的光化过程有直接作用，对平流层光化过程则有间接作用。

（b）氮物质

（i）氧化亚氮（N_2O）

氧化亚氮主要来自自然界，不过人类来源也变得愈来愈重要。氧化亚氮是平流层 NOx 的主要来源，NO_x 对于平流层臭氧充裕的控制有重要作用。

（ii）氮氧化物（NO_x）

NO_x 的地平面来源，只对对流层的光化过程有直接的重要作用，对平流层的光化过程则有间接作用，而接近对流层顶的 NO_x 注射可能对上对流层和平流层的臭氧直接引起变化。

（c）氯物质

（i）全卤化烷烃，例如 CCL_4，$CFCL_3$，（CFC-11），CF_2CL_2（CFC-12），C_2F，CL，（CFC-113），$C_2F_4CL_2$（CFC-114）完全卤化烷烃来自人类，是 CLO_x 的一个来源，对臭氧的光化过程有重要作用，尤其是在海拔 30 ～ 50 公里区域。

(ii) 部分卤化链烷，例如 CH_3CLI_3，CHF_2（CFC-22），CH_3，CCL_3，$CHFCL_2$（CFC-21）CH_3CL 来自自然界，而上列其他部分卤化烷烃则来自人类。这些气体也是平流层 CLO_x 的来源。

(d) 溴物质

全部卤化烷烃，例如 CF_3Br 这些气体来自人类，是 BrO_x 的来源，其作用类似 CLO_x。

(e) 氢物质

(i) 氢 (H_2)

氢是来自自然界和人类，对平流层的光化过程的作用不大。

(ii) 水 (H_2O)

水来自自然界，对平流层和对流层的光化过程都有重要作用。平流层水蒸气的本地来源包括甲烷的氧化以及较小程度上氢的氧化。

附件二：资料交换

1. 本公约各缔约方认识到收集和共同利用资料是实现本公约各项目标及保证所采取的一切行动确属适当和公允的一个重要途径。因此，各缔约方应致力于科学、技术、社经、商业和法律资料的交换。

2. 本公约各缔约方于决定收集和交换何种资料时，应考虑资料效用及收集时所需的费用。各缔约方还认识到依照本附件进行的合作应符合关于专利权、贸易机密、保护机密资料和所有权资料的国家法律、条例和惯例。

3. 科学资料

包括下列资料：

(a) 政府方面和私人方面已规划好的和进行中的研究工作，以促进研究方案的协调，使国家和国际间的可用资源获得最有效的利用；

(b) 研究工作所需的原始资料；

(c) 刊载于经仔细审阅的文献内的关于了解地球大气物理和化学及其易变性的科学研究结果，特别是关于臭氧层状况及臭氧层柱容量或垂直分布分时标变化对于人类健康、环境和气候的影响的科学研究结果；

(d) 研究结果的评价及关于未来研究工作的建议。

4. 技术资料

包括下列资料：

(a) 利用备选化学物质或备选技术来减少可以引起臭氧变化的物质排放以及有关已计划和进行中的研究工作的可行性和费用；

(b) 应用化学或其他备选物质和备选技术的局限性和危险性。

5. 关于附件一内所提各种物质的社经和商业资料

包括下列资料：

（a）生产和生产能力；

（b）使用和使用方式；

（c）输入 / 输出；

（d）可能间接改变臭氧层的人类活动以及控制此种活动的管理行动的代价、危险和利益。

6. 法律资料

包括下列资料：

（a）与保护臭氧层有关的国家法律、行政措施和法律研究；

（b）与保护臭氧层有关的国际协定，包括双边协定；

（c）与保护臭氧层有关的执照签发办法和条件以及有无专利。

关于消耗臭氧层物质的蒙特利尔议定书

经缔约方第二次会议（1990 年 6 月 27 日至 29 日，伦敦）和缔约方第四次会议（1992 年 11 月 23 日至 25 日，哥本哈根）调整和修正并经缔约方第七次会议（1995 年 12 月 5 日至 7 日，维也纳）进一步调整，又经缔约方第九次会议（1997 年 9 月 15 日至 17 日，蒙特利尔）和缔约方第十一次会议（1999 年 11 月 29 日至 12 月 3 日，北京）进一步调整和修正。

[请注意《蒙特利尔议定书》的这个版本载有缔约方在缔约方第十一次会议通过的《调整》。《调整》于 2000 年 7 月 28 日生效]

《蒙特利尔议定书》的这个版本还载有缔约方在缔约方第十一次会议上通过的《修正》（“北京修正”）。

在付印之日该《修正》还未生效。它将于 2001 年 1 月 1 日只对那些批准了该《修正》的缔约方生效，条件是，属于《蒙特利尔议定书》缔约方的国家或区域经济一体化组织至少交存二十份批准、接受或核可该《修正》的证书（任何国家或区域经济一体化组织如果没有已经或同时交存对《蒙特利尔修正》的此种证书则不得交存这样的证书）。

前言

本议定书各缔约方，作为《保护臭氧层维也纳公约》的缔约方，铭记着它们根据该公约有义务采取适当措施保护人类健康和环境，使其免受足以改变或可能改变臭氧层的人类活动所造成的或可能造成的不利影响，认识到全世界某些物质的排放会大大消耗和以其他方式改变臭氧层，对人类健康和环境可能来不利影响，念及这些物质的排放对气候的可能影响，意识到为保护臭氧层不致耗损所采取的措施应依据有关的科学知识，并顾及到技术和经济考虑，决心采取公平地控制消耗臭氧层物质全球排放总量的预防措施，以保护臭氧层，而最终目的则是根据科学知识的发展，考虑到技术和经济方面，并铭记发展中国家的发展需要，彻底消除此种排放，认识到必须作出特别安排，满足发展中国家的需要，包括提供额外的资金和取得有关技术，同时所需资金款额可以预估，且此项资金将大大提高全世界处理科学上断定的臭氧消耗及其有害影响问题的能力，注意到国家和区域两级上已经采取的控制某些氟氯化碳排放的预防措施，考虑到必须在控制和削减消耗臭氧层的物质排放的替代技术的研究、开发和转让方面促进国际合作，特别要铭记发展中国家的需要，

兹议定条款如下：

第 1 条　定义

为本议定书的目的：

1.“公约”是指 1985 年 3 月 22 日通过的保护臭氧层维也纳公约。

2.“缔约方”，除非案文中另有说明，是指本议定书的缔约方。

3.“秘书处”是指公约秘书处。

4.“控制物质”是指本议定书附件 A 或附件 B、附件 C 或附件 E 所载单独存在的或存在于混合物之内的物质；除非特别在有关附件中指明，它应包括任何这类物质的异构体，但不包括制成品内所含任何此种控制物质或混合物，而包括运输或者储存该物质的容器中的此种物质或混合物。

5.“生产量”是指控制物质的生产量减去待由各缔约方核准的技术所销毁的数量之后再减去完生用作其他化学品制造原料的数量后所得的数量。再循环和再使用的数量不算作“生产量”。

6.“消费量”是指控制物质的生产量加上进口量减去出口量之后所得的数量。

7. 生产、进口、出口及消费的“计算数量”是指依照第 3 条确定的数量。

8.“工业合理化”是指为了达成经济效益或应付由于工厂关闭预期出现的供应短缺而由一个缔约方将其生产的计算数量的全部或部分转移给另一缔约方。

第 2 条　控制措施

1. 已订入第 2A 条中。

2. 由第 2B 条取代。

3. 由第 2A 条取代。

4. 由第 2A 条取代。

5. 任何缔约方，倘其附件 A 第一类控制物质 1986 年生产的计算数量低于 25 千吨，为了工业合理化的目的，得将其生产中超过第 1、3 和 4 款规定限额的部分转移给任一缔约方，或从任一缔约方接收此种生产，但这些缔约方生产总共的计算数量不得超过按照本条规定的生产限额。此种生产的任何转移应通知秘书处，通知时间不得迟于转移的日期。

非按第 5 条第 1 款行事的任何缔约方，可在任何一个或多个控制期间转移给另一缔约方第 2F 条所规定的消费计算数量的任何部分，只要转移其消费计算数量中一部分的缔约方的附

件 A 第一类控制物质的消费计算数量在 1989 年没有超过人均 0.25 公斤，且有关缔约方的合计消费计算数量不超过第 2F 条规定的消费限额。此种消费的转移应由每一个有关缔约方通知秘书处，说明转移的条件及其适用的期间。

6. 非按第 5 条行事的任何缔约方，如果拥有在 1987 年 9 月 16 日以前已在建筑或已订约建筑的、亦是国家立法于 1987 年 1 月 1 日以前规定的、生产附件 A 或附件 B 所列控制物质的设施，可将此种设施的生产量加于其 1986 年此种物质的数量，以便决定其 1986 年生产的计算数量，条件是此种设施必须于 1990 年 12 月 31 日以前建筑完成，其生产量亦不使该缔约方控制物质的年人均消费量超过 0.5 公斤。

7. 根据第 5 款的任何生产转移或根据第 6 款的任何生产增加均应通知秘书处，通知时间不得迟于转移或增产日期。

8. (a) 作为公约第 1 (6) 条内规定的一个区域经济一体化组织成员国的任何缔约方，可以协调联合履行本条及第 2A 至 2H 条内规定的关于消费的义务，但其总共消费的计算数量之和不得超过本条及第 2A 至 2H 条规定的数量。

(b) 参与任何此种协议的缔约方应于协议内规定的减少消费量日期以前向秘书处报告协议内容。

(c) 此种协议必须在该区域经济一体化组织及该组织的所有成员国都是本议定书的缔约方且已将其执行办法通知秘书处的情况下方能生效。

9. (a) 根据依照第 6 条作出的评估，缔约方可以决定是否：

(i) 附件 A、附件 B、附件 C 和 / 或附件 E 所载的消耗臭氧潜能值应予调整，如果是的话，此种调整的范围、数量及时间应为何；

(ii) 控制物质的生产量和消费量应做进一步的调整和减少，如果是的话，此种调整的范围、数量及时间应为何；

(b) 关于此种调整的提议应由秘书处于拟议通过该提议的缔约方会议至少六个月之前通知各缔约方。

(c) 在采取此种决定时，各缔约方应尽可能以协商一致方式达成协议。如果为谋求协商一致尽了一切努力而仍未达成协议，则最后应由占出席并参加表决的按第 5 条 1 款行事的缔约方多数票以及出席并参加表决的非按该条款行事的缔约方多数的出席并参加表决的缔约方以三分之二多数票通过此种决定；

(d) 此种决定应对所有缔约方具有拘束力，并应立即由存放机构通知各缔约方。除非决定中另有规定，此种决定应于存放机构发出通知之日起六个月后生效。

10. 根据依照本议定书第 6 条作出的评估，并依照公约第 9 条规定的程序，各缔约方可以规定：

(a) 是否有任何物质，如果有的话，哪些应增入本议定书任何附件，哪些应予删去；

（b）应适用于此种物质的控制措施的体制、范围及时间；

11. 虽有本条及第 2A 至 2H 的各项规定，各缔约方可以采取比本条及第 2A 至 2H 条所规定的更为严厉的措施。

各项调整的介绍

《关于消耗臭氧层物质的蒙特利尔议定书》缔约方第二、四、七、九和第十一次会议根据依照《议定书》第 6 条所作的评估，决定通过以下所列对附件 A、B、C 和 E 中控制物质的产量和消费量的调整和削减（此处案文列出了所有各次调整的累计结果）：

第 2A 条：氟氯化碳

1. 每一缔约方应确保，在本议定书生效后第七个月第一天起的十二个月期间，及其后每十二个月期间，其附件 A 第一类控制物质的消费的计算数量不超过 1986 年消费的计算数量。在这个期间结束时，生产一种或数种第一类控制物质的每一缔约方应确保其这些物质生产的计算数量不超过其 1986 年生产的计算数量，不过这种数量可容许超过 1986 年数量至多百分之十。容许此种增加，只是为了满足按照第 5 条行事的缔约方的国内基本需要，及为了缔约方之间工业合理化的目的。

2. 每一缔约方应确保，在 1991 年 7 月 1 日至 1992 年 12 月 31 日期间，其附件 A 第一类控制物质的生产和消费的计算数量不超过其 1986 年这些物质生产和消费的计算数量的百分之一百五十；自 1993 年 1 月 1 日起，这些控制物质的十二个月控制期间应为每年 1 月 1 日至 12 月 31 日。

3. 每一缔约方应确保，在 1994 年 1 月 1 日起的十二个月期间，及其后每十二个月期间，其附件 A 第一类控制物质的消费的计算数量每年不超过其 1986 年消费的计算数量的百分之二十五。生产一种或数种这些物质的每一缔约方，应确保在同一期间内其这些物质的生产的计算数量每年不超过其 1986 年生产的计算数量的百分之二十五。但为满足按照第 5 条第 1 款行事的缔约方的国内基本需要，其生产的计算数量可超过这个限额，超出部分至多为其 1986 年生产的计算数量的百分之十。

4. 每一缔约方应确保，在 1996 年 1 月 1 日起的十二个月期间，及其后每十二个月期间，其附件 A 第一类控制物质的消费的计算数量不超过零。生产一种或数种这些物质的每一缔约方，应确保同一期间内其这些物质的生产的计算数量不超过零。但为满足按照第 5 条第 1 款行事的缔约方的国内基本需要，其生产的计算数量可超过这个限额，超出部分至多为其 1986 年生产的计算数量的百分之十五。本款应予实施，但缔约方决定为满足它们议定认为是必要的用途而允许的生产量或消费量除外。

5. 每一缔约方应确定，在 2003 年 1 月 1 日起的十二个月期间，及其后每十二个月期间，用于满足按照每 5 条第 1 款行事的缔约方国内基本需要的附件 A 第一类控制物质的生产计算数量不超过 1995 年至 1997 三年期间用于满足国内基本需要的此类物质的年度平均生产量的百分之八十。

6. 每一缔约方应确保，在2005年1月1日起的十二个月期间，及其后每十二个月期间，用于满足按照第5条第1款行事的缔约方国内基本需要的附件A类第一类控制物质的生产的计算数量不超过1995至1997三年期间用于满足国内基本需要的此类物质的年度平均生产量的百分之五十。

7. 每一缔约方应确保，在2007年1月1日起的十二个月期间，及其后每十二个期间，用于满足按照第5条第1款行事的缔约方国内基本的附件A第一类控制物质的生产的计算数量不超过1995至1997三年期间用于满足国内基本需要的此类物质的年度平均生产量的百分之十五。

8. 每一缔约方应确保，在2010年1月1日起的十二个月期间，及其后每十二个月期间，用于满足按照第5条第1款行事的缔约方国内基本需要的附件A类第一类控制物质的生产的计算数量不超过零。

9. 就计算本条第4至8款所述的国内基本需要而言，缔约方年度平均生产量的计算包括它根据2条第5款转让的任何生产配额，而不包括它根据第2条第5款获得的任何生产配额。

第2B条：哈龙

1. 每一缔约方应确保，在1992年1月1日起的十二个月期间，及其后每十二个月期间，其附件A第二类控制物质的消费的计算数量每年不超过其1986年消费的计算数量。生产一种或数种这些物质的每一缔约方，应确保其在同一期间内这些物质的生产的计算数量每年不超过其1986年生产的计算数量。但为满足按照第5条第1款和行事的缔约方的国内基本需要，其生产的计算数量可超过这个限额，超出部分至多为其1986年生产的计算数量的百分之十。

2. 每一缔约方应确保，在1994年1月1日起的十二个月期间，及其后每十二个月期间，其附件A第二类控制物质的消费的计算数量不超过零。生产一种或数种这些物质的每一缔约方，应确保在同一期间内其这些物质的生产的计算数量不超过零。但为满足按照第5条第1款行事的缔约方的国内基本需要，其生产的计算数量可超过这个限额，在2002年1月1日前超出部分至多为其1986年生产的计算数量的百分之十五。此后超出限额部分可等于其1998年至2000三年期间用于满足国内基本需要的附件A第二类控制物质的年度平均生产量。本款应予实施，但缔约方决定为满足它们议定认为是必要的用途而允许的生产量或消费量除外。

3. 每一缔约方应确保，在2005年1月1日起的十二个月期间，及其后每十二个月期间，用于满足按照第5条第1款行事的缔约方国内基本需要的附件A第二类控制物质的生产的计算数量不超过1995年至1997年三年期间用于满足国内基本需要的此类物质的年度平均生产量的百分之五十。

4. 每一缔约方应确保，在2010年1月1日起的十二个月期间，及其后每十二个月期间，用于满足按照第5条第1款行事的缔约方内基本需要的附件A第二类控制物质的生产的计算数量不超过零。

第 2C 条：其他全卤化氟氯化碳

1. 每一缔约方应确保，在 1993 年 1 月 1 日起的十二个月期间，其附件 B 第一类控制物质的消费的计算数量每年不超过其 1989 年消费的计算数量的百分之八十。生产一种或数种这些物质的每一缔约方，应确保其在同一期内这些物质的生产的计算数量每年不超过其 1989 年消费的计算数量的百分之八十。但为满足按照第 5 条第 1 款行事的缔约方的国内基本需要，其生产的计算数量可超过这个限额，超出部分至多为其 1989 年生产的计算数量的百分之十。

2. 每一缔约方应确保，在 1994 年 1 月 1 日起的十二个月期间，及其后每十二个月期间，其附件 B 第一类控制物质的消费的计算数量每年不超过 1989 年消费的计算数量的百分之二十五。生产一种或数种这些物质的每一缔约方，应确保其在同一期间内这些物质的生产的计算数量每年不超过其 1989 年生产的计算数量的百分之二十五。但为满足按照第 5 条第 1 款行事的缔约方的国内基本需要，其生产的计算数量可超过这个限额，超出部分至多为其 1989 年生产的计算数量的百分之十。

3. 每一缔约方应确保，在 1996 年 1 月 1 日起的十二个月期间，及其后每十二个月期间，其附件 B 第一类控制物质的消费的计算数量不超过零。生产一种或数种这些物质的第 ·缔约方，应确保其在同一期间内这些物质的生产的计算数量不超过零。但为满足按照第 5 条第 1 款行事的缔约方的国内基本需要，其生产的计算数量可超过这个限额，超出部分在 2003 年 1 月 1 日前至多为其 1989 年生产的计算数量的百分之十五。此后超出限额部分可等于其 1998 年至 2000 三年期间用于满足国内基本需要的附件 B 第一类控制物质的年度平均生产量的百分之八十。木款应予实施，但缔约方法决定为满足它们议定认为是必要的用途而允许的生产量或消费量除外。

4. 每一缔约方应确保，在 2007 年 1 月 1 日起的十二个月期间，及其后每十二个月期间，其用于满足国内基本需要的附件 B 第一类控制物质的生产的计算数量每年不超过 1998 年至 2000 三年期间用于满足国内基本需要的此类物质的年度平均生产量的百分之十五。

5. 每一缔约方应确保，在 2010 年 1 月 1 日起的十二个月期间及其后每十二个月期间，其用于满足国内基本需要的附件 B 第一批控制物质的生产的计算数量不超过零。

第 2D 条：四氯化碳

1. 每一缔约方应确保，在 1995 年 1 月 1 日起的十二个月期间，其附件 B 第二类控制物质的消费的计算数量每年不超过其 1989 年消费的计算数量的百分之十五。生产该物质的每一缔约方，应确保其在同一期间内该物质的生产的计算数量每年不超过其 1989 年生产的计算数量的百分之十五。但为满足按照第 5 条第 1 款行事的缔约方的国内基本需要，其生产的计算数量可超过这个限额，超出部分至多为其 1989 年生产的计算数量的百分之十。

2. 每一缔约方应确保，1996 年 1 月 1 日起的十二个月期间，及其后每十二个月期间，其附件 B 第二类控制物质的消费的计算数量不超过零。生产该物质的每一缔约方，应确保其在同一期间内该物质的生产的计算数量不超过零。但为满足按照第 5 条第 1 款行事的缔约方的国内基本需要，其生产的计算数量可超过这个限额，超出部分至多为其 1989 年生产的计算数量的百分之十五，本款应予实施，但缔约方决定为满足它们议定认为是必要的用途而允许的生产量或消费量除外。

第 2E 条：1,1,1- 三氯乙烷（甲基氯仿）

1. 每一缔约方应确保，在 1993 年 1 月 1 日起的十二个月期间，其附件 B 第三类控制物质的消费的计算数量每年不超过其 1989 年消费的计算数量。生产该物质的每一缔约方，应确保其在同一期间内该物质的生产的计算数量每年不超过 1989 年的生产的计算数量。但为满足按照第 5 条第 1 款行事的缔约方的国内基本需要，其生产的计算数量可超过这个限额，超出部分至多为其 1989 年生产的计算数量的百分之十。

2. 每一缔约方应确保，在 1994 年 1 月 1 日起的十二个月期间，及其后每十二个月期间，其附件 B 第三类控制物质的消费的计算数量每年不超过其 1989 年消费的计算数量的百分之五十。生产该物质的每一缔约方，应确保其在同一期间内该物质的生产的计算数量每年不超过其 1989 年生产的计算数量的百分之五十。但为满足按照第 5 条第 1 款行事的缔约方的国内基本需要，其生产的计算数量可超过这个限额，超出部分至多为其 1989 年生产的计算数量的百分之十。

3. 每一缔约方应确保，在 1996 年 1 月 1 日起的十二个月期间，及其后每十二个月期间，其附件 B 第三类控制物质的消费的计算数量不超过零。生产该物质的每一缔约方，应确保其在同一期内该物质的生产的计算数量不超过零。但为满足按照第 5 条第 1 款行事的缔约方的国内基本需要，其生产的计算数量可超过这个限额，超出部分至多为其 1989 年生产的计算数量的百分之十五。本款应予实施，但缔约方决定为满足它们议定认为是必要的用途而允许的生产量或消费除外。

第 2F 条：氟氯烃

1. 每一缔约方应确保，在 1996 年 1 月 1 日起的十二个月期间，及其后每十二个月期间，其附件 C 第一类控制物质消费的计算数量每年不超过下列数量之和：

（a）其附件 A 第一件控制物质 1989 年消费的计算数量的百分之二点八；

（b）其附件 C 第一类控制物质 1989 年消费的计算数量。

2. 每一缔约方应确保，在 2004 年 1 月 1 日起的十二个月期间，及其后每十二个月期间，其附件 C 第一类控制物质消费的计算数量每年不超过本条第 1 款所述总和的百分之六十五。

3. 每一缔约方应确保，在 2010 年 1 月 1 日起的十二个月期间，及其后每十二个月期间，其附件 C 第一类控制物质消费的计算数量每年不超过本条第 1 款所述总和的百分之三十五。

4. 每一缔约方应确保，在 2010 年 1 月 1 日起的十二个月期间，及其后每十二个月期间，其附件C第一类控制物质消费的计算数量每年不超过本条第1款所述总和的百分之十。

5. 每一缔约方应确保，在2010年1月1日起的十二个月期间，及其后每十二个月期间，其附件C第一类控制物质消费的计算数量每年不超过本条第1款所述总和的百分之零点五。但这类消费应限于维修在该日已经有的冷冻和空调设备。

6. 每一缔约方应确保，在2010年1月1日起的十二个月期间，及其后每十二个月期间，其附件C第一类控制物质消费的计算数量不超过零。

7. 自1996年1月1日起，每一缔约方应尽力确保：

(a) 附件C第一类控制物质的使用应限于尚无其他环境上更适宜的替代物质或技术可供采用的情况；

(b) 除为了保护人类生命或人类健康的罕见情况外，使用附件C第一类控制物质不应用超出附件A、B和C所列控制物质目前的使用范围；

(c) 除为了满足其他环境、安全及经济上的考虑外，附件C第一类控制物质的选用应是为了使臭氧的消耗减至最低限度。

8. 生产一种或一种以上此类物质的每一缔约方应确保，在2004年1月1日起的十二个月期间，及其后每十二个月期间，其附件C第一类控制物质生产的计算数量每年不超过以下两个数字的平均数：

(a) 其1989年附件C第一类控制物质消费的计算数量同期1989年附件A第一类控制物质消费的计算数量的百分之二点八的总和；

(b) 其1989年附件C第一类控制物质生产的计算数量同期1989年附件A第一类控制物质生产的计算数量的百分之二点八的总和。

但为满足按照第5条第1款行事的缔约方的国内基本需要，其生产的计算数量可超过这个限额，超出部分至多为以上界定的附件C第一类控制物质生产的计算数量的百分之十五。

第2G条：氟溴烃

每一缔约方应确保，在1996年1月1日起的十二个月期间，及其后第十二个月期间，其附件C第二类控制物质的消费的计算数量不超过零。生产该物质的每一缔约方，应确保其在同一期间内该物质的生产的计算数量不超过零。本款应予实施，但缔约方决定为满足它们议定认为是必要的用途而允许的生产量或消费量除外。

第2H条：甲基溴

1. 每一缔约方应确保，在1995年1月1日起的十二个月期间，及其后每十二个月期间，其附件E控制物质的消费计算数量每年不超过其1991年消费计算数量。生产该物质的每一缔约方应确保其在这些时期内该物质的生产计算数量每年不超过1991年生产计算数量。但为满足按照第5条第1款行事的缔约方的国内基本需要，其生产计算数量可超过这个限额，超出部分至多为其1991年生产计算数量的百分之十。

2. 每一缔约方应确保，在 1999 年 1 月 1 日起的十二个月期间，及其后每十二个月期间，其附件 E 控制物质的消费计算数量每年不超过其 1991 年消费计算数量的百分之七十五。生产该物质的每一缔约方应确保其在这些时期内该物质的生产计算数量每年不超过 1991 年生产计算数量的百分之五十。但为满足按照第 5 条第 1 款行事的缔约方的国内基本需要，其生产计算数量可超过这个限额，超出部分至多为其 1991 年生产计算数量的百分之十。

3. 每一缔约方应确保，在 2001 年 1 月 1 日起的十二个月期间，及其后每十二个月期间，其附件 E 控制物质的消费计算数量每年不超过其 1991 年消费计算数量的百分之五十。生产该物质的每一缔约方应确保其在这些时期内该物质的生产计算数量每年不超过 1991 年生产计算数量的百分之七十五。但为满足按照第 5 条第 1 款行事的缔约方的国内基本需要，其生产计算数量可超过这个限额，超出部分至多为其 1991 年生产计算数量的百分之十。

4. 每一缔约方应确保，在 2003 年 1 月 1 日起的十二个月期间，及其后每十二个月期间，其附件 E 控制物质的消费计算数量每年不超过其 1991 年消费计算数量的百分之三十。生产该物质的每一缔约方应确保其在这些时期内该物质的生产计算数量每年不超过 1991 年生产计算数量的百分之三十。但为满足按照第 5 条第 1 款行事的缔约方的国内基本需要，其生产计算数量可超过这个限额，超出部分至多为其 1991 年生产计算数量的百分之十。

5. 每一缔约方应确保，在 2005 年 1 月 1 日起的十二个月期间，及其后每十二个月期间，其附件 E 控制物质的消费计算数量不超过零。生产该物质的每一缔约方应确保其在这些时期内该物质的生产计算数量不超过零。但为满足按照第 5 条第 1 款行事的缔约方的国内基本需要，其生产计算数量可超过这个限额，超出部分在 2002 年 1 月 1 日前至多为期 1991 年生产的计算数量的百分之十五。此后超出部分可等于其 1995 年至 1998 年三年期间用于满足国内基本需要的附件 E 控制物质的年度平均生产量。本款应予实施，但缔约方决定为满足它们议定认为是必要的用而允许的生产量和消费量除外。

每一缔约方应确保，在 2005 年 1 月 1 日起的十二个月期间，及其后每十二个月期间，其用于满足按照第 5 条第 1 款行事的缔约方国内基本需要的附件 E 控制物质生产的计算数量每年不超过其 1995 年至 1998 三年期间于满足国内基本需要的此类物质的年度平均生产量的百分之八十。

每一缔约方应确保，在 2015 年 1 月 1 日起的十二个月期间，及其后每十二个期间，其用于满足按照第 5 条第 1 款行事的缔约方内基本需要的附件 E 控制物质生产的计算数量不超过零。

6. 本条下消费和生产计算数量应不包括缔约方用于检疫和装运前用途的数量。

第 2I 条：溴氯甲烷

每一缔约方应确保，在 2002 年 1 月 1 日起的十二个月期间，及其后每十二个期间，其附件 C 第三类控制物质消费和生产的计算数量不超过零。本款应予实施，但缔约方决定为满足它们议定认为是必要的用途而允许的生产量或消费数量除外。

第 3 条：控制数量的计算

为第 2 条、第 2A 至 2H 条和第 5 条的目的，每一缔约方应确定附件 A、附件 B、附件 C 或附件 E 内每一类物质的下列计算数量：

(a) 生产量，计算方法是：

(i) 将每一种控制物质的每年生产量乘以附件 A、附件 B、附件 C 或附件 E 内所载该物质的消耗臭氧潜能值；

(ii) 就每一类物质，将乘积加在一起；

(b) 进口量和出口量，计算方法与 (a) 项叙述的方法相同；

(c) 消费量，计算方法是将其按照以上 (a) 和 (b) 两项确定的生产的计算数量加上进口的计算数量，再减去其出口的计算数量。不过，从 1993 年 1 月 1 日起，在计算出口缔约方的消费量时，不应再减去它向非缔约方出口的控制物质数量。

第 4 条：对与非缔约方贸易的控制

1. 从 1990 年 1 月 1 日起，每一缔约方应禁止从非本议定书缔约方的任何国家进口附件 A 控制物质。

在本款生效之日起一年之内，每一缔约方应禁止从非本议定书缔约方的任何国家进口附件 B 控制物质。

在本款生效之日起一年之内，每一缔约方应禁止从非本议定书缔约方的任何国家进口任何附件 C 第二类控制物质。

在本款生效之日起一年之内，每一缔约方应禁止从非本议定书缔约方的任何国家进口附件 E 控制物质。

从 2004 年 1 月 1 日起，每一缔约方应禁止从非本议定书缔约方的任何国家进口附件 C 第一类控制物质。

在本款生效之日起一年之内，每一缔约方应禁止从非本议定书缔约方的任何国家进口附件 C 第三类控制物质。

2. 从 1993 年 1 月 1 日起，每一缔约方应禁止从非本议定书缔约方的任何国家出口附件 A 控制物质。

自本款生效之日起一年之后，每一缔约方应禁止从非本议定书缔约方的任何国家出口附件 B 控制物质。

自本款生效之日起一年之后，每一缔约方应禁止从非本议定书缔约方的任何国家出口任何附件 C 第二类控制物质。

自本款生效之日起一年之后，每一缔约方应禁止从非本议定书缔约方的任何国家出口附件 E 控制物质。

从 2004 年 1 月 1 日起，每一缔约方应禁止从非本议定书缔约方的任何国家出口附件 C 第一类控制物质。

自本款生效之日起一年之后，每一缔约方应禁止从非本议定书缔约方的任何国家出口附件 C 第三类控制物质。

3. 到 1992 年 1 月 1 日，缔约方应依照公约第 10 条规定的程序，在一附件内列出含有附件 A 控制物质的产品清单。未曾依照该程序对该附件提出异议的缔约方，应在该附件生效后一年内禁止从非本议定书缔约方的任何国家进口此种产品。

在本款生效之日起三年之内，缔约方应依照公约第 10 条规定的程序，在一附件内列出含有附件 B 控制物质的产品清单。未曾依照该程序对该附件提出异议的缔约方，应在该附件生效后一年内禁止从非本议定书缔约方的任何国家进口此种产品。

在本款生效之日起三年之内，缔约方应依照公约第 10 条规定的程序，在一附件内列出含有附件 C 控制物质的产品清单。未曾依照该程序对该附件提出异议的缔约方，应在该附件生效后一年内禁止从非本议定书缔约方的任何国家进口此种产品。

4. 到 1994 年 1 月 1 日，缔约方应确定禁止或限制从非本议定书缔约方的国家进口以附件 A 所列控制物质制造但不含有此种物质的产品的可行性。如果确定可行，缔约方应依照公约第 10 条规定的程序，在一份附件内列出此种产品的清单。未曾依照该程序对该附件提出异议的缔约方，应在该附件生效后一年内，禁止或限制从非本议定书缔约方的任何国家进口此种产品。

在本款生效之日五年之内，缔约方应确定禁止或限制从非本议定书缔约方的国家进口以附件 B 所列控制物质制造但不含有此种物质的产品的可行性。如果确定可行，缔约方应依照公约第 10 条规定的程序，在一份附件内列出此种产品的清单。未曾依照该程序对该附件提出异议的缔约方，应在该附件生效后一年内，禁止或限制从非本议定书缔约方的任何国家进口此种产品。

在本款生效之日五年之内，缔约方应确定禁止或限制从非本议定书缔约方的国家进口以附件 C 第二类控制物质制造但不含有此种物质的产品的可行性。如果确定可行，缔约方应依照公约第 10 条规定的程序在一附件内列出此种产品的清单。未曾依照该程序对该附件提出异议的缔约方应在该附件生效后一年内，禁止或限制从非本议定书缔约方的任何国家进口此种产品。

5. 每一缔约方承诺在可行范围内尽量劝阻向非议定书缔约方的任何国家出口生产及利用附件 A、B、C 和 E 所列控制物质的技术。

6. 每一缔约方不应为了向非议定书缔约方的国家出口有助于生产附件 A、B、C 和 E 所列控制物质的产品、设备、工厂或技术而提供新的津贴、援助、信贷、担保或保险方案。

7. 第 5 款和第 6 款的规定不适用于可改进控制物质的密封、回收、再循环或销毁 、可促进发展替代物质、或者以其他方式有助于减少附件 A、B、C 和 E 所列控制物质排放的产品、设备、工厂或技术。

8. 虽有本条的规定，非本议定书缔约方的任何国家如经缔约方会议确定充分遵守第 2 条、第 2A 至 2I 条以及以本条规定并已按照第 7 条规定提交数据以为佐证，则可以允许从并对该国作本条第 1 至第 4 之三各款所指的进口和出口。

9. 为本条的目的，“非本议定书缔约方的国家”一词，以任何特定的控制物质而言，应包括尚未同意受当时对该物质生效的控制措施约束的每一国家或区域经济一体化组织。

10. 各缔约方应在 1996 年 1 月 1 日以前审议是否对本议定书做出修正，以便将本条的措施扩大适用于与非议定书缔约方的国家就附件 C 第一类和附件 E 所列控制物质的贸易。

中美气候变化联合声明

2014 年 11 月 12 日于中国北京

一、中华人民共和国和美利坚合众国在应对全球气候变化这一人类面临的最大威胁上具有重要作用。该挑战的严重性需要中美双方为了共同利益建设性地一起努力。

二、为此，中国国家主席习近平和美国总统巴拉克·奥巴马重申加强气候变化双边合作的重要性，并将携手与其他国家一道努力，以便在 2015 年联合国巴黎气候大会上达成在公约下适用于所有缔约方的一项议定书、其他法律文书或具有法律效力的议定成果。双方致力于达成富有雄心的 2015 年协议，体现共同但有区别的责任和各自能力原则，考虑到各国不同国情。

三、今天，中美两国元首宣布了两国各自 2020 年后应对气候变化行动，认识到这些行动是向低碳经济转型长期努力的组成部分并考虑到 2℃全球温升目标。美国计划于 2025 年实现在 2005 年基础上减排 26% ～ 28% 的全经济范围减排目标并将努力减排 28%。中国计划 2030 年左右二氧化碳排放达到峰值且将努力早日达峰，并计划到 2030 年非化石能源占一次能源消费比重提高到 20% 左右。双方均计划继续努力并随时间而提高力度。

四、中美两国希望，现在宣布上述目标能够为全球气候谈判注入动力，并带动其他国家也一道尽快并最好是 2015 年第一季度提出有力度的行动目标。两国元首决定来年紧密合作，解决妨碍巴黎会议达成一项成功的全球气候协议的重大问题。

五、全球科学界明确提出，人类活动已在改变世界气候系统。日益加速的气候变化已经造成严重影响。更高的温度和极端天气事件正在损害粮食生产，日益升高的海平面和更具破坏性的风暴使我们沿海城市面临的危险加剧，并且气候变化的影响已在对包括中美两国在内的世界经济造成危害。这些情况迫切需要强化行动以应对气候挑战。

六、与此同时，经济证据日益表明现在采取应对气候变化的智慧行动可以推动创新、提高经济增长并带来诸如可持续发展、增强能源安全、改善公共健康和提高生活质量等广泛效益。应对气候变化同时也将增强国家安全和国际安全。

七、技术创新对于降低当前减排技术成本至关重要，这将带动新的零碳和低碳技术发明和推广，并增强各国减排的能力。中国和美国是世界上两个最大的清洁能源投资国，并已建立了成熟的能源技术合作计划。除其他外，双方还开展了如下工作：

——建立了中美气候变化工作组（气候变化工作组），并在此工作组下启动了关于汽车、智能电网、碳捕集利用和封存、能效、温室气体数据管理、林业和工业锅炉的行动倡议；

——同意就全球削减氢氟碳化物这种强效温室气体携手合作；

——成立了中美清洁能源研究中心，促进双方在碳捕集和封存技术、建筑能效和清洁汽车方面的合作；

——同意在二十国集团下就低效化石能源补贴进行联合同行审议。

八、双方计划继续加强政策对话和务实合作，包括在先进煤炭技术、核能、页岩气和可再生能源方面的合作，这将有助于两国优化能源结构并减少包括产生自煤炭的排放。为进一步支持落实两国富有雄心的气候目标，双方于今天宣布了通过现有途径特别是中美气候变化工作组、中美清洁能源研究中心和中美战略与经济对话加强和扩大两国合作的进一步措施。这些措施包括：

——扩大清洁能源联合研发：继续支持中美清洁能源研究中心，包括继续为建筑能效、清洁汽车和先进煤炭技术等三大现有研究领域提供资金支持，并开辟关于能源与水相联系的新研究领域；

——推进碳捕集、利用和封存重大示范：经由中美两国主导的公私联营体在中国建立一个重大碳捕集新项目，以深入研究和监测利用工业排放二氧化碳进行碳封存，并就向深盐水层注入二氧化碳以获得淡水的提高采水率新试验项目进行合作；

——加强关于氢氟碳化物的合作：以习主席与奥巴马总统在安纳伯格庄园就氢氟碳化物这种强效温室气体达成的历史性共识为基础，两国将在开始削减具有高全球增温潜势的氢氟碳化物方面加强双边合作，并按照两国元首于 2013 年 9 月 6 日圣彼得堡会晤所达成共识在多边框架下携手合作；

——启动气候智慧型 / 低碳城市倡议：为了解决正在发展的城镇化和日益增大的城市温室气体排放，并认识到地方领导人采取重大气候行动的潜力，中美两国将在气候变化工作组下建立一个关于气候智慧型 / 低碳城市的新倡议。作为第一步，中美两国将召开一次气候智慧型 / 低碳城市峰会，届时两国在此领域领先的城市将分享其最佳实践、设立新的目标并展示城市层面在减少碳排放和构建适应能力方面的领导力；

——推进绿色产品贸易：鼓励在可持续环境产品和清洁能源技术方面的双边贸易，包括由美国能源部长莫尼兹和商务部长普里茨克率领以智慧低碳城市和智慧低碳增长技术为主题的贸易代表团于 2015 年 4 月访华；

——实地示范清洁能源：在建筑能效、锅炉效率、太阳能和智能电网方面开展更多试验活动、可行性研究和其他合作项目。

应对气候变化数据表

表 1　世界主要国家或地区人类发展指数及其构成（2013 年）

HDI 位次	国家 / 地区	人类发展指数（HDI）2013 年	出生时预期寿命（岁）2013 年	平均受教育年限（年）2012 年[a]	预期受教育年限（年）2012 年[a]	人均国民总收入（GNI）（2011 年购买力平价美元）2013 年
极高人类发展水平						
1	挪威	0.944	81.5	12.6	17.6	63909
2	澳大利亚	0.933	82.5	12.8	19.9	41524
3	瑞士	0.917	82.6	12.2	15.7	53762
4	荷兰	0.915	81	11.9	17.9	42397
5	美国	0.914	78.9	12.9	16.5	52308
6	德国	0.911	80.7	12.9	16.3	43049
7	新西兰	0.91	81.1	12.5	19.4	32569
8	加拿大	0.902	81.5	12.3	15.9	41887
9	新加坡	0.901	82.3	10.2[b]	15.4[c]	72371
10	丹麦	0.9	79.4	12.1	16.9	42880
11	爱尔兰	0.899	80.7	11.6	18.6	33414
12	瑞典	0.898	81.8	11.7[b]	15.8	43201
13	冰岛	0.895	82.1	10.4	18.7	35116
14	英国	0.892	80.5	12.3	16.2	35002
15	中国香港	0.891	83.4	10	15.6	52383
15	韩国	0.891	81.5	11.8	17	30345
17	日本	0.89	83.6	11.5	15.3	36747
18	列支敦士登	0.889	79.9[d]	10.3[e]	15.1	87085[fg]
19	以色列	0.888	81.8	12.5	15.7	29966
20	法国	0.884	81.8	11.1	16	36629
21	奥地利	0.881	81.1	10.8[b]	15.6	42930
21	比利时	0.881	80.5	10.9[b]	16.2	39471
21	卢森堡	0.881	80.5	11.3	13.9	58695
24	芬兰	0.879	80.5	10.3	17	37366
25	斯洛文尼亚	0.874	79.6	11.9	16.8	26809

续表

		人类发展指数（HDI）	出生时预期寿命（岁）	平均受教育年限（年）	预期受教育年限（年）	人均国民总收入（GNI）（2011年购买力平价美元）
26	意大利	0.872	82.4	10.1 [b]	16.3	32669
27	西班牙	0.869	82.1	9.6	17.1	30561
28	捷克	0.861	77.7	12.3	16.4	24535
29	希腊	0.853	80.8	10.2	16.5	24658
30	文莱	0.852	78.5	8.7	14.5	70883 [h]
31	卡塔尔	0.851	78.4	9.1	13.8	119029 [g]
32	塞浦路斯	0.845	79.8	11.6	14	26771
33	爱沙尼亚	0.84	74.4	12	16.5	23387
34	沙特阿拉伯	0.836	75.5	8.7	15.6	52109
35	立陶宛	0.834	72.1	12.4	16.7	23740
35	波兰	0.834	76.4	11.8	15.5	21487
37	安道尔	0.83	81.2 [d]	10.4 [i]	11.7	40597 [j]
37	斯洛伐克	0.83	75.4	11.6	15	25336
39	马耳他	0.829	79.8	9.9	14.5	27022
40	阿拉伯联合酋长国	0.827	76.8	9.1	13.3 k	58068
41	智利	0.822	80	9.8	15.1	20804
41	葡萄牙	0.822	79.9	8.2	16.3	24130
43	匈牙利	0.818	74.6	11.3 [b]	15.4	21239
44	巴林	0.815	76.6	9.4	14.4 l	32072 [h]
44	古巴	0.815	79.3	10.2	14.5	19844 [m]
46	科威特	0.814	74.3	7.2	14.6	85820 [g]
47	克罗地亚	0.812	77	11	14.5	19025
48	拉脱维亚	0.81	72.2	11.5 [b]	15.5	22186
49	阿根廷	0.808	76.3	9.8	16.4	17297 [h]
高人类发展水平						
50	乌拉圭	0.79	77.2	8.5	15.5	18108
51	巴哈马	0.789	75.2	10.9	12.6 n	21414
51	黑山	0.789	74.8	10.5 [o]	15.2	14710

续表

		人类发展指数（HDI）	出生时预期寿命（岁）	平均受教育年限（年）	预期受教育年限（年）	人均国民总收入（GNI）（2011年购买力平价美元）
53	白俄罗斯	0.786	69.9	11.5 [o]	15.7	16403
54	罗马尼亚	0.785	73.8	10.7	14.1	17433
55	利比亚	0.784	75.3	7.5	16.1	21666 [h]
56	阿曼	0.783	76.6	6.8	13.6	42191 [h]
57	俄罗斯联邦	0.778	68	11.7	14	22617
58	保加利亚	0.777	73.5	10.6 [b]	14.3	15402
59	巴巴古斯	0.776	75.4	9.4	15.4	13604
60	帕劳	0.775	72.4 [d]	12.2 [p]	13.7	12823
61	安提瓜和巴布达	0.774	76	8.9 [p]	13.8	18800
62	马来西亚	0.773	75	9.5	12.7	21824
63	毛里求斯	0.771	73.6	8.5	15.6	16777
64	特立尼达和多巴哥	0.766	69.9	10.8	12.3	25325
65	黎巴嫩	0.765	80	7.9 [o]	13.2	16263
65	巴拿马	0.765	77.6	9.4	12.4	16379
67	委内瑞拉	0.764	74.6	8.6	14.2	17067
68	哥斯达黎加	0.763	79.9	8.4	13.5	13012
69	土耳其	0.759	75.3	7.6	14.4	18391
70	哈萨克斯坦	0.757	66.5	10.4	15	19441
71	墨西哥	0.756	77.5	8.5	12.8	15854
71	塞舌尔	0.756	73.2	9.4 [o]	11.6	24632
73	圣基茨和尼维斯	0.75	73.6 [d]	8.4 [p]	12.9	20150
73	斯里兰卡	0.75	74.3	10.8	13.6	9250
75	伊朗	0.749	74	7.8	15.2	13451 [h]
76	阿塞拜疆	0.747	70.8	11.2 [o]	11.8	15725
77	约旦	0.745	73.9	9.9	13.3	11337
77	塞尔维亚	0.745	74.1	9.5	13.6	11301
79	巴西	0.744	73.9	7.2	15.2 q	14275
79	格鲁吉亚	0.744	74.3	12.1 [r]	13.2	6890

续表

		人类发展指数（HDI）	出生时预期寿命（岁）	平均受教育年限（年）	预期受教育年限（年）	人均国民总收入（GNI）（2011年购买力平价美元）
79	格林纳达	0.744	72.8	8.6 [p]	15.8	10339
82	秘鲁	0.737	74.8	9	13.1	11280
83	乌克兰	0.734	68.5	11.3	15.1	8215
84	伯利兹	0.732	73.9	9.3	13.7	9364
84	马其顿	0.732	75.2	8.2 [r]	13.3	11745
86	波斯尼亚和黑塞哥维那	0.731	76.4	8.3 [o]	13.6	9431
87	亚美尼亚	0.73	74.6	10.8	12.3	7952
88	斐济	0.724	69.8	9.9	15.7	7214
89	泰国	0.722	74.4	7.3	13.1	13364
90	突尼斯	0.721	75.9	6.5	14.6	10440
91	中国	0.719	75.3	7.5	12.9	11477
91	圣文森特和格林纳丁斯	0.719	72.5	8.6 [p]	13.3	10339
93	阿尔及利亚	0.717	71	7.6	14	12555
93	多米尼克	0.717	77.7 [d]	7.7 [p]	12.7 [n]	9235
95	阿尔巴尼	0.716	77.4	9.3	10.8	9225
96	牙买加	0.715	73.5	9.6	12.5	8170
97	圣卢西亚	0.714	74.8	8.3 [p]	12.8	9251
98	哥伦比亚	0.711	74	7.1	13.2	11527
98	厄瓜多尔	0.711	76.5	7.6	12.3 [n]	9998
100	苏里南	0.705	71	7.7	12	15113
100	汤加	0.705	72.7	9.4 [b]	14.7	5316
102	多米尼加	0.7	73.4	7.5	12.3 [l]	10844
	中等人类发展水平					
103	马尔代夫	0.698	77.9	5.8 [b]	12.7	10074
103	蒙古	0.698	67.5	8.3	15	8466
103	土库曼斯坦	0.698	65.5	9.9 [s]	12.6 [p]	11533
106	萨摩亚	0.694	73.2	10.3	12.9 [t]	4708

续表

		人类发展指数（HDI）	出生时预期寿命（岁）	平均受教育年限（年）	预期受教育年限（年）	人均国民总收入（GNI）（2011年购买力平价美元）
107	巴勒斯坦	0.686	73.2	8.9 [o]	13.2	5168 [hu]
108	印度尼西亚	0.684	70.8	7.5	12.7	8970
109	博茨瓦纳	0.683	64.4 [v]	8.8	11.7	14792
110	埃及	0.682	71.2	6.4	13	10400
111	巴拉圭	0.676	72.3	7.7	11.9	7580
112	加蓬	0.674	63.5	7.4	12.3	16977
113	玻利维亚	0.667	67.3	9.2	13.2	5552
114	摩尔多瓦	0.663	68.9	9.8	11.8	5041
115	萨尔瓦多	0.662	72.6	6.5	12.1	7240
116	乌兹别克斯坦	0.661	68.2	10.0 [r]	11.5	5227
117	菲律宾	0.66	68.7	8.9 b	11.3	6381
118	南非	0.658	56.9	9.9	13.1 [p]	11788
118	叙利亚	0.658	74.6	6.6	12	5771 [hu]
120	伊拉克	0.642	69.4	5.6	10.1	14007
121	圭亚那	0.638	66.3	8.5	10.7	6341
121	越南	0.638	75.9	5.5	11.9 [n]	4892
123	佛得角	0.636	75.1	3.5 [p]	13.2	6365
124	密克罗尼西亚	0.63	69	8.8 [s]	11.4 [p]	3662
125	危地马拉	0.628	72.1	5.6	10.7	6866
125	吉尔吉斯斯坦	0.628	67.5	9.3	12.5	3021
127	纳米比亚	0.624	64.5	6.2	11.3	9185
128	东帝汶	0.62	67.5	4.4 [w]	11.7	9674
129	洪都拉斯	0.617	73.8	5.5	11.6	4138
129	摩洛哥	0.617	70.9	4.4	11.6	6905
131	瓦努阿图	0.616	71.6	9.0 [o]	10.6	2652
132	尼加拉瓜	0.614	74.8	5.8	10.5	4266
133	基里巴斯	0.607	68.9	7.8 [p]	12.3	2645
133	塔吉克斯坦	0.607	67.2	9.9	11.2	2424

续表

		人类发展指数（HDI）	出生时预期寿命（岁）	平均受教育年限（年）	预期受教育年限（年）	人均国民总收入（GNI）（2011年购买力平价美元）
135	印度	0.586	66.4	4.4	11.7	5150
136	不丹	0.584	68.3	2.3 [w]	12.4	6775
136	柬埔寨	0.584	71.9	5.8	10.9	2805
138	加纳	0.573	61.1	7	11.5	3532
139	老挝	0.569	68.3	4.6	10.2	4351
140	刚果	0.564	58.8	6.1	11.1	4909
141	赞比亚	0.561	58.1	6.5	13.5	2898
142	孟加拉国	0.558	70.7	5.1	10	2713
142	圣多美和普林西比	0.558	66.3	4.7 [w]	11.3	3111
144	赤道几内亚	0.556	53.1	5.4 [p]	8.5	21972
			低人类发展水平			
145	尼泊尔	0.54	68.4	3.2	12.4	2194
146	巴基斯坦	0.537	66.6	4.7	7.7	4652
147	肯尼亚	0.535	61.7	6.3	11	2158
148	斯威士兰	0.53	49	7.1	11.3	5536
149	安哥拉	0.526	51.9	4.7 [w]	11.4	6323
150	缅甸	0.524	65.2	4	8.6	3998 [h]
151	卢旺达	0.506	64.1	3.3	13.2	1403
152	喀麦隆	0.504	55.1	5.9	10.4	2557
152	尼日利亚	0.504	52.5	5.2 [w]	9	5353
154	也门	0.5	63.1	2.5	9.2	3945
155	马达加斯加	0.498	64.7	5.2 [p]	10.3	1333
156	津巴布韦	0.492	59.9	7.2	9.3	1307
157	巴布亚新几内亚	0.491	62.4	3.9	8.9 [p]	2453
157	所罗门群岛	0.491	67.7	4.5 [p]	9.2	1385
159	科摩罗	0.488	60.9	2.8	12.8	1505
159	坦桑尼亚	0.488	61.5	5.1	9.2	1702
161	毛里塔尼亚	0.487	61.6	3.7	8.2	2988

续表

		人类发展指数（HDI）	出生时预期寿命（岁）	平均受教育年限（年）	预期受教育年限（年）	人均国民总收入（GNI）（2011年购买力平价美元）
162	莱索托	0.486	49.4	5.9 [b]	11.1	2798
163	塞内加尔	0.485	63.5	4.5	7.9	2169
164	乌干达	0.484	59.2	5.4	10.8	1335
165	贝宁	0.476	59.3	3.2	11	1726
166	苏丹	0.473	62.1	3.1	7.3 [p]	3428
166	多哥	0.473	56.5	5.3	12.2	1129
168	海地	0.471	63.1	4.9	7.6 [p]	1636
169	阿富汗	0.468	60.9	3.2	9.3	1904
170	吉布提	0.467	61.8	3.8 [r]	6.4	3109 [h]
171	科特迪瓦	0.452	50.7	4.3	8.9 [p]	2774
172	冈比亚	0.441	58.8	2.8	9.1	1557
173	埃塞俄比亚	0.435	63.6	2.4 [w]	8.5	1303
174	马拉维	0.414	55.3	4.2	10.8	715
175	利比里亚	0.412	60.6	3.9	8.5 [p]	752
176	马里	0.407	55	2.0 [b]	8.6	1499
177	几内亚比绍	0.396	54.3	2.3 [r]	9	1090
178	莫桑比克	0.393	50.3	3.2 [w]	9.5	1011
179	几内亚	0.392	56.1	1.6 [w]	8.7	1142
180	布隆迪	0.389	54.1	2.7	10.1	749
181	布基纳法索	0.388	56.3	1.3 [r]	7.5	1602
182	厄立特里亚	0.381	62.9	3.4 [p]	4.1	1147
183	塞拉利昂	0.374	45.6	2.9	7.5 [p]	1815
184	乍得	0.372	51.2	1.5 [s]	7.4	1622
185	中非	0.341	50.2	3.5	7.2	588
186	民主刚果	0.338	50	3.1	9.7	444
187	尼日尔	0.337	58.4	1.4	5.4	873
其他国家或地区						
	朝鲜	..	70	..	..	..

续表

		人类发展指数（HDI）	出生时预期寿命（岁）	平均受教育年限（年）	预期受教育年限（年）	人均国民总收入（GNI）（2011年购买力平价美元）
	马绍尔群岛	..	72.6	..	..	4206
	摩纳哥	..	..	..	..	..
	瑙鲁	..	..	..	9.3	..
	圣马力诺	..	..	..	15.3	..
	索马里	..	55.1	..	..	..
	南苏丹	..	55.3	..	..	1450
	图瓦卢	..	..	..	10.8	5151
人类发展指数组别						
	极高人类发展水平	0.89	80.2	11.7	16.3	40046
	高人类发展水平	0.735	74.5	8.1	13.4	13231
	中等人类发展水平	0.614	67.9	5.5	11.7	5960
	低人类发展水平	0.493	59.4	4.2	9	2904
区域						
	阿拉伯国家	0.682	70.2	6.3	11.8	15817
	东亚和太平洋地区	0.703	74	7.4	12.5	10499
	欧洲和中亚	0.738	71.3	9.6	13.6	12415
	拉丁美洲和加勒比地区	0.74	74.9	7.9	13.7	13767
	南亚	0.588	67.2	4.7	11.2	5195
	撒哈拉以南非洲	0.502	56.8	4.8	9.7	3152
最不发达国家		0.487	61.5	3.9	9.4	2126
小岛屿发展中国家		0.665	70	7.5	11	9471
世界		0.702	70.8	7.7	12.2	13723

注释：

a 为 2012 年或可以获得的最近年份的数据。

b 人类发展报告研究处根据联合国教科文组织统计研究所的最新数据（2013）进行更新。

c 由新加坡教育部计算。

d 联合国经济和社会事务部（2011）的值。

e 假定与最近更新之前的瑞士成年人平均受教育年限相同。

f 使用购买力平价（PPP）比率和瑞士预计增长率估算。

g 为方便计算人类发展指数，人均国民总收入取上限为 $75,000。

h 基于世界银行 GDP 购买力平价（PPP）换算率（2014）以及来自联合国统计司（2014）的联合国国家账户合计数据库披露的 GDP 减缩指数和以该国货币计值的人均国民总收入。

i 假设与最近更新之前的西班牙成年人平均受教育年限相同。

j 使用购买力平价（PPP）比率和西班牙预计增长率估算。

k 基于联合国教科文组织统计研究所（2011）反映的数据。

l 基于联合国教科文组织统计研究数据中心反映的受教育年限数据。2013 年 5 月。

m 据联合国拉美和加勒比经济事务委员会（2013）预期的增长率。

n 基于联合国教科文组织统计研究所（2012）得出的受教育年限数据。

o 基于联合国教科文组织统计研究所（2013）对教育程度分布的估测数据。

p 基于全国回归计算。

q 人类发展报告研究处根据巴西国家教育科学研究院（2013）的数据计算。

r 基于联合国儿童基金会 2005-2012 多指标类集调查数据。

s 基于世界银行国际收入分配数据库中列出的家庭调查数据计算而得。

t 人类发展报告研究处根据萨摩亚统计局的数据计算。

u 基于联合国西亚经济社会委员会（2013）预测的增长率。

v 联合国人口司未经发表的暂估数据，2013 年 10 月。

w 基于 ICF Macro 得出的人口统计与健康调数据。

定义：

人类发展指数（HDI）：评估人类发展三大基本维度（即健康长寿的生活、知识以及体面的生活水平）所取得的平均值核算的综合指数。

出生时预期寿命：在新生儿出生时的各年龄组别死亡率经其一生保持不变的情况下，该新生儿的预计寿命。

平均受教育年限：使用每种教育水平所规定的期限将受教育程度换算为 25 岁及以上年龄人口获得的平均受教育年限。

预期受教育年限：如果特定年龄的入学率现行模式经其一生保持不变，一名学龄儿童预计将接受教育的年限。

人均国民总收入（GNI）：国内生产总值加上由于拥有生产要素获得的收入减去对使用国外生产要素的支出，采用购买力平价比率换算成国际美元，除以年中的总人口。

主要数据来源：

第 1 列：人类发展报告研究处根据联合国经济和社会事务部（2013a）、Barro 和 Lee（2013）、联合国教科文组织统计研究所（2013）、世界银行（2013a）以及国际货币基金组织（2013）的数据计算而得。

第 2 列：联合国经济和社会事务部（2013）。

第 3 列：Barro 和 Lee（2013），联合国教科文组织统计研究所（2013），以及人类发展报告研究处根据联合国教科文组织统计研究所关于教育程度的数据采用 Barro 和 Lee 的方法（2013）进行的估算。

第 4 列：联合国教科文组织统计研究所（2013）。

第 5 列：人类发展报告研究处根据世界银行（2014）、国际货币基金组织（2014）以及联合国统计司（2014）的数据计算而得。

资料来源：http://hdr.undp.org/en/2014-report/download.

表 2　世界各国及地区生产总值（GDP）数据（2013 年）

位次	国家 / 地区	GDP（百万美元）	位次	国家 / 地区	GDP（百万美元）
1	美国	16800000	104	塞浦路斯	*22767*[4]

续表

位次	国家 / 地区	GDP（百万美元）	位次	国家 / 地区	GDP（百万美元）
2	中国	9240270	105	赞比亚	22384
3	日本	4901530	106	乌干达	21483
4	德国	3634823	107	阿富汗	20725
5	法国	2734949	108	加蓬	19344
6	英国	2522261	109	尼泊尔	19294
7	巴西	2245673	110	洪都拉斯	18550
8	俄罗斯	2096777	111	波斯尼亚和黑塞哥维那	17828
9	意大利	2071307	112	格鲁吉亚	16127[5]
10	印度	1876797	113	文莱	16111
11	加拿大	1825096	114	赤道几内亚	15574
12	澳大利亚	1560597	115	莫桑比克	15319
13	西班牙	1358263	116	巴布亚新几内亚	15289
14	韩国	1304554	117	柬埔寨	15250
15	墨西哥	1260915	118	塞内加尔	15150
16	印尼	868346	119	博茨瓦纳	14788
17	土耳其	820207	120	冰岛	14620
18	荷兰	800173	121	牙买加	14362
19	沙特阿拉伯	745273	122	刚果（布）	14108
20	瑞士	650782	123	南苏丹	13797
21	阿根廷	611755	124	乍得	13414
22	瑞典	557938	125	阿尔巴尼亚	12904
23	尼日利亚	522638	126	津巴布韦	12802
24	波兰	517543	127	纳米比亚	12580
25	挪威	512580	128	毛里求斯	11938
26	比利时	508116	129	布基纳法索	11583
27	委内瑞拉	438284	130	蒙古	11516
28	奥地利	415844	131	尼加拉瓜	11256
29	泰国	387252	132	老挝	11141
30	阿联酋	383799	133	马里	10943

续表

位次	国家 / 地区	GDP（百万美元）	位次	国家 / 地区	GDP（百万美元）
31	哥伦比亚	378148	134	马达加斯加	10797
32	伊朗	368904	135	亚美尼亚	10432
33	南非	350630	136	马其顿	10221
34	丹麦	330814	137	马耳他	*8741*
35	马来西亚	312435	138	塔吉克斯坦	8508
36	新加坡	297941	139	海地	8459
37	以色列	291357	140	贝宁	8307
38	智利	277199	141	巴哈马	*8149*
39	中国香港	274013	142	摩尔多瓦	7935[6]
40	菲律宾	272017	143	卢旺达	7452
41	埃及	271973	144	尼日尔	7356
42	芬兰	256842	145	吉尔吉斯斯坦	7226
43	希腊	241721	146	科索沃	6960
44	巴基斯坦	236625	147	几内亚	6193
45	哈萨克斯坦	224415	148	摩纳哥	*6075*
46	伊拉克	222879	149	百慕大	*5474*
47	葡萄牙	219962	150	苏里南	5231
48	爱尔兰	217816	151	塞拉利昂	4929
49	阿尔及利亚	210183	152	黑山	4428
50	卡塔尔	202450	153	多哥	4339
51	秘鲁	202296	154	巴巴多斯	4225
52	捷克	198450	155	毛里塔尼亚	4163
53	罗马尼亚	189638	156	斐济	4028
54	科威特	*183219*	157	斯威士兰	3791
55	新西兰	182594	158	马拉维	3705
56	乌克兰	177431	159	厄立特里亚	3444
57	越南	171392	160	圭亚那	3076
58	孟加拉国	129857	161	布隆迪	2718
59	匈牙利	*124600*	162	阿鲁巴	2584

续表

位次	国家 / 地区	GDP（百万美元）	位次	国家 / 地区	GDP（百万美元）
60	安哥拉	121704	163	马尔代夫	2300
61	摩洛哥	104374[1]	164	莱索托	2230
62	波多黎各	*101496*	165	利比里亚	1951
63	斯洛伐克	*91348*	166	佛得角	1888
64	厄瓜多尔	90023	167	不丹	1884
65	阿曼	80570	168	东帝汶	1615
66	利比亚	75456	169	伯利兹	1605
67	阿塞拜疆	73560	170	中非	1538
68	白俄罗斯	71710	171	吉布提	1456
69	古巴	*68234*	172	圣卢西亚	1332
70	斯里兰卡	67182	173	塞舌尔	1268
71	苏丹	66548[2]	174	安提瓜和巴布达	1230
72	多米尼加	60614	175	所罗门群岛	1096
73	卢森堡	60383	176	冈比亚	914
74	克罗地亚	57539	177	几内亚比绍	859
75	乌兹别克斯坦	56796	178	瓦努阿图	835
76	乌拉圭	55708	179	格林纳达	834
77	危地马拉	53797	180	圣基茨和尼维斯	743
78	保加利亚	53010	181	圣文森特和格林纳丁斯	726
79	中国澳门	51753	182	萨摩亚	694
80	哥斯达黎加	49621	183	科摩罗	657
81	加纳	47929	184	多米尼加	505
82	突尼斯	47129	185	汤加	466
83	埃塞俄比亚	46869	186	密克罗尼西亚	335
84	斯洛文尼亚	45378	187	圣多美和普林西比	311
85	黎巴嫩	44352	188	帕劳	247
86	肯尼亚	44101	189	马绍尔群岛	175
87	巴拿马	42648	190	基里巴斯	169
88	塞尔维亚	42521	191	图瓦卢	38

续表

位次	国家 / 地区	GDP（百万美元）	位次	国家 / 地区	GDP（百万美元）
89	立陶宛	*42344*			
90	土库曼斯坦	41851		世界	74899882
91	也门	35955		低收入	574456
92	约旦	33678		中等收入	23900063
93	坦桑尼亚	33225[3]		中等偏下收入	5235720
94	巴林	32788		中高收入	18660668
95	科特迪瓦	30905		低和中等收入	24487857
96	刚果（金）	30629		东亚及太平洋地区	11413001
97	玻利维亚	30601		欧洲和中亚	1986214
98	巴拉圭	29949		拉丁美洲和加勒比地区	5654890
99	喀麦隆	29275		中东和北非	1489944
100	拉脱维亚	*28373*		南亚	2354663
101	特立尼达和多巴哥	24641		撒哈拉以南非洲	1592241
102	爱沙尼亚	24477		高收入	50447020
103	萨尔瓦多	24259		欧元区	12749928

注：斜体字为 2011 年或 2012 年数据。

[1] 包括原西属撒哈拉；

[2] 不包括南苏丹；

[3] 仅包括坦桑尼亚大陆；

[4] 仅包括塞浦路斯政府控制区；

[5] 不包括阿布哈兹和南奥塞梯；

[6] 不包括德涅斯特河沿岸地区。

表 2～表 5 数据来源：http://datacatalog.worldbank.org/.

表 3 世界各国及地区人均收入（GNI）数据（2013 年）

位次	国家 / 地区	人均收入（Atlas，美元）	位次	国家 / 地区	人均收入（PPP，国际元）
1	摩纳哥	..[1]	1	卡塔尔	123860
2	列支敦士登	..[1]	3	中国澳门	*112180*[1]
3	百慕大	*104610*[1]	5	科威特	*88170*[1]
4	挪威	102610	6	新加坡	76850
5	卡塔尔	85550	7	百慕大	*66390*[1]
6	瑞士	*80950*[1]	8	挪威	66520
7	卢森堡	*71810*[1]	10	卢森堡	*59750*[1]
8	马恩岛	..	11	阿联酋	*58090*[1]
9	澳大利亚	65520	14	瑞士	*53920*[1]
10	中国澳门	*64050*[1]	16	中国香港	54260
11	丹麦	61110	17	美国	53960
12	海峡群岛	..	19	沙特阿拉伯	53780
13	瑞典	59130	20	阿曼	*52170*[1]
14	圣马力诺	..	23	瑞典	44660
15	开曼群岛	..	24	德国	44540
16	新加坡	54040	25	丹麦	44440
17	美国	53670	28	奥地利	43810
18	法罗群岛	..	29	荷兰	43210
19	科威特	*44940*[1]	30	加拿大	42590
20	加拿大	52200	31	澳大利亚	42540
21	奥地利	48590	33	比利时	40280
22	荷兰	47440	34	冰岛	38870
23	芬兰	47110	35	芬兰	38480
24	日本	46140	36	日本	37630
25	德国	46100	37	法国	37580
26	比利时	45210	38	巴林	*36140*[1]
28	冰岛	43930	39	英国	35760
30	法国	42250	40	爱尔兰	*35090*[1]

续表

位次	国家 / 地区	人均收入（Atlas，美元）	位次	国家 / 地区	人均收入（PPP，国际元）
33	爱尔兰	*39110*[1]	42	意大利	34100
34	英国	39110	43	韩国	33440
35	阿联酋	38620	46	以色列	32140
36	中国香港	38420	47	西班牙	31850
38	新西兰	35520	48	新西兰	*30750*[1]
39	意大利	34400	50	塞浦路斯	*29570*[1,2]
40	以色列	34120	54	斯洛文尼亚	*27680*[1]
41	西班牙	29180	55	马耳他	*26400*[1]
43	塞浦路斯	*26390*[1,2]	56	特立尼达和多巴哥	26210
45	沙特阿拉伯	26200	57	希腊	25630
46	韩国	25920	58	捷克	25530
47	阿曼	*25250*[1]	59	葡萄牙	25350
50	斯洛文尼亚	*22830*[1]	60	斯洛伐克	24930
51	希腊	22530	61	爱沙尼亚	24230
55	巴哈马	*20600*[1]	62	立陶宛	23080
56	葡萄牙	20670	63	塞舌尔	23270
57	马耳他	*19730*[1]	64	赤道几内亚	23240
58	巴林	*19560*[1]	65	俄罗斯联邦	23200
59	波多黎各	*18080*[1]	66	波多黎各	*22730*[1,3]
60	捷克	18060	68	马来西亚	22460
61	爱沙尼亚	17370	69	波兰	22300
61	斯洛伐克	*17200*[1]	70	巴哈马，	*21540*[1]
63	特立尼达和多巴哥	15760	71	拉脱维亚	*21390*[1]
64	巴巴多斯	*15080*[1]	72	匈牙利	*20930*[1]
64	智利	15230	73	智利	21030
66	乌拉圭	15180	75	哈萨克斯坦	20570
67	赤道几内亚	14320	76	圣基茨和尼维斯	20400
68	拉脱维亚	*14060*[1]	77	克罗地亚	20370

续表

位次	国家 / 地区	人均收入（Atlas，美元）	位次	国家 / 地区	人均收入（PPP，国际元）
69	立陶宛	*13820*[1]	78	安提瓜和巴布达	20070
70	俄罗斯联邦	13860	79	巴拿马	19290
71	圣基茨和尼维斯	13460	80	乌拉圭	18930
72	克罗地亚	13330	81	古巴	*18520*[1]
74	波兰	12960	82	土耳其	18760
75	安提瓜和巴布达	12910	83	罗马尼亚	18060
77	委内瑞拉	12550	84	委内瑞拉	17890
78	匈牙利	*12410*[1]	85	黎巴嫩	17390[3]
79	塞舌尔	12530	86	加蓬	17220
80	巴西	11690	86	毛里求斯	17220
81	哈萨克斯坦	11380	89	白俄罗斯	16940
83	帕劳	10970	90	阿塞拜疆	16180
84	土耳其	10950	91	墨西哥	16110
86	巴拿马	10700	92	苏里南	15860
87	加蓬	10650	93	伊朗	15600
88	马来西亚	10400	94	博茨瓦纳	15500
89	墨西哥	9940	95	巴巴多斯	15080[1]
90	黎巴嫩	9870	96	伊拉克	15220
91	哥斯达黎加	9550	97	保加利亚	15200
92	毛里求斯	9300	98	巴西	14750
93	苏里南	9260	99	黑山	14600
94	罗马尼亚	9060	100	帕劳	14540[3]
95	博茨瓦纳	7730	102	哥斯达黎加	13570
96	哥伦比亚	7560	103	泰国	13510
97	格林纳达	7460	104	阿尔及利亚	12990
98	阿塞拜疆	7350	105	土库曼斯坦	12920[3]
99	黑山	7260	106	南非	12240
100	南非	7190	107	塞尔维亚	12020

续表

位次	国家 / 地区	人均收入（Atlas，美元）	位次	国家 / 地区	人均收入（PPP，国际元）
101	圣卢西亚	7090	108	哥伦比亚	11890
102	保加利亚	7030	109	中国	11850
103	土库曼斯坦	6880	110	约旦	11660
104	多米尼加	6760	111	马其顿	11520
105	白俄罗斯	6720	112	秘鲁	11360
106	伊拉克	6710	113	多米尼加	11150
107	图瓦卢	6630	114	格林纳达	11120
108	圣文森特和格林纳丁斯	6580	115	突尼斯	10960
109	中国	6560	116	埃及	10850
110	秘鲁	6390	117	圣文森特和格林纳丁斯	10610
111	古巴	*5890*[1]	118	阿尔巴尼亚	10520
112	纳米比亚	5840	119	圣卢西亚	10350
113	伊朗	5780	120	厄瓜多尔	10310
114	塞尔维亚	5730	121	马尔代夫	9890
115	多米尼加	5620	122	波斯尼亚和黑塞哥维那	9820
116	马尔代夫	5600	123	多米尼加	9800
117	厄瓜多尔	5510	124	纳米比亚	9590
118	泰国	5370	125	斯里兰卡	9470
119	阿尔及利亚	5290	126	印尼	9260
120	牙买加	5220	127	乌克兰	8960
121	安哥拉	5010	128	科索沃	8940[3]
122	约旦	4950	129	蒙古	8810
123	马其顿	4800	130	牙买加	8480
124	波斯尼亚和黑塞哥维那	4740	131	伯利兹	8160
125	阿尔巴尼亚	4700	132	亚美尼亚	8140
126	伯利兹	4660	133	菲律宾	7820
127	汤加	4490	134	巴拉圭	7640
128	斐济	4430	135	斐济	7610

续表

位次	国家 / 地区	人均收入（Atlas，美元）	位次	国家 / 地区	人均收入（PPP，国际元）
129	突尼斯	4360	136	萨尔瓦多	7490
130	马绍尔群岛	4200	137	不丹	7210
131	巴拉圭	4040	138	危地马拉	7130
132	乌克兰	3960	139	格鲁吉亚	7040[4]
133	科索沃	3890	140	摩洛哥	7000[5]
134	亚美尼亚	3790	141	安哥拉	6770
135	蒙古	3770	143	圭亚那	6550[3]
136	圭亚那	3750	144	东帝汶	6410[3]
137	萨尔瓦多	3720	145	佛得角	6220
138	佛得角	3630	145	斯威士兰	6220
139	印尼	3580	147	图瓦卢	5990[3]
139	东帝汶	3580	148	玻利维亚	5750
141	格鲁吉亚	3570[4]	149	尼日利亚	5600
142	密克罗尼西亚	3430	150	汤加	5450[3]
142	萨摩亚	3430	151	印度	5350
144	危地马拉	3340	152	乌兹别克斯坦	5340[3]
145	菲律宾	3270	153	摩尔多瓦	5190[6]
146	斯里兰卡	3170	154	越南	5030
147	埃及	3160	155	西岸和加沙	4900[1]
148	瓦努阿图	3130	156	巴基斯坦	4920
150	斯威士兰	3080	157	萨摩亚	4840[3]
151	摩洛哥	3030[5]	158	刚果（布）	4720
152	西岸和加沙	*2810*[1]	159	马绍尔群岛	4620[3]
153	尼日利亚	2760	160	老挝	4570
154	刚果（布）	2660	161	尼加拉瓜	4440
155	基里巴斯	2620	162	洪都拉斯	4270
156	玻利维亚	2550	163	加纳	3880
157	不丹	2460	164	密克罗尼西亚	3840[3]

续表

位次	国家 / 地区	人均收入（Atlas，美元）	位次	国家 / 地区	人均收入（PPP，国际元）
157	摩尔多瓦	2460[6]	165	也门	3820
159	洪都拉斯	2180	166	莱索托	3320
160	巴布亚新几内亚	2010	168	吉尔吉斯斯坦	3070
161	乌兹别克斯坦	1900	168	赞比亚	3070
162	尼加拉瓜	1780	170	圣多美和普林西比	2950
163	加纳	1760	171	科特迪瓦	2900
164	越南	1730	172	柬埔寨	2890
166	所罗门群岛	1610	173	毛里塔尼亚	2850
167	印度	1570	174	瓦努阿图	2840[3]
168	莱索托	1550	175	孟加拉国	2810
169	赞比亚	1480	176	基里巴斯	2780[3]
170	圣多美和普林西比	1470	177	喀麦隆	2660
171	老挝	1460	179	塔吉克斯坦	2500
172	科特迪瓦	1380	180	巴布亚新几内亚	2430[3]
172	巴基斯坦	1380	181	苏丹	2370[7]
174	也门	1330	182	尼泊尔	2260
175	喀麦隆	1270	183	肯尼亚	2250
176	吉尔吉斯斯坦	1200	184	塞内加尔	2240
177	苏丹	1130[7]	185	南苏丹	2190[3]
178	南苏丹	1120	186	阿富汗	2000[3]
179	塞内加尔	1070	186	乍得	2000
180	毛里塔尼亚	1060	188	所罗门群岛	1810[3]
181	乍得	1020	189	贝宁	1780
183	塔吉克斯坦	990	190	塞拉利昂	1750
184	柬埔寨	950	190	坦桑尼亚	1750[8]
185	肯尼亚	930	192	海地	1710
186	孟加拉国	900	193	冈比亚	1620
187	科摩罗	880	195	布基纳法索	1560

续表

位次	国家 / 地区	人均收入（Atlas，美元）	位次	国家 / 地区	人均收入（PPP，国际元）
188	津巴布韦	820	195	科摩罗	1560
189	海地	810	195	津巴布韦	1560
190	贝宁	790	198	马里	1540
191	尼泊尔	730	199	卢旺达	1430
192	阿富汗	700	200	乌干达	1370
193	塞拉利昂	680	201	埃塞俄比亚	1350
194	布基纳法索	670	201	马达加斯加	1350
194	马里	670	203	几内亚比绍	1240
196	坦桑尼亚	630[8]	204	厄立特里亚	1180[3]
197	卢旺达	620	204	多哥	1180
199	莫桑比克	590	206	几内亚	1160
200	多哥	530	207	莫桑比克	1040
201	几内亚比绍	520	208	尼日尔	910
202	冈比亚	510	209	布隆迪	820
202	乌干达	510	210	利比里亚	790
204	厄立特里亚	490	211	马拉维	760
205	埃塞俄比亚	470	212	刚果（金）	680
206	几内亚	460	213	中非	600
207	马达加斯加	440			
208	利比里亚	410			..
208	尼日尔	410			..
210	刚果（金）	400			..
211	中非	320			..
212	布隆迪	280			..
213	马拉维	270			..
	世界	10563.57		世界	14211.39
	低收入	663.9079		低收入	1779.71

续表

位次	国家 / 地区	人均收入（Atlas，美元）	位次	国家 / 地区	人均收入（PPP，国际元）
	中等收入	4721.052		中等收入	9517.121
	中等偏下收入	2067.966		中等偏下收入	5969.557
	中高收入	7539.758		中高收入	13318.42
	低和中等收入	4131.27		低和中等收入	8385.837
	东亚及太平洋地区	5535.582		东亚及太平洋地区	10724.19
	欧洲和中亚	7085.506		欧洲和中亚	13632.71
	拉丁美洲和加勒比地区	9313.977		拉丁美洲和加勒比地区	13848.12
	南亚	1473.544		南亚	5005.146
	撒哈拉以南非洲	1624.284		撒哈拉以南非洲	3206.138
	高收入	39311.84		高收入	40323.54
	欧元区	38333.36		欧元区	37153.44

注：斜体字为 2011 年或 2012 年数据。

[1] “..” 2013 数据不详，估计排名；

[2] 仅包括塞浦路斯政府控制区；

[3] 基于回归，其他购买力平价计算为从 2011 年国际比较项目基准估计推算；

[4] 不包括阿布哈兹和南奥塞梯；

[5] 包括原西属撒哈拉；

[6] 不包括德涅斯特河沿岸地区；

[7] 不包括南苏丹；

[8] 仅包括坦桑尼亚大陆。

表 4　世界各国及地区人口数据（2013 年）

位次	国家 / 地区	总人口（千人）	位次	国家 / 地区	总人口（千人）
1	中国	1357380	116	土库曼斯坦	5240.072
2	印度	1252140	117	挪威	5084.19
3	美国	316128.8	118	哥斯达黎加	4872.166
4	印尼	249865.6	119	中非	4616.417
5	巴西	200361.9	120	爱尔兰	4595.281
6	巴基斯坦	182142.6	121	格鲁吉亚	4476.9[1]
7	尼日利亚	173615.3	122	新西兰	4470.8

续表

位次	国家 / 地区	总人口（千人）	位次	国家 / 地区	总人口（千人）
8	孟加拉国	156595	123	黎巴嫩	4467.39
9	俄罗斯	143499.9	124	刚果（布）	4447.632
10	日本	127338.6	125	利比里亚	4294.077
11	墨西哥	122332.4	126	克罗地亚	4252.7
12	菲律宾	98393.57	127	西岸和加沙	4169.506
13	埃塞俄比亚	94100.76	128	毛里塔尼亚	3889.88
14	越南	89708.9	129	巴拿马	3864.17
15	埃及	82056.38	130	波斯尼亚和黑塞哥维那	3829.307
16	德国	80621.79	131	阿曼	3632.444
17	伊朗	77447.17	132	波多黎各	3615.086
18	土耳其	74932.64	133	摩尔多瓦	3559 [2]
19	刚果（金）	67513.68	134	乌拉圭	3407.062
20	泰国	67010.5	135	科威特	3368.572
21	法国	66028.47	136	亚美尼亚	2976.566
22	英国	64097.09	137	立陶宛	2956.121
23	意大利	59831.09	138	蒙古	2839.073
24	缅甸	53259.02	139	阿尔巴尼亚	2773.62
25	南非	52981.99	140	牙买加	2715
26	韩国	50219.67	141	纳米比亚	2303.315
27	坦桑尼亚	49253.13	142	卡塔尔	2168.673
28	哥伦比亚	48321.41	143	马其顿	2107.158
29	西班牙	46647.42	144	莱索托	2074.465
30	乌克兰	45489.6	145	斯洛文尼亚	2060.484
31	肯尼亚	44353.69	146	博茨瓦纳	2021.144
32	阿根廷	41446.25	147	拉脱维亚	2013.385
33	阿尔及利亚	39208.19	148	冈比亚	1849.285
34	波兰	38530.73	149	科索沃	1824
35	苏丹	37964.31	150	几内亚比绍	1704.255
36	乌干达	37578.88	151	加蓬	1671.711

续表

位次	国家 / 地区	总人口（千人）	位次	国家 / 地区	总人口（千人）
37	加拿大	35158.3	152	特立尼达和多巴哥	1341.151
38	伊拉克	33417.48	153	巴林	1332.171
39	摩洛哥	33008.15	154	爱沙尼亚	1324.612
40	阿富汗	30551.67	155	毛里求斯	1296.303
41	委内瑞拉	30405.21	156	斯威士兰	1249.514
42	秘鲁	30375.6	157	东帝汶	1178.252
43	乌兹别克斯坦	30241.1	158	塞浦路斯	1141.166
44	马来西亚	29716.97	159	斐济	881.065
45	沙特阿拉伯	28828.87	160	吉布提	872.932
46	尼泊尔	27797.46	161	圭亚那	799.613
47	加纳	25904.6	162	赤道几内亚	757.014
48	莫桑比克	25833.75	163	不丹	753.947
49	朝鲜	24895.48	164	科摩罗	734.917
50	也门	24407.38	165	黑山	621.383
51	澳大利亚	23130.9	166	中国澳门	566.375
52	马达加斯加	22924.85	167	所罗门群岛	561.231
53	叙利亚	22845.55	168	卢森堡	543.202
54	喀麦隆	22253.96	169	苏里南	539.276
55	安哥拉	21471.62	170	佛得角	498.897
56	斯里兰卡	20483	171	马耳他	423.282
57	科特迪瓦	20316.09	172	文莱	417.784
58	罗马尼亚	19963.58	173	巴哈马	377.374
59	尼日尔	17831.27	174	马尔代夫	345.023
60	智利	17619.71	175	伯利兹	331.9
61	哈萨克斯坦	17037.51	176	冰岛	323.002
62	布基纳法索	16934.84	177	巴巴多斯	284.644
63	荷兰	16804.22	178	法属波利尼西亚	276.831
64	马拉维	16362.57	179	新喀里多尼亚	262
65	厄瓜多尔	15737.88	180	瓦努阿图	252.763

续表

位次	国家 / 地区	总人口（千人）	位次	国家 / 地区	总人口（千人）
66	危地马拉	15468.2	181	圣多美和普林西比	192.993
67	马里	15301.65	182	萨摩亚	190.372
68	柬埔寨	15135.17	183	圣卢西亚	182.273
69	赞比亚	14538.64	184	关岛	165.124
70	津巴布韦	14149.65	185	海峡群岛	162.018
71	塞内加尔	14133.28	186	库拉索岛	153.5
72	乍得	12825.31	187	圣文森特和格林纳丁斯	109.373
73	卢旺达	11776.52	188	格林纳达	105.897
74	几内亚	11745.19	189	汤加	105.323
75	南苏丹	11296.17	190	维尔京群岛（美属）	104.737
76	古巴	11265.63	191	密克罗尼西亚	103.549
77	比利时	11195.14	192	阿鲁巴	102.911
78	希腊	11032.33	193	基里巴斯	102.351
79	突尼斯	10886.5	194	安提瓜和巴布达	89.985
80	玻利维亚	10671.2	195	塞舌尔	89.173
81	捷克	10521.47	196	马恩岛	85.888
82	索马里	10495.58	197	安道尔	79.218
83	葡萄牙	10459.81	198	多米尼加	72.003
84	多米尼加	10403.76	199	百慕大	65.024
85	贝宁	10323.47	200	开曼群岛	58.435
86	海地	10317.46	201	格陵兰	56.483
87	布隆迪	10162.53	202	美属萨摩亚	55.165
88	匈牙利	9897.247	203	圣基茨和尼维斯	54.191
89	瑞典	9592.552	204	北马里亚纳群岛	53.855
90	白俄罗斯	9466	205	马绍尔群岛	52.634
91	阿塞拜疆	9416.598	206	法罗群岛	49.469
92	阿联酋	9346.129	207	圣马丁岛（荷属）	39.689
93	奥地利	8473.786	208	摩纳哥	37.831
94	塔吉克斯坦	8207.834	209	列支敦士登	36.925

续表

位次	国家 / 地区	总人口（千人）	位次	国家 / 地区	总人口（千人）
95	洪都拉斯	8097.688	210	特克斯和凯科斯群岛	33.098
96	瑞士	8081.482	211	圣马力诺	31.448
97	以色列	8059.4	212	圣马丁（法属）	31.264
98	巴布亚新几内亚	7321.262	213	帕劳	20.918
99	保加利亚	7265.115	214	图瓦卢	9.876
100	中国香港	7187.5		世界	7124544
101	塞尔维亚	7163.976			
102	多哥	6816.982		低收入	848667.5
103	巴拉圭	6802.295		中等收入	4969744
104	老挝	6769.727		中等偏下收入	2561088
105	约旦	6459		中高收入	2408656
106	萨尔瓦多	6340.454		低和中等收入	5818412
107	厄立特里亚	6333.135		东亚及太平洋地区	2005809
108	利比亚	6201.521		欧洲和中亚	272208.7
109	塞拉利昂	6092.075		拉丁美洲和加勒比地区	588019.5
110	尼加拉瓜	6080.478		中东和北非	345447.1
111	吉尔吉斯斯坦	5719.5		南亚	1670808
112	丹麦	5613.706		撒哈拉以南非洲	936119.5
113	芬兰	5439.407		高收入	1306132
114	斯洛伐克	5414.095		欧元区	334049
115	新加坡	5399.2			

注：[1] 不包括阿布哈兹和南奥塞梯；[2] 不包括德涅斯特河沿岸地区。

表 5　世界各国及地区城市化率（2013 年）

位次	国家 / 地区	城市化率（%）	位次	国家 / 地区	城市化率（%）
1	百慕大	100.00	122	斐济	53.02
1	开曼群岛	100.00	123	罗马尼亚	52.88
1	中国香港	100.00	124	科特迪瓦	52.73

续表

位次	国家 / 地区	城市化率（%）	位次	国家 / 地区	城市化率（%）
1	中国澳门	100.00	125	牙买加	52.24
1	摩纳哥	100.00	126	印尼	52.21
1	新加坡	100.00	127	法属波利尼西亚	51.46
7	波多黎各	99.05	128	图瓦卢	51.39
8	卡塔尔	99.01	129	尼日利亚	50.84
9	科威特	98.28	130	危地马拉	50.69
10	比利时	97.54	131	马恩岛	50.47
11	维尔京群岛（美属）	95.72	132	圣文森特和格林纳丁斯	50.09
12	马耳他	95.13	133	斯洛文尼亚	49.87
13	特克斯和凯科斯群岛	94.48	134	土库曼斯坦	49.40
14	圣马力诺	94.17	135	菲律宾	49.36
15	冰岛	93.94	136	波斯尼亚和黑塞哥维那	49.35
16	委内瑞拉	93.89	137	摩尔多瓦	49.09
17	美属萨摩亚	93.66	138	利比里亚	48.94
18	关岛	93.27	139	阿鲁巴	47.06
19	阿根廷	92.79	140	贝宁	46.21
20	乌拉圭	92.73	141	巴巴多斯	45.42
21	日本	92.32	142	几内亚比绍	45.25
22	以色列	92.00	143	伯利兹	44.40
23	北马里亚纳群岛	91.68	144	基里巴斯	44.20
24	智利	89.55	145	埃及	43.87
25	澳大利亚	89.48	146	马尔代夫	43.35
26	巴林	88.83	147	塞内加尔	43.18
27	黎巴嫩	87.47	148	毛里塔尼亚	42.07
28	丹麦	87.20	149	毛里求斯	41.83
29	法国	86.77	150	法罗群岛	41.57
30	加蓬	86.77	151	赞比亚	40.05
31	新西兰	86.33	152	塞拉利昂	40.02
32	安道尔	86.22	153	赤道几内亚	39.86
33	卢森堡	85.87	154	格林纳达	39.83

续表

位次	国家 / 地区	城市化率（%）	位次	国家 / 地区	城市化率（%）
34	帕劳	85.61	155	中非	39.60
35	瑞典	85.51	156	津巴布韦	39.60
36	格陵兰	85.21	157	纳米比亚	39.54
37	巴西	85.14	158	多哥	38.99
38	阿联酋	84.91	159	索马里	38.70
39	巴哈马	84.64	160	不丹	37.11
40	芬兰	83.95	161	巴基斯坦	36.88
41	荷兰	83.90	162	几内亚	36.43
42	韩国	83.74	163	老挝	36.43
43	约旦	83.19	164	乌兹别克斯坦	36.34
44	美国	82.87	165	马里	36.22
45	沙特阿拉伯	82.70	166	吉尔吉斯斯坦	35.56
46	加拿大	80.88	167	刚果（金）	35.38
47	挪威	79.92	168	泰国	34.87
48	英国	79.89	169	马达加斯加	33.85
49	墨西哥	78.67	170	缅甸	33.79
50	利比亚	78.08	171	苏丹	33.54
51	秘鲁	77.91	172	也门	33.49
52	西班牙	77.72	173	越南	32.32
53	吉布提	77.24	174	圣基茨和尼维斯	32.19
54	文莱	76.69	175	印度	32.03
55	巴拿马	76.37	176	莫桑比克	31.73
56	哥伦比亚	75.84	177	南亚	31.72
57	白俄罗斯	75.83	178	海峡群岛	31.50
58	古巴	75.15	179	安提瓜和巴布达	29.86
59	西岸和加沙	74.79	180	孟加拉国	29.38
60	阿尔及利亚	74.55	181	东帝汶	29.11
61	德国	74.20	182	莱索托	29.03
62	保加利亚	74.20	183	圭亚那	28.58

续表

位次	国家 / 地区	城市化率（%）	位次	国家 / 地区	城市化率（%）
63	俄罗斯	74.17	184	科摩罗	28.27
64	马来西亚	74.04	185	布基纳法索	28.19
65	阿曼	73.95	186	坦桑尼亚	27.67
66	瑞士	73.85	187	塔吉克斯坦	26.66
67	捷克	73.40	188	瓦努阿图	25.53
68	土耳其	73.25	189	肯尼亚	24.81
69	马绍尔群岛	72.45	190	阿富汗	24.16
70	塞浦路斯	70.90	191	汤加	23.66
71	多米尼加	70.77	192	密克罗尼西亚	22.81
72	苏里南	70.52	193	厄立特里亚	22.29
73	匈牙利	70.38	194	乍得	22.01
74	蒙古	70.24	195	所罗门群岛	21.37
75	爱沙尼亚	69.63	196	斯威士兰	21.21
76	伊朗	69.37	197	柬埔寨	20.38
77	乌克兰	69.28	198	卢旺达	19.74
78	意大利	68.76	199	萨摩亚	19.50
79	厄瓜多尔	68.54	200	南苏丹	18.45
80	奥地利	68.09	201	尼日尔	18.37
81	拉脱维亚	67.71	202	尼泊尔	17.68
82	玻利维亚	67.64	203	埃塞俄比亚	17.54
83	多米尼加	67.42	204	乌干达	16.42
84	立陶宛	67.34	205	圣卢西亚	16.29
85	突尼斯	66.75	206	马拉维	16.00
86	伊拉克	66.44	207	斯里兰卡	15.30
87	萨尔瓦多	65.73	208	列支敦士登	14.35
88	哥斯达黎加	65.56	209	特立尼达和多巴哥	14.25
89	刚果（布）	64.50	210	巴布亚新几内亚	12.64
90	亚美尼亚	64.21	211	布隆迪	11.50
91	佛得角	64.07		世界	53.01

续表

位次	国家 / 地区	城市化率（%）	位次	国家 / 地区	城市化率（%）
92	圣多美和普林西比	63.97		高收入	80.46
93	黑山	63.67		高收入：经合组织	81.09
94	巴拉圭	62.97		高收入：非经合组织国家	77.55
95	博茨瓦纳	62.89		中高收入	61.58
96	南非	62.87		中等收入	50.09
97	爱尔兰	62.82		低和中等收入	46.96
98	葡萄牙	62.11		中等偏下收入	39.27
99	希腊	61.95		低收入	28.67
100	新喀里多尼亚	61.47		重债穷国（HIPC）	32.42
101	波兰	60.79		最不发达国家（联合国分类）	29.39
102	安哥拉	60.67			
103	朝鲜	60.61		北美	82.67
104	马其顿	59.57		拉丁美洲和加勒比地区	79.63
105	克罗地亚	58.40		拉丁美洲和加勒比地区（发展中地区）	79.31
106	冈比亚	58.31		欧洲和中亚	70.71
107	尼加拉瓜	58.17		欧洲和中亚（发展中地区）	60.55
108	摩洛哥	57.77		中东和北非	63.46
109	塞尔维亚	57.07		中东和北非（发展中地区）	59.8
110	叙利亚	56.86		中欧和波罗的海国家	62.2
111	海地	55.96		阿拉伯世界	57.49
112	阿尔巴尼亚	55.51		东亚与太平洋地区	54.57
113	斯洛伐克	54.68		东亚与太平洋地区（发展中地区）	50.67
114	塞舌尔	54.40		加勒比海小国	43.32
115	阿塞拜疆	54.13		撒哈拉以南非洲	37.24
116	哈萨克斯坦	53.45		撒哈拉以南非洲（发展中地区）	37.24
117	洪都拉斯	53.30		太平洋岛屿小国	37
118	喀麦隆	53.23			
119	加纳	53.18		经合组织成员	80.3
120	格鲁吉亚	53.10		欧元区	76.05

续表

位次	国家 / 地区	城市化率（%）	位次	国家 / 地区	城市化率（%）
121	中国	53.05		欧洲联盟	74.37

表 6 世界各国及地区能源和碳排放数据（2013 年）

国家 / 地区	二氧化碳排放（百万吨 CO_2）	一次能源消费总量（百万吨标准油）	一次能源消费结构（%）					
			石油	天然气	煤炭	核能	水电	其他可再生能源
美国	5931.4	2265.8	36.68	29.61	20.11	8.29	2.71	2.59
加拿大	616.7	332.9	31.09	27.98	6.09	6.94	26.61	1.29
墨西哥	499.4	188.0	47.72	39.62	6.62	1.42	3.30	1.32
北美洲	7047.5	2786.7	36.75	30.09	17.53	7.67	5.61	2.35
阿根廷	194.5	84.5	34.77	51.11	0.84	1.61	10.89	0.77
巴西	541.1	284.0	46.73	11.92	4.82	1.17	30.70	4.66
智利	92.2	34.6	50.66	11.28	21.26	0.00	12.77	4.03
哥伦比亚	82.2	38.0	36.50	25.37	11.31	0.00	26.43	0.39
厄瓜多尔	36.8	14.7	78.78	3.67	0.00	0.00	17.01	0.55
秘鲁	47.9	21.8	46.02	27.15	3.78	0.00	21.94	1.11
特立尼达和多巴哥	53.0	22.0	8.38	91.60	0.00	0.00	0.00	0.02
委内瑞拉	176.6	82.9	43.70	33.15	0.26	0.00	22.88	0.00
拉丁美洲其他地区	203.9	91.0	64.17	7.76	2.27	0.00	23.03	2.76
拉丁美洲	1428.2	673.5	46.26	22.53	4.33	0.69	23.47	2.72
奥地利	70.6	34.0	36.77	22.45	10.55	0.00	24.66	5.56
阿塞拜疆	32.3	12.7	35.97	61.35	0.02	0.00	2.66	0.00
白俄罗斯	65.6	25.3	34.32	65.21	0.22	0.00	0.05	0.20
比利时	142.4	61.7	50.31	24.55	4.76	15.65	0.13	4.61
保加利亚	41.4	17.1	23.77	13.86	34.54	18.76	5.39	3.68

续表

国家 / 地区	二氧化碳排放（百万吨 CO_2）	一次能源消费总量（百万吨标准油）	一次能源消费结构（%）					
			石油	天然气	煤炭	核能	水电	其他可再生能源
捷克	109.4	41.9	20.41	18.09	39.35	16.60	2.04	3.51
丹麦	44.6	18.1	43.40	18.60	17.70	0.00	0.02	20.29
芬兰	47.9	26.1	33.95	9.79	14.18	20.70	11.13	10.25
法国	385.6	248.4	32.34	15.52	4.93	38.60	6.23	2.38
德国	842.8	325.0	34.48	23.16	25.01	6.77	1.43	9.14
希腊	78.8	27.2	51.54	11.82	26.12	0.00	5.34	5.17
匈牙利	47.0	20.4	29.37	37.74	12.99	17.03	0.24	2.63
爱尔兰	35.4	13.3	50.59	30.05	9.92	0.00	0.99	8.46
意大利	383.1	158.8	38.89	36.41	9.19	0.00	7.34	8.18
哈萨克斯坦	209.5	62.0	22.28	16.56	58.20	0.00	2.96	0.00
立陶宛	14.8	5.7	47.90	42.95	3.39	0.00	2.06	3.71
荷兰	238.5	86.8	47.74	38.44	9.60	0.71	0.03	3.48
挪威	44.5	45.0	23.58	8.84	1.47	0.00	64.90	1.21
波兰	331.1	99.9	24.05	15.03	56.15	0.00	0.55	4.21
葡萄牙	52.3	23.8	45.37	15.37	11.28	0.00	12.86	15.13
罗马尼亚	76.2	33.0	27.32	34.01	16.90	7.96	10.37	3.43
俄罗斯	1714.2	699.0	21.90	53.24	13.38	5.60	5.87	0.02
斯洛伐克	34.7	16.6	21.39	29.32	18.95	21.49	7.01	1.85
西班牙	284.3	133.7	44.37	19.51	7.74	9.60	6.23	12.55
瑞典	52.9	51.0	28.02	1.90	3.33	29.70	27.25	9.80
瑞士	44.3	30.2	39.06	10.88	0.41	19.65	28.40	1.61
土耳其	328.8	122.8	26.97	33.45	26.87	0.00	10.92	1.79
土库曼斯坦	66.4	26.3	23.91	76.09	0.00	0.00	0.00	0.00
乌克兰	301.1	117.5	10.35	34.47	36.26	16.03	2.67	0.23
英国	513.4	200.0	34.88	32.89	18.27	7.99	0.53	5.44
乌兹别克斯坦	110.5	47.8	6.99	85.12	2.48	0.00	5.42	0.00

续表

国家 / 地区	二氧化碳排放（百万吨 CO_2）	一次能源消费总量（百万吨标准油）	一次能源消费结构（%）					
			石油	天然气	煤炭	核能	水电	其他可再生能源
欧洲及欧亚大陆其他地区	217.6	94.3	34.43	14.24	23.17	1.84	24.40	1.92
欧洲及欧亚大陆总计	6961.9	2925.3	30.03	32.76	17.39	8.99	6.88	3.95
伊朗	630.6	243.9	38.08	59.85	0.29	0.38	1.38	0.03
以色列	76.1	24.2	43.65	25.47	30.30	0.00	0.03	0.55
科威特	104.5	37.8	57.71	42.29	0.00	0.00	0.00	0.00
卡塔尔	80.7	31.8	26.75	73.25	0.00	0.00	0.00	0.00
沙特阿拉伯	632.0	227.7	59.28	40.72	0.00	0.00	0.00	0.00
阿联酋	253.7	97.1	36.68	63.32	0.00	0.00	0.00	0.00
中东其他地区	341.4	122.9	65.48	32.46	0.16	0.00	1.90	0.00
中东	2118.9	785.3	49.00	49.08	1.05	0.12	0.73	0.03
阿尔及利亚	121.9	46.6	37.49	62.35	0.00	0.00	0.05	0.11
埃及	224.0	86.8	41.11	53.35	1.70	0.00	3.37	0.47
南非	441.1	122.4	22.24	2.87	72.05	2.56	0.21	0.06
非洲其他地区	377.0	152.3	59.44	21.10	3.91	0.00	14.78	0.77
非洲	1164.0	408.1	41.88	27.20	23.43	0.77	6.30	0.42
澳大利亚	360.1	116.0	40.47	13.87	38.78	0.00	3.92	2.96
孟加拉国	67.9	26.7	21.48	73.81	3.84	0.00	0.74	0.13
中国	9524.3	2852.4	17.79	5.10	67.50	0.88	7.23	1.50
中国香港	90.8	27.9	63.60	8.54	27.86	0.00	0.00	0.00
印度	1931.1	595.0	29.46	7.78	54.51	1.27	5.01	1.97
印尼	523.3	168.7	43.77	20.50	32.25	0.00	2.10	1.38
日本	1397.4	474.0	44.07	22.19	27.12	0.70	3.92	1.99

续表

国家 / 地区	二氧化碳排放（百万吨 CO_2）	一次能源消费总量（百万吨标准油）	一次能源消费结构（%）					
			石油	天然气	煤炭	核能	水电	其他可再生能源
马来西亚	234.7	81.1	38.45	37.68	20.91	0.00	2.58	0.38
新西兰	37.1	19.8	35.68	20.15	7.60	0.00	26.29	10.28
巴基斯坦	166.4	69.6	31.63	49.86	6.30	1.55	10.66	0.01
菲律宾	90.8	31.8	43.02	9.57	33.14	0.00	6.86	7.41
新加坡	224.6	75.7	87.11	12.52	0.00	0.00	0.00	0.37
韩国	768.1	271.3	39.97	17.42	30.17	11.57	0.49	0.37
中国台湾	330.0	110.9	39.13	13.26	36.94	8.50	1.06	1.11
泰国	328.4	115.6	43.61	40.67	13.81	0.00	1.09	0.82
越南	137.1	54.4	32.08	16.14	29.24	0.00	22.49	0.06
亚太其他地区	162.0	60.7	32.35	9.92	36.44	0.00	21.08	0.21
亚太地区	16373.9	5151.5	27.47	11.17	52.35	1.51	5.99	1.52
世界总计	35094.4	12730.4	32.87	23.73	30.06	4.42	6.72	2.19
经合组织：其中	13940.0	5533.1	37.23	26.10	19.28	8.08	5.77	3.53
非经合组织	21154.5	7197.3	29.53	21.90	38.35	1.61	7.45	1.16
欧洲联盟	3913.7	1675.9	36.11	23.53	17.03	11.85	4.89	6.60
前苏联	2575.9	1027.7	20.65	50.40	17.39	5.69	5.77	0.09

数据来源：

http://www.bp.com/en/global/corporate/about-bp/energy-economics/statistical-review-of-world-energy.html

表 7　全国各省自治区直辖市节能目标完成情况（2013 年）

地区	2013 年万元 GDP 能耗	2013 年万元 GDP 能耗降低率	2013 年万元 GDP 能耗降低目标	“十二五”节能目标	“十二五”节能目标完成进度
	吨标准煤 / 万元	%			
全国	0.7370	3.7	3.7	16	55.82
北京	0.4155	4.86	2	17	91.01
天津	0.6418	4.41	4	18	71.25

续表

地区	2013年万元GDP能耗	2013年万元GDP能耗降低率	2013年万元GDP能耗降低目标	“十二五”节能目标	“十二五”节能目标完成进度
	吨标准煤/万元	%			
河北	1.1581	4.73	3	17	82.02
山西	1.6253	3.74	3.5	16	66.9
内蒙古	1.2697	4.57	3.2	15	78.19
辽宁	0.9901	4.53	3.9	17	73.46
吉林	0.8034	6.03	3	16	100.49
黑龙江	0.9529	4.31	3.5	16	70.61
上海	0.5447	4.32	4.5	18	81.94
江苏	0.5460	4.16	3.5	18	65.21
浙江	0.5333	3.74	3.5	18	66.64
安徽	0.6950	3.78	3.5	16	70.18
福建	0.5837	3.76	2.5	16	74.83
江西	0.5909	3.62	3	16	74.09
山东	0.7793	4.48	3.66	17	70.21
河南	0.7983	3.92	2.5	16	86.27
湖北	0.8382	4.13	3	16	71.56
湖南	0.7927	4.71	3	16	90
广东	0.5082	4.55	3.5	18	70.75
广西	0.7414	3.16	3	15	67.57
海南	0.6411	4.16	2	10	24.48
重庆	0.8403	5.13	3.5	16	94.48
四川	0.8795	4.92	2.5	16	96.46
贵州	1.5793	3.91	3.12	15	72.03
云南	1.0884	3.21	3.2	15	60.48
陕西	0.7876	3.55	3.5	16	62.19
甘肃	1.2814	4.56	3.18	15	70.83
青海	2.0032	2.2	2	10	-49.68
宁夏	2.0908	3.22	3.2	15	25.32

续表

地区	2013年万元GDP能耗	2013年万元GDP能耗降低率	2013年万元GDP能耗降低目标	“十二五”节能目标	“十二五”节能目标完成进度
	吨标准煤/万元	%			
新疆	1.8876	-8.78	2.1	10	-203.24

数据来源：http://www.ndrc.gov.cn/zcfb/zcfbgg/201408/t20140808_621799.html

中国统计年鉴2013，http://www.stats.gov.cn/tjsj/ndsj/2013/indexch.htm

中华人民共和国2013年国民经济和社会发展统计公报，

http://www.stats.gov.cn/tjsj/zxfb/201402/t20140224_514970.html

国家发展改革委关于加大工作力度确保实现2013年节能减排目标任务的通知（发改环资〔2013〕1585号），

http://www.sdpc.gov.cn/zcfb/zcfbtz/201308/t20130827_555124.html

注：1. 2013年万元GDP（地区生产总值）能耗降低目标依据各省、区、市人民政府确认函；

2. 2013年万元GDP能耗降低率依据国家统计局核定数（西藏自治区数据暂缺）；

3. 节能目标一栏负号表示2013年单位GDP能耗上升，进度一栏负号表示前三年单位GDP能耗累计上升；

4. 全国平均数据根据中国统计年鉴2013和中华人民共和国2013年国民经济和社会发展统计公报计算；

5. 各省自治区直辖市万元GDP能耗数据根据中国统计年鉴2013、中国能源统计年鉴2013和中华人民共和国2013年国民经济和社会发展统计公报计算；

6. GDP按照2010年价格计算；

7. 数据不含香港特别行政区、澳门特别行政区和台湾省。

参考文献

[1] 王伟光，郑国光 . 应对气候变化报告（2009）：通向哥本哈根 [M]. 北京：社会科学文献出版社，2009.

[2] 王伟光，郑国光 . 应对气候变化报告 (2010): 坎昆的挑战与中国的行动 [M]. 北京: 社会科学文献出版社，2010.

[3] 王伟光，郑国光 . 应对气候变化报告（2011）：德班困境与中国的战略选择 [M]. 北京：社会科学文献出版社，2011.

[4] 王伟光，郑国光 . 应对气候变化报告（2012）：气候融资与低碳发展 [M]. 北京：社会科学文献出版社，2012.

[5] 王伟光，郑国光 . 应对气候变化报告（2013）：聚焦低碳城镇化 [M]. 北京：社会科学文献出版社，2013.

[6] 王伟光，郑国光 . 应对气候变化报告（2014）：科学认知与政治争锋 [M]. 北京：社会科学文献出版社，2014.

[7] 庄贵阳，陈迎 . 国际气候制度与中国 [M]. 北京：世界知识出版社，2005.

[8] 徐华清，郑爽，朱松丽 . “十二五”我国温室气体排放控制综合研究 [M]. 北京：中国经济出版社，2014.

[9] 段茂盛，周胜 . 能源与气候变化 [M]. 北京：化学工业出版社，2014.

[10] 薛澜 . 应对气候变化的风险治理 [M]. 北京：科学出版社，2014.

[11] 陈诗一，邓祥征，章奇，等 . 应对气候变化：用市场政策促进二氧化碳减排 [M]. 北京：科学出版社，2014.

[12] 马燕合，郭日生 . 应对气候变化科技与地方可持续发展 [M]. 北京：科技文献出版社，2014.

[13] 解振华 . 中国应对气候变化的政策与行动 2010 年度报告 [M]. 北京：社会科学文献出版社，2011.

[14] 中华人民共和国国务院新闻办公室 . 中国应对气候变化的政策与行动 2011 年度报告 [M]. 北京：人民出版社，2012.

[15] 解振华 . 中国应对气候变化的政策与行动 2012 年度报告 [M]. 北京：中国环境出版社，2013.

[16] 解振华 . 中国应对气候变化的政策与行动 2013 年度报告 [M]. 北京：中国环境出版社，2014.

[17] 国家发展和改革委员会 . 中国应对气候变化的政策与行动 2014 年度报告 [R/OL]. http://www.sdpc.gov.cn/gzdt/201411/t20141126_649615.html，2014-11-26.

[18] 国家发展和改革委员会应对气候变化司 . 中华人民共和国气候变化第二次国家信息通报 [M]. 北京：中国经济出版社，2013.

[19] 邬建国，安树青，冷欣 . 现代生态学讲座（VI）：全球气候变化与生态格局和过程 [M]. 北京：高等教育出版社，2013.

[20] 科学技术部社会发展科技司，中国 21 世纪议程管理中心 . 应对气候变化国家研究进展报告 [M]. 北京：科学出版社，2013.

[21] 基础四国专家组 . 公平获取可持续发展：关于应对气候变化科学认知的报告 [M]. 北京：知识产权出版社，2012.

[22] 王庆林，张九天 . 气候变化领域本体手册 [M]. 北京：北京理工大学出版社，2012.

[23] 科学技术部社会发展科技司，中国 21 世纪议程管理中心 . 适应气候变化国家战略研究（英文版）[M]. 北京：科学出版社，2012.

[24]《第二次气候变化国家评估报告》编写委员会 . 第二次气候变化国家评估报告 [M]. 北京：科学出版社，2011.

[25] 科学技术部社会发展科技司，中国 21 世纪议程管理中心 . 适应气候变化国家战略研究 [M]. 北京：科学出版社，2011.

[26] 秦大河 . 气候变化——我们身边的科学问题 [M]. 北京：学苑出版社，2010.

[27] 张海滨 . 气候变化与中国国家安全 [M]. 北京：时事出版社，2010.

[28] 郜若素 . 郜若素气候变化报告 [M]. 北京：社会科学文献出版社，2009.

[29] 丁一汇 . 中国气候变化——科学、影响、适应及对策研究 [M]. 北京：中国环境科学出版社，2009.

[30] 《气候变化国家评估报告》编写委员会 . 气候变化国家评估报告 [M]. 北京：科学出版社，2007.

[31] 许小峰 . 气候变化应对战略研究 [M]. 北京：气象出版社，2006.

[32] 国家气候变化对策协调小组办公室，中国 21 世纪议程管理中心 . 全球气候变

化——人类面临的挑战 [M]. 北京：商务印书馆，2004.

[33] 秦大河，Thomas Stocker，259 名作者和 TSU. IPCC 第五次评估报告第一工作组报告的亮点结论 [J]. 气候变化研究进展，2014，10（1）：1–6.

[34] 张晓华，高云，祁悦 . IPCC 第五次评估报告第二工作组报告的主要结论对 2015 协议谈判的影响分析 [J]. 气候变化研究进展，2014，10（3）：175–178.

[35] 邹骥，滕飞，傅莎 . 减缓气候变化社会经济评价研究的最新进展——对第五次评估报告第三工作组报告的评述 [J]. 气候变化研究进展，2014，10（5），313–322.

[36] http://www.ccchina.gov.cn/, 中国气候变化信息网 .

[37] http://ncc.cma.gov.cn/cn/， 国家气候中心 .

[38] http://www.ncsc.org.cn/， 国家应对气候变化战略研究和国际合作中心 .

[39] http://www.ipcc.ch/, The Intergovernmental Panel on Climate Change (IPCC).

[40] http://unfccc.int/2860.php, United Nations Framework Convention on Climate Change.